mark

這個系列標記的是一些人、一些事件與活動。

mark 99
忠實的劊子手
從一位職業行刑者的內心世界，探索亂世凶年的生與死
作者：喬爾・哈靈頓（Joel F. Harrington）
譯者：鍾玉玨
責任編輯：潘乃慧
封面設計：空白地區
校對：陳佩伶
法律顧問：全理法律事務所董安丹律師
出版者：大塊文化出版股份有限公司
台北市10550南京東路四段25號11樓
www.locuspublishing.com
讀者服務專線：0800-006689
TEL：(02)87123898 FAX：(02)87123897
郵撥帳號：18955675　戶名：大塊文化出版股份有限公司

圖片來源見第343頁

總經銷：大和書報圖書股份有限公司
地址：新北市新莊區五工五路2號
TEL：(02) 89902588　FAX：(02) 22901658
初版一刷：2013年11月
定價：新台幣380元
Printed in Taiwan

The Faithful Executioner

Life and Death,
Honor and Shame in the Turbulent Sixteenth Century

忠實的劊子手

1517

目錄

法蘭茲·施密特的世界

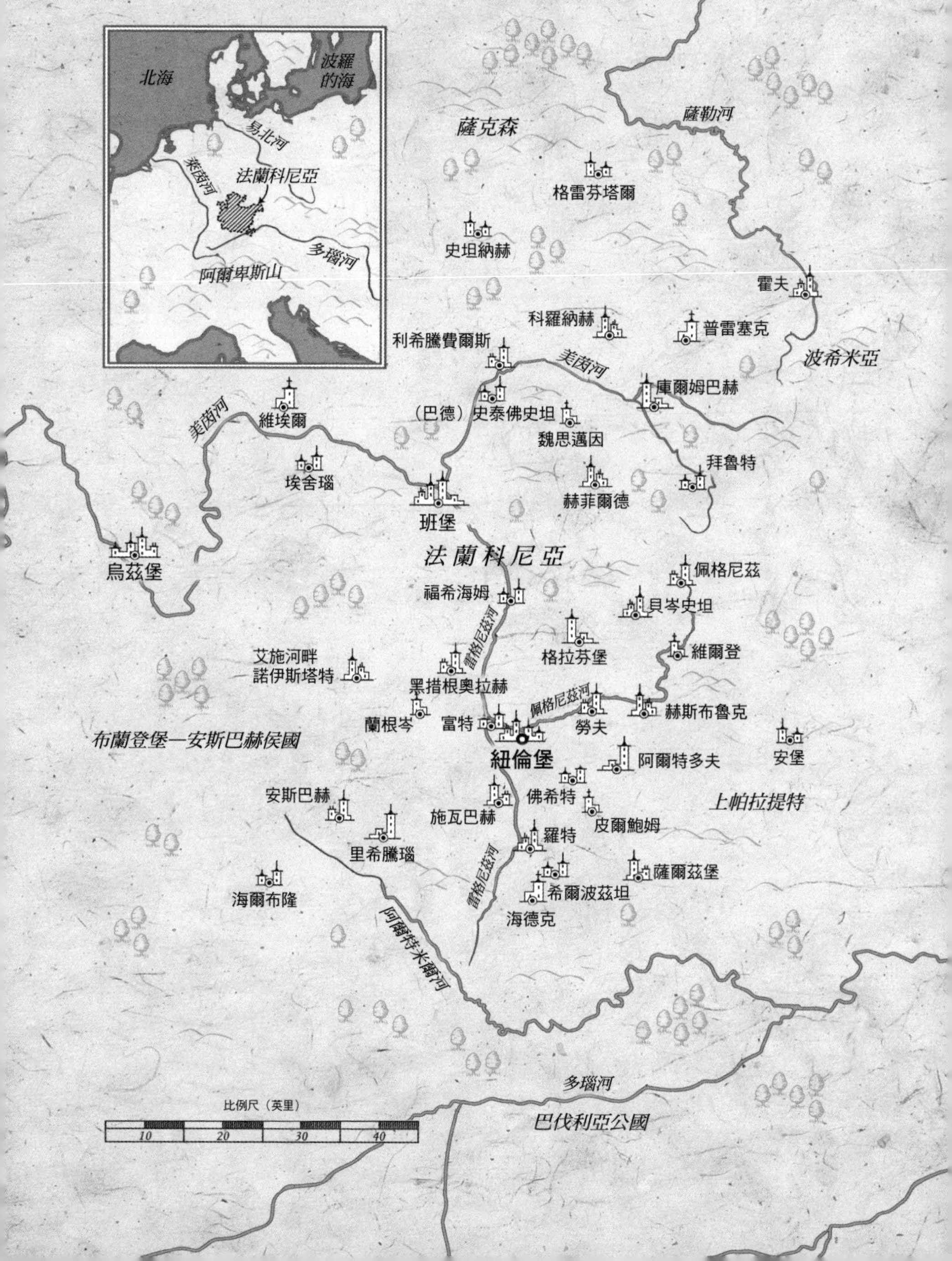

北海
波羅的海
易北河
萊茵河
法蘭科尼亞
多瑙河
阿爾卑斯山
薩克森
薩勒河
格雷芬塔爾
史坦納赫
霍夫
科羅納赫
普雷塞克
利希騰費爾斯
美茵河
波希米亞
庫爾姆巴赫
維埃爾
（巴德）史泰佛史坦
魏思邁因
拜魯特
埃舍瑙
赫菲爾德
班堡
烏茲堡
法蘭科尼亞
佩格尼茲
福希海姆
雷格尼茲河
貝岑史坦
格拉芬堡
維爾登
艾施河畔
諾伊斯塔特
黑措根奧拉赫
佩格尼茲河
蘭根岑
富特
勞夫
赫斯布魯克
布蘭登堡—安斯巴赫侯國
紐倫堡
阿爾特多夫
安堡
佛希特
安斯巴赫
施瓦巴赫
皮爾鮑姆
上帕拉提特
羅特
里希騰瑙
雷格尼茲河
薩爾茲堡
海爾布隆
希爾波茲坦
海德克
阿爾特米爾河
多瑙河
巴伐利亞公國
比例尺（英里）
10
20
30
40

帝國直轄市紐倫堡
約1600年
比例尺（英尺）
500
1,000
1,500
2,000
佩格尼茲河
溺刑平台
聖塞巴德教堂
魯金斯蘭塔
（監獄）
青蛙塔
（監獄）
市政廳
（地洞位於市
政廳地下室）
水塔
（監獄）
主要
市集
劊子手之家
劊子手
助理之家
「肉橋」
欠債經濟罪犯監獄
（分男獄與女獄）
佩格尼茲河
普利索恩
監獄
法蘭茲退休
後搬進上沃
德街的新居
聖羅倫茲教堂
法蘭茲・施密特
家族在聖洛克墓
園的安息處
斬首地點，
靠近柴火堆
烏鴉石
與絞刑台

序

每個有用之人都是可敬的對象。

——柏林劊子手朱利亞斯・克勞茲（Julius Krautz, 1889）[1]

一六一七年十一月十三日一大早冷颼颼，天尚未破曉，人群已開始聚集。以法律與秩序聞名全歐的帝國直轄市（自由城）——紐倫堡將再一次公開處決犯人，來自各行各業的群眾爭先恐後想喬個好位置，等著行刑登場。小販擺好攤位，向群眾兜售香腸、發酵高麗菜（酸菜）、鹽醃鯡魚等。行刑隊伍將一路從市政府走到城牆外的行刑台，沿路兩側林立著大小攤販。除了攤販，大人與小孩也在人群裡東鑽西竄，兜售啤酒與葡萄酒。大約九、十點左右，人群已累至數千人之多，十多個治安官（弓箭手）在街上值勤，緊張神色溢於言表，就怕有什麼閃失，引發騷動。年輕醉漢互相推擠，口中哼著穢歌淫語。空氣中飄來嘔吐物與尿騷的惡臭，混搭著炭烤香腸與炒栗子的香味。

群眾開始你一言我一語交換這位罪有應得死囚的背景（傳統上慣以「可憐的罪人」稱呼死囚），耳語速度之快，讓人應接不暇。罪犯叫喬格・卡爾・蘭布雷希特（Georg Karl

Lambrecht），現年三十歲，老家在緬伯海姆（Mainberheim）法蘭肯區的一個村落。他受過訓練，曾在鑄幣廠工作多年，近來卻淪為粗工，靠搬運葡萄酒維生。大家都知道他和哥哥以及多位惡徒同謀，偽造大量金幣、銀幣，但只有他落網被捕，並被判死刑，其他人則逍遙法外。對亟欲打探這人底細的圍觀者而言，更耐人尋味的是他精通巫術，雖然已婚，卻和綽號「吃鐵人」的女巫師「在鄉下老家搞七捻三」，並與第一任老婆仳離。根據幾位目擊者透露，蘭布雷希特不久前曾將一隻黑母雞拋到空中並大喊：「惡魔，這是給你的打賞，現在把我該得的給我！」他仇家不少，似乎想藉這儀式，詛咒其中的一位不得好死。據傳他已逝的母親也是巫師，父親多年前因為偷竊被處以絞刑，所以監獄牧師對他下了「上樑不正下樑歪」的評語，看來也算有憑有據。

接近正午，附近的聖塞巴德教堂響起了莊嚴鐘聲，緊接著，位於市集的聖母堂、佩格尼茲河對岸的聖羅倫茲教堂也依序傳出鐘聲。沒多久，這位死囚從氣派市政廳的側門被押解出來，腳踝銬著腳鐐，雙手用繩索牢牢捆綁。刑事法庭的兩位牧師（chaplain）之一約翰尼斯・哈根朵恩（Johannes Hagendorn），事後在日記上寫道，這時蘭布雷希特轉身看著他，激動地哀求他，希望牧師赦免他諸多罪惡。他也再次徒勞地拜託牧師，讓劊子手一劍斬了他的頭。比鑄造偽幣理應被活活燒死的處罰，這會讓他死得更快也更有尊嚴，但牧師拒絕了他的要求。蘭布雷希特繼而被紐倫堡劊子手法蘭茲・施密特（Frantz Schmidt）熟門熟路地押赴到緊臨市政廳的市集廣場。在那兒，地方仕紳與權貴一行人緩慢地朝一英里之外的行刑場前進。「濺血法庭」（blood court）的法官身穿紅黑華服，騎著馬帶領一行人前往行刑場，隊伍裡包括罪有應得的死囚、兩位牧師、法蘭茲。（當地人與其他刀斧手慣以「名師法蘭茲」這個尊貴的頭銜稱呼他。）走在法蘭茲身後依序是身穿黑衣的紐倫堡市議員、當地權貴世家的代表、技匠行會的領袖，足見這次行刑是道地的市民集會。死囚經過夾道圍觀的群眾時，哭著請求熟識的人賜福與寬宥。一行人一穿過南邊聖母門（Frauentor），便步出紐倫堡宏偉的城牆，抵達刑場：牢牢架高的台子，又名烏鴉石（Raven Stone），因為死囚伏法後，屍體將野曝在現場，任其腐爛，任鳥啄食。死囚和劊子手一起登上石階，上了高台轉身面對群眾，眼睛忍不住瞄了一下旁邊的絞架，他再次向大家公開認罪，並祈求神原諒。接著雙膝跪地，誦念主禱文（Lord's Prayer），牧師則在他耳邊低聲說著安慰的話。

念完主禱文，劊子手法蘭茲讓蘭布雷希特坐上「審判椅」，並在他脖子圍了一條細絲繩，這下他遭火焚前，說不定已被悄悄勒斃——這是劊子手對罪人釋出的最後一絲憐憫。法蘭茲也用鐵鏈牢纏死囚的胸膛，接著在他頸子掛上一小袋火藥，並在他的雙腿與雙臂之間，放了一些沾了瀝青的花環，一切都為了加速火燒速度。牧師繼續和可憐的罪人一起禱告，法蘭茲則在審判椅四周添加幾束稻草，再用楔子加以固定。法蘭茲把火炬擲到死囚雙腳之前，他的助理已悄悄勒緊死囚頸上的絲繩，心想蘭布雷希特大概能在火刑前窒息而死，不過此舉顯然是白費工夫，因為火苗開始竄燒、吞噬審判椅時，死囚可憐兮兮地喊道：「主啊，我把靈魂交付到您手上。」火勢繼續延燒，期間又陸續聽到死囚幾聲慘叫：「主啊，收容我的靈魂。」接下來只聽見熊熊火勢發出劈劈啪啪聲，空氣瀰漫肉體燒焦的惡臭。當天稍後，法庭牧師哈根朵恩根據死囚嚥氣前虔誠的懺悔，在日記裡以充滿同情的口吻寫道：「我千真萬確相信，他經歷可怕又可憐的死亡過程後，現已得到永生，成為永生的子孫及繼承人。」[2]

被社會唾棄的罪人離開了人世；另一個社會棄兒則留了下來，清理餘燼及伏法者燒焦的屍骨。像法蘭茲・施密特這種職業劊子手（professional killers）長期以來為世人所畏懼、唾棄，甚至同情，卻鮮少被認為分量與名氣足堪（或值得）後人緬懷。不過這位六十三歲經驗老到的劊子手，用刷子清洗死囚不久前才伏法的行刑台，耳邊似乎還聽得見罪人最後穿透濃煙絕望而虔誠的聲聲呼喊。這時他的內心到底有何想法？想必絕不會懷疑蘭布雷希特是被冤枉的，因為法蘭茲本人參與了兩次偵訊被告的冗長過程，加上多位目擊證人指證歷歷，更別提在罪人住處查獲了鑄造偽幣的工具，以及其他無以抵賴的鐵證。有沒有可能法蘭茲改變了初衷，失手沒先讓死囚窒息而死，因而出現這難堪的一幕？他對自己身為職業劊子手的榮譽感是否因此受損？他的名聲是否因此蒙上汙點？還是因為從事被眾人敬而遠之的行業將近五十載，已變得麻木不仁？[3]

照理說，回答上述任何一個問題都難如登天，任何臆測均提不出令人滿意的交代。不過剖析紐倫堡劊子手法蘭茲・施密特時，我們有了難得一見的優勢，因為和法庭牧師一樣，法蘭茲在他奇長無比的劊子手生涯裡，從頭到尾都有寫日記的習慣，詳載如何處死或刑罰囚犯。這份重要文件涵蓋了四十五年之久，從一五七三年施密特十九歲第一次上陣，一直到他一六一八年退休為止。根據日記，法蘭茲以陰森恐怖的方式將悔不當初的偽幣製造者送到了冥府，不僅是他最後一次處決死囚，也是他生涯的最高峰。根據他自己統計，被他處死的人有三百九十四人，另外有數百人遭他鞭刑，或施以酷刑以致毀容或斷手斷腳。

所以，法蘭茲當時心裡到底在想什麼？儘管他的日記早已為研究德國近代史（一五〇〇至一八〇〇年）的史學家所熟悉，但幾乎沒有人（如果有的話）嘗試回答這個問題。法蘭茲過世後，原稿日記也跟著佚失，但至少有五份手抄本在民間輾轉流傳了兩百年。印刷版在一八〇一年與一九一三年問世。根據一九一三年印刷版翻譯而成的英文簡明版在一九二八年付梓，接下來幾年僅將兩種德文印刷版加以複製（facsimile），每次印量都極少。[4]

數年前在紐倫堡一家書店的紐倫堡歷史區，我和法蘭茲的日記第一次相遇。儘管過程平淡無奇，遠不及通過一道道古謎語關卡、進入密封的墓穴或地窖找到佚失已久的手抄本來得刺激，但我還是忍不住高喊：「找到了。」四百多年前的職業劊子手不僅能全方位讀寫，還不懈地在日記裡記錄自己的想法與行為。這一點令我驚嘆，也深受其吸引。至今怎麼沒有一人善用這份了不起的素材，還原法蘭茲的生活以及那個時代的樣貌？日記埋沒在書店一隅，淪為古物收藏家搜奇的書籍，其實有著精彩故事，苦等有心人揭露。

我買下這本薄冊，讀後找到幾項重大發現。首先，法蘭茲・施密特這本自編版行刑史在當時的劊子手圈絕非獨一無二的作品，儘管該書涵蓋的時間、詳盡的資料，均令那個年代其他同輩望塵莫及。在那個年代，日耳曼男子多半是文盲，但有些劊子手的識字程度足以將行刑資料條列成簡單而公式化的表格，其中有幾筆成功保存到今天。[5] 近代史之初，劊子手的回憶錄成了暢銷文類，尤以桑松家族史最負盛名。這個法國劊子手世家主持並監督巴黎十七世紀中葉至十九世紀中葉的處決儀式。由於斬首刑在歐洲逐漸式微，因此出版「末代劊子手」這類回憶錄的熱潮也跟著進入尾聲，其中有幾本榮登暢銷書。[6]

不過，法蘭茲這位精彩人物何以一直被埋沒，著實令我不解。直到我進一步細讀他的日記，才發現第二個更震撼的現象。儘管法蘭茲對形形色色的罪犯做了極其生動的描述，但是他彷若吊大家胃口似地，自始至終隱身在幕後——當個沉默不語的影子與旁觀者；其實在諸多事件中，他擔綱的可是要角。因此，照現代的標準，這本日記讀起來不像日記，反而更像某種職業生活的編年史。日記共登載六百二十一筆資料，有些僅短短幾行，有些則長達數頁。雖然照時間依序書寫，但分成了兩個表。表一記載法蘭茲一五七三年以降執行的一切斬首刑（capital punishment）；表二記載一五七八年以來他主持的一切體刑（corporal punishment）——如鞭刑、烙刑、砍指刑、割耳刑、割舌刑。每一筆紀錄都詳載罪犯的名字、職業、家鄉、所犯的惡行、受刑方式、行刑地點。到了後期，法蘭茲補充更多罪犯與受害人的背景資訊，寫下罪犯最近一次犯罪與稍早的惡行，偶爾會更完整地交代罪犯怎麼打發伏法前的幾小時或幾分鐘。在數十多段較長的紀錄裡，他提供更多罪犯的背景，甚至重建重要的犯罪現場，描述得有聲有色，偶爾搭配幾行對話。

許多歷史學家不認為法蘭茲的日記稱得上「自我檔案」（ego document），這類資料包括日記、個人書信等等，是學者用以探索作者思緒、感情、內心糾結的參考資料。法蘭茲的日記裡未提及刑求逼供牽涉的道德危機，也未長篇大論探討正義，甚至未精闢剖析人生的意義。實際上，日記裡出現的人稱代名詞少得讓人吃驚。長達四十五年多的紀錄裡，法蘭茲只用了十五次「我」、「我的」，而受格的「我」（me）僅出現一次。多數人稱代名詞用於指涉專業上的重大里程碑（例如「我第一次揮劍斬首死囚」），看不出他個人的看法或情緒。其他人稱代名詞似乎是臨時隨性加入的（如「三年前我將她鞭刑驅逐出城」）。[7] 值得注意的是，「我的父親和我的姊夫」，這兩人都是劊子手，各出現了三次。日記完全未提到法蘭茲的妻子、七個小孩，或是為數眾多的往來對象，這點並不算離譜，畢竟日記的重心不是他們。不過日記也完全沒有交代或承認他和受害人或加害者是不是親人，是不是往來密切。其實他認識當中不少人，其中一位是他另外一個姊夫，因搶劫勒索、惡名在外。[8]他沒有赤裸裸地傳教，整體而言，說教的語言也極少。這樣刻意不涉入個人感情的日記，如何能讓外人深入瞭解作者的生平與思緒呢？至今沒有人善用法蘭茲日記，視其日記為傳記素材，我認為僅僅是日記裡沒出現足夠的法蘭茲之故。[9]

我的計畫可能在一開始就注定失敗，所幸靠兩個重要突破脫困。第一個突破發生於初遇法蘭茲日記數年之後。當時我手邊正進行另一個專案，在紐倫堡市立圖書館發現一本更早、但更精確可靠的法蘭茲日記手抄本。之前的兩個版本係根據十七世紀末的抄本，為了提高可讀性，曾被巴洛克抄寫員修改潤飾。市立圖書館這個手抄本取材自一六三四年的版本（法蘭茲過世那年）。[10]較晚的兩個手抄本做了若干小幅更動，包括：一些字的拼法；更改資料登載的順序，方便讀者查詢；若干日期稍有出入；修改句型；附加標點符號。一六三四年的版本沒有任何標點，法蘭茲可能跟多數教育背景類似的作者一樣，寫日記時完全不用標點符號。不過和原始日記相較，許多差異顯而易見。例如，有些版本刪掉整個句子，新增說教的語言，並摘錄紐倫堡編年史作家的作品與刑事紀錄。這些後來陸續發行的限量手抄本提高了日記的可讀性，透過私下傳閱，吸引十八世紀紐倫堡的中產階級讀者。較晚發行的拼湊版本，和一六三四年的版本出入極大，尤其是最後五年，不僅將好幾筆資料悉數刪除，也不提罪犯的名字及他們的惡行。總而言之，一六三四年的手抄本至少有四分之一的內容不同於之後的版本。

最有趣（也最實用）的差異出現於日記一開頭。在一八〇一年與一九一三年發行的版本裡，法蘭茲寫道，他「一五七三年開始在班堡擔任父親助理」。而本書參考的一六三四年手抄本，法蘭茲卻是這麼寫著：「公元一五七三年：以下是我幫父親海因利希・施密特在班堡處決的罪犯。」兩者之間的差異乍看之下，隱晦不易察覺，實際上卻提供了線索，有助於釐清整本日記最難捉摸的問題：為什麼法蘭茲・施密特一開始就決定要寫日記？一八〇一年與一九一三年兩個版本的措辭顯示，這是父親的命令，而非法蘭茲個人的意願。老施密特規定擔任實習生的兒子必須開始建立彷若今天的履歷，供未來雇主參考。但更早的版本指出，前五年，法蘭茲替劊子手父親（這裡有指名道姓）代勞處決罪犯，而非代勞撰寫日記。其實，一六三四年手抄版明白點出，日記始於一五七八年而非一五七三年，亦即法蘭茲受雇於紐倫堡、擔任劊子手的那一年。仔細回頭查證，二十四歲的法蘭茲只記得生涯前五年的處決案例，但幾乎記不得對誰施行了體刑，因為「我再也記不得在班堡處罰了哪些人」。

上述發現立刻衍生更多新問題，其中最明顯的問題是，若法蘭茲並未自一五七三年為父親代勞寫日記，那麼他到底是為誰執筆？理由又是什麼？若說他寫日記是為了出版，可能說不通，畢竟前二十年的記載失之粗略。也許他心想，未來說不定能以手抄本方式在民間流通（後來也的確如此），不過就如同之前所說的，前幾年的內容過於輕描淡寫，也失之乏味，遠不及紐倫堡的其他編年史精彩，說穿了，讀起來更像流水帳而非道地的文學作品。也許法蘭茲寫日記的初衷並非為了其他人，而是為了自己，但這論點也不通。若是這樣，他為什麼直到一五七八年受雇為紐倫堡全職劊子手之後才開始動筆？為什麼他堅不透露私人隱私？

第二個有助於解開法蘭茲日記之謎的重大發現，是法蘭茲晚年撰寫的一份感人文件，該文件目前存放於奧地利國家檔案館。法蘭茲一輩子從事被大家唾棄、甚至被官方標記為「丟臉、不高

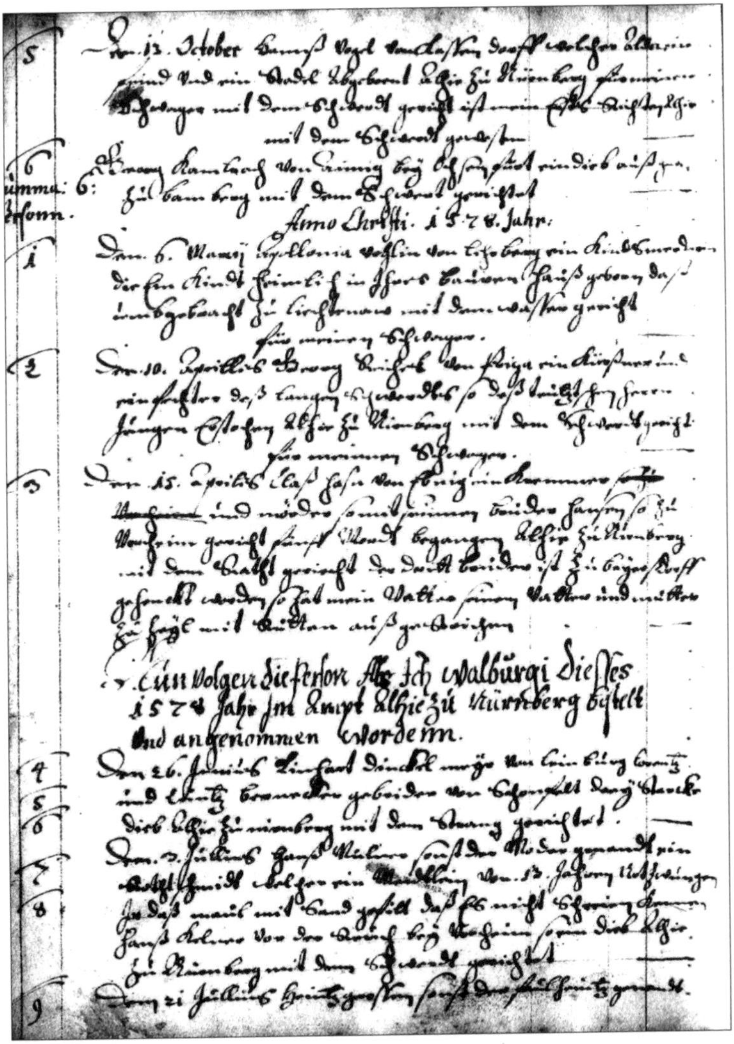

一六三四年手抄版的法蘭茲日記，這也是現存最早的版本。該手抄本現存於紐倫堡市立圖書館。該頁的左邊空白詳列了處決的次數，可能是抄寫員補上的。

尚」的工作，他在七十歲這把年紀寫了一封信向神聖羅馬帝國皇帝斐迪南二世陳情，懇請恢復家族名譽。這封陳情信顯然由專業的公證人構思、撰寫，但流露強烈的個人史，感性（intimate）的成分甚至令人訝異。信裡，法蘭茲娓娓道來家族如何被陷害，走上這條不光彩的不歸路，以及這輩子他如何力爭上游，避免兒子步上和他一樣不幸的後塵。長達十三頁的陳情信提及多位被他治癒的達官顯要。法蘭茲和其他劊子手一樣，兼差擔任醫療顧問，也執壺幫病患療傷，這在當時非常普及。信裡也納入紐倫堡市議會充滿溢美之詞的背書。身為法蘭茲四十年來的雇主，市議會稱讚法蘭茲潔身自愛，所作所為一直是足堪楷模的「模範生」，呼籲皇帝恢復他的名譽。

所以，市議會該不會才是法蘭茲日記預設的讀者？再者，法蘭茲寫日記的初衷與動機，難道是為了恢復名譽？他可能是第一個、但絕非最後一個採用這招的日耳曼劊子手。[11]重讀法蘭茲的日記，謹記他這個初願，我看到一個有想法、有感情的作者，慢慢走出乍看彷彿公事公辦、不帶感情筆調營造的陰霾。主題脈絡與語言模式逐漸浮現；風格差異與轉變愈來愈明顯；萌芽的自我身分認同愈來愈分明。法蘭茲完全不想外露內在的自我，但是幾乎每一筆記載都不小心暴露他的思想與感情。抄寫員謄寫這本日記時，無意間刪去了主觀性，卻提供了捷徑，讓我們得窺他潛藏的反感、恐懼、偏見、理想。定義周延的殘酷、正義、責任、榮譽、個人責任，逐漸在日記裡慢慢現形，進而合為一體，讓我們看到一個完整世界觀的輪廓。日記本身多了一層道德意義，也見證作者義無反顧、一心一意追求可敬地位與可敬身分的努力。

日記與大量的檔案資料顯示，法蘭茲這個複雜的主角，截然不同於普遍存在流行小說裡冷血畜生的刻板印象。反之，我們看到一個虔誠、生活簡樸的顧家男人，卻被上流社會排擠，被迫長時間和被定罪的囚犯為伍，與謀財害命的守衛打交道。[12]儘管形同被社會孤立，法蘭茲展現了高水準的社交智商，讓他不僅在專業上備受肯定，也逐漸改變社會看待他的異樣眼光。多虧日記涵蓋的時間夠長，我們親睹這位教育水準不高的自學者，在寫作及哲學思維上的改變與進步。從一開始三言兩語的簡短交代，一直到有如短篇故事的敘事，過程中透露作者與生俱來的行醫興趣及道德觀。他一再接觸各式各樣殘酷無情的惡行，也必須定期以恐怖暴力手段懲處罪犯，但是這位信仰虔誠的教徒，從未動搖對寬恕與救贖的看法，堅信任何人只要追求，都可得到寬恕與救贖。最重要的是，我們從他的日記間接感受到劊子手的工作內容與私人生活。他在過去與現在均受到諸多不公待遇，讓他心生不平，也因為這種不平，加上對未來抱著強烈的希望，激勵他不斷向上。

本書脫胎於深掘法蘭茲的內心世界，一共涵蓋兩個相互交織的故事。第一個故事圍繞法蘭茲・施密特這個人打轉。從他一五五四年出生於劊子手家庭，青少年時期跟在父親身邊擔任學徒，及長，以巡境實習生身分獨自到外地協助行刑。穿梭往返於法蘭茲本人的文字敘述（以中楷字呈現），以及被重建的歷史背景，我們愈來愈熟悉專業劊子手必須具備的技能、法蘭茲如危卵的社會地位，以及年輕時如何致力於自我精進。法蘭茲長大成人後，我們見識到近代初期紐倫堡的司法與社會結構，瞭解中年的法蘭茲努力不懈，在社會地位與專業表現上精益求精，也進一步掌握他對正義、秩序、可敬地位的觀念與想法。我們更認識了他的妻子、不斷添加成員的家庭、形形色色的罪犯，以及執法同仁。最後，我們看到他晚年兩種益發顯著的身分——道德家與治療者，從他角色轉型的過程中，捕捉到這位酷刑高手與專業殺手的內心世界。他晚年可謂苦甜

唯一一幅百分之百可靠且保存至今的法蘭茲・施密特畫像，由紐倫堡法院一位有志從事藝術的公證人所繪。原圖繪於法院一本死刑錄的空白處，描繪三十七歲的法蘭茲在一五九一年五月十八日斬首漢斯・佛羅舍爾（Hans Fröschel）。

參半，儘管沮喪，飽嘗失去親人之痛，他仍全心全意靠一己之力為自己與家族爭光立名。光是這點，就足以讓人驚嘆與欽佩。

本書另一個核心在於反思人性與社會進化（若世上存在這類東西的話）。不同於今人反死刑批酷刑的立場，到底什麼樣的想法與感受，讓法蘭茲及那個年代的人接納對另一個人行使司法暴力，如酷刑與公開處決？這樣的心態與社會結構何以在社會生根？後來又何以改變？想當然耳，近代初期的歐洲並非唯一出現殘酷施暴的地區，也不是唯一會懲處與報復個體或群體的國家。純粹就謀殺率而言，在法蘭茲・施密特的時代，謀殺率低於之前的中世紀，卻高於今天的美國（了不起的成就）。[13]不過若衡諸於國家暴力（state violence），前近代時期的死刑比例及軍隊搶掠的頻率，和二十世紀全面開戰、政治整肅、族群屠殺相比，根本是小巫見大巫。目前全球仍持續著司法酷刑與公開處決，顯見我們今人和「原始未開化」的過去社會並未漸行漸遠，也凸顯現代社會靠社會轉型與過去劃清界線的說法，有多薄弱。死刑果真會完全走入歷史，自社會消聲滅跡嗎？還是人類的復仇心已深植於人體每一條絲縷裡，難以根除？

到底法蘭茲有何想法？無論我們發現了什麼，這位信仰虔誠的紐倫堡劊子手，永遠都會是讓人陌生又熟悉的人物。我們自己和周遭親近的人都難以理解了，何況是時地都如此遙遠的職業劊子手。一如其他傳記，法蘭茲的日記和其他歷史文獻免不了留下許多未解（也可能無解）的問題。本書是當代唯一一本探討法蘭茲且公認可靠的著作，書裡這位勇往直前的堅毅主人翁和我們漸行漸遠（亦可謂被我們排斥），但在努力和這位劊子手與酷刑高手打交道並瞭解他所處的社會時，我們超乎預期地更認識自己，也多了同理心。紐倫堡劊子手法蘭茲的故事，從多方面來看，不僅是引人入勝的講古著作，也是一本適合現代與現世閱讀的精彩作品。

本書體例說明

直接引用法蘭茲・施密特的說法

法蘭茲・施密特的說法都是我自己經手的譯文，以中楷字呈現（編按：其餘引文則以細楷字標記）。引言根據一六三四年的日記手抄版，以及法蘭茲在一六二四年寫給皇帝要求正名復譽的陳情信。

名字與名稱

前近代時期，拼法並未統一。法蘭茲和其他作者一樣，專有名詞的拼法往往前後不一，有時連同一頁的拼法都會不同。我將城鎮、地名、人名改成現代的拼法，至於姓氏則保留前近代的拼法，以求清楚明白。我也保留女性姓氏在前近代的拼法，當時的特色是偶爾將倒數第二音節的母音做些變化，而且清一色以in結尾。舉例而言，喬格・維德曼（Georg Widmann）的妻子瑪格麗塔・維德曼寧原文拼作Margaretha Widmänin，亦可拼成Widmenin。漢斯・克雷格（Hans Krieger）女兒的姓氏可拼成Kriegerin或Kriegin，這類例子不勝枚舉。罪犯的綽號與化名則盡可能找到和當代美語貼近的用法，因此容我發揮一些藝術創意。

貨幣

在前近代，日耳曼地區流通多種貨幣，有當地幣、帝國幣與外國幣，兌換匯率隨時間而變。為顧及適用範圍且便於比較，我均以佛羅林（或稱金盾，簡稱fl.）為單位。家僕或市雇守衛一年收入約十至十五佛羅林，教師約五十，法官約三、四百。一條麵包約四便士（〇・〇三佛羅林），一夸脫葡萄酒約三十便士（〇・二五佛羅林），貧民窟一年公寓房租約六佛羅林。換算公式如下：

一金盾（fl.）＝〇・八五塔勒銀幣（thaler）＝四舊英鎊（lb）＝十五巴岑（batzen, Bz）＝二十先令（sch.）＝六〇十字銀幣（kreuzer, kr）＝一二〇便士（d.）＝二四〇海勒幣（heller, H.）

日期

格里曆（Gregorian calendar，亦即公曆）一五八二年十二月二十一日開始在日耳曼的天主教地區生效，但直到一七〇〇年三月一日之後才在新教地區實施。因此這段期間，新教區（如紐倫堡）與天主教區（如政教合一的班堡）的日期會出現十天或十一天之差。舉例而言，班堡是一六三四年六月十三日，但在紐倫堡是一六三四年六月二十三日。為了方便，當時有人遂寫成一六三四年六月十三／二十三日。本書的日期是依照紐倫堡的日曆，新年始於一月一日，一如今天多數地區的作法。

第一章

學徒

父親未在兒子幼時安排他接受最好的教育，不僅稱不上男子漢，也違逆人性。

——伊拉斯謨斯，〈論兒童教育〉（On the Education of Children, 1529）[1]

一個人的價值與名聲取決於他的仁心與決心；這些也關乎他的美名是虛有其名，抑或名不虛立。

——蒙田，〈論蠻夷〉（On Cannibals, 1580）[2]

在班堡（Bamberg），鄰人們已習慣劊子手海因利希・施密特（Heinrich Schmidt）家中後院每週登場的例行練習，所以波瀾不興地過著自己的生活，不會好奇地探頭探腦。施密特是采邑主教新聘的劊子手，大部分居民待他友好而熱心，但不會隨便邀他或他的家人到自己家裡作客。一五七三年五月一日，他的兒子法蘭茲已是個彬彬有禮（若大家覺得這麼形容劊子手之子不算太唐突的話）、頗有教養的十九歲青年，備受父親期待。一如當時多數年輕人，法蘭茲有意繼承父親衣缽，所以早自十一、十二歲起，便追隨父親學習一技之長。法蘭茲在老家霍夫（Hof）度過童年與少年；霍夫遠在今日德國巴伐利亞邦的東北角，距離德、捷（克）邊境約十英里。八個月前，法蘭茲一家人遷至班堡後，他隨著父親在城裡及鄰近村落執行了幾次公開行刑，學習父親的相關技能，也從旁協助打理瑣事。法蘭茲身體漸壯，心智漸趨成熟，責任與日俱增，技能突飛猛進。最後他決定克紹箕裘，希望跟他父親一樣成為「特別審訊」（如刑求逼供）的高手，並精通各種法律諭令中的死刑或體刑，從常見的絞刑，到較少見的火刑或水刑，乃至惡名昭彰卻極少登場的車裂（五馬分屍）等等，希望精進技藝，讓罪人痛快而去。

今天海因利希將驗收法蘭茲用劍斬首的技能。所有死刑中，用劍斬首最為艱鉅，也最被推崇。直到去年，海因利希才覺得兒子有能力且有分量揮舞這把自己珍視的「斬首劍」（judgment sword）。這把雕著花紋、做工精細的斬首劍重約七磅，多半懸掛在壁爐上方備受尊崇的位置。一開始，海因利希讓法蘭茲用南瓜和葫蘆作為練習對象，數月之後換砍類似人頸筋脈的大黃莖部（rhubarb stalks）。法蘭茲一開始笨手笨腳，不難想見有幾次甚至差點砍到自己和父親（後者得用手固定南瓜等「可憐的罪人」）。幾週之後，法蘭茲的劍法漸趨流暢，下手愈發精準，海因利希遂讓兒子進階接受更難的挑戰，換砍羊、豬等「失去知覺」的家畜。

五月一日，當地一名屠狗業者（dog slayer，或稱knacker）應海因利希之求抓了幾隻流浪犬，關在破爛的木籠裡，運到海因利希位於班堡市中心的家。海因利希付了他一筆小費，感謝他的幫忙，然後把狗搬到住家後院，法蘭茲已在那兒等著。雖然現場只有父親一位觀眾，法蘭茲仍明顯露出不安與焦慮。畢竟和狗相比，南瓜不會動來動去，就連豬在垂死前也少見掙扎。法蘭茲會感受到一絲恐懼，或許是即將對「無罪」的家畜動手吧，儘管這可能是我一廂情願、時代錯亂的投射。[3]法蘭茲明白，自己首先得四平八穩、俐落地斬下這些「失寵狗」的頭，因為這是他結束學徒生涯的最後一關，過關就表示得到父親認可，也證明他可以獨當一面，走出父親羽翼，進入更大的世界，周遊各地擔任劊子手。法蘭茲緊握斬首劍，準備斬下生平第一隻狗的頭，此時海因利希再次充當助手，牢牢按住狂吠不已的小狗。[4]

充滿危險的世界

恐懼與焦慮交織存在於人類歷史，因此今人與古人跨越了時代，有了交集。不過，海因利希・施密特和兒子法蘭茲所處的世界危如累卵、脆弱不堪一擊的程度，遠非現代進步社會民眾所能承受。險惡的自然和超自然力量、神祕又致命的傳染病、暴力相向又心懷敵意的同胞、意外起火或蓄意縱火，是近代初期人民每日生活的寫照，也是他們揮之不去的陰影。由之而生的不安全感，也許不足以說明那個年代的司法制度何以頻頻無情而殘忍地對待罪犯，但充滿險惡的世界的確有助於瞭解施密特父子這類制度執行者（institutional enforcers）何以既受當代人尊敬，卻也被當代人嫌棄。[5]

早在生命成形之初，已可明顯看出生命弱不禁風的一面。當年流產和死胎的比率居高不下，每三個胎兒就有一個無法順利誕生。法蘭茲・施密特雖然順利來到人世，但活到十二歲的機率只有五成。（婦女生產時生命也堪危，大約每二十名婦女就有一名在產後七週內過世——就連當今最落後、最貧窮的國家，數據也遠低於此。）小孩出生後前兩年，生命尤其脆弱，動不動就爆發的傳染病，諸如天花、傷寒、痢疾，對這些幼兒都是致命的威脅。多數父母曾經歷喪子（至少一個以上）之慟，多數孩童也走過手足夭折或失怙失恃之苦。[6]

橫掃歐洲城鄉的各種傳染病是造成早夭的主因之一。能夠活到五十歲者，至少成功擺脫了六種致命傳染病的魔掌。在紐倫堡、奧古斯堡（Augsburg）這類大城，若爆發超級嚴重的傳染病，在疫情肆虐一至兩年期間，死亡人數可能高達城市總人口的三分之一，甚至一半。就死亡人數而言，當年黑死病（plague）奪走的人命雖非最多，卻最令大家恐懼。法蘭茲．施密特在世期間，黑死病疫情在中歐頻頻爆發——頻率之高，超越歐史任何一個時期（黑死病在十四世紀中葉首見於歐洲），法蘭茲．施密特所居的中歐，疫情也最嚴重。黑死病反覆無常，何時發威，令人難以捉摸，殺傷力之強令人畏懼。[7]大家對黑死病餘悸猶存，形成對傳染病與瘟疫的集體恐懼感，進一步凸顯人類生命是多不堪一擊，也彰顯人有多脆弱，動不動就可能有個三長兩短。

傳染病之外，洪患、農作物歉收，饑荒也頻頻發生——鮮少能事前因應防範。施密特家族可謂生不逢時，經歷了「小冰期」（約在一四〇〇年至一七〇〇年）最嚴峻的時期。這期間，地球全年氣溫下降，導致冬天又長又冷，夏天又溼又涼，尤以北歐為甚。貫穿法蘭茲．施密特的生平，家鄉法蘭科尼亞（Franconia）的降雨量與降雪量都高於以往，洪水淹沒農田，農作物泡水發爛。有幾年，氣溫偏低，葡萄不易成熟，釀出的葡萄酒又酸又澀。收成少得可憐，饑荒隨之而來，人和家畜飽受飢餓與疾病之苦。就連野生動物的數量也跟著銳減，愈來愈多狼群轉而獵食人類。食物供不應求，通貨膨脹率居高不下，原本奉公守法的人民受不了飢餓，只好鋌而走險，淪為盜獵或偷竊的匪徒，為自己和家人討個溫飽。[8]

在法蘭茲・施密特的時代，人民除了忍受天災肆虐，束手無策，還得對抗各種人禍，尤其是四處橫行、無法無天的盜匪、士兵、惡徒。神聖羅馬帝國轄下的領地君侯國（territorial states），包括親王主教管轄的班堡、神聖羅馬帝國直轄的城市紐倫堡，多半被原始林及大片草地覆蓋，其間點綴零星的小村落、人口約一、兩千的城鎮，外加一個較大的都會。少了城牆保護或守望相助的鄰人，孤零零的農舍或磨坊一旦碰到幾名手持簡陋武器的壯漢，只能任憑宰割。旅人絡繹不絕的熱門路徑與鄉村小路，往往遠在求助範圍之外。位於領地邊城外圍的道路與森林，更是盜群出沒的危險地。孔茲・修特（Cunz Schott）是猖狂的惡徒之一，不僅率眾痛毆、打劫旅人，還以收集紐倫堡市民（他不共戴天的眼中釘）的雙手為樂。[9]

日耳曼民族的神聖羅馬帝國是當時最大的國家，但實際上，它既不神聖、也不羅馬、更非帝國——這是法國思想家伏爾泰（Voltaire）諷刺神聖羅馬帝國的話。帝國分為三百多個大小不一的邦國（states），統轄範圍有的甚小，僅及王侯所在的城堡與鄰近村落；有的擁有廣袤領地，如薩克森選侯國（Electoral Saxony）、巴伐利亞公國（duchy of Bavaria）。另外，帝國直轄的城市（imperial city）約有七十個，包括紐倫堡、奧古斯堡，享有半自治權，所以又叫自由城。班堡等城市則是主教與修道院院長的駐地，身為統治者的采邑主教（prince-bishop），長久以來享有世俗與宗教的政教雙重統治權。神聖羅馬帝國皇帝以及每年開會一次的帝國議會（Reichstag/diet），是邦國共同效忠的對象，兩者也象徵性地統治日耳曼地區，但是皇帝與議會對於防範、解決邦國間沒完沒了的不和與戰爭，完全束手無策。

在法蘭茲・施密特出生前約兩個世代，皇帝麥克希米連一世（Maximilian I）在一四九五年

在這幅繪於十六世紀初的作品中，雖省略了紐倫堡城牆外的貧窮郊區，但依舊捕捉到當時紐倫堡混合了城堡、宮殿、要塞的建築特色，可用以抵擋來自外圍森林的各種威脅（一五一六年）。

的《永久休戰》（*Perpetual Truce*）詔書中，多少道出了帝國當時的種種暴力與亂象：

> 每個人不論位階、身分、地位高低，都不得仇視、攻打、擄掠、挾持、圍剿另一方……，也不得未經對方同意擅闖他人城町（castle town）、市集、堡壘、村莊、部落、農地，甚或用武力攻之；亦不得非法占據、恫嚇縱火，或用其他方式摧毀。[10]

在那段期間，王侯（及其扈從）之間彼此心懷敵意，扞格不入，以致紛擾不斷。一方動不動就發動小規模突擊另一方——許多郊區村民受到波及，住家與財產付之一炬，不得不遠走他鄉。一些侯爵甚至兼差當起江洋大盜（robber baron），對路過自己領地的旅人下手，搶劫、綁架、勒索（德文稱Plackerei）樣樣都來，讓村民與旅人心懷恐懼。

法蘭茲・施密特出世後，王侯之間的征戰大抵停止，主要是因為王侯間的經濟合作更趨緊密，加上領主（親王）握有更大的實權。[11]不過，符騰堡公國（the duchy of Württemberg）和布蘭登堡選帝侯國（Brandenburg，後來的普魯士王國）等占地較廣的邦國，其統治者鞏固了地位與實力之後野心不減，決定進一步向外擴大版圖，不惜動用雄厚的財富，斥資招兵買馬，建立龐大的傭兵團。這種窮兵黷武的野心剛好碰上非軍事就業機會持續下滑，因此一般民眾謀職困難，再加上長期居高不下的通貨膨脹及失業率，歷史學家將此稱作「長十六世紀」（約一四八〇年至一六二〇年）。在十六、十七世紀，傭兵人數因而暴增了十二倍，讓日耳曼人民的安全與財產再次蒙受威脅，難怪這些傭兵走到哪都受到唾棄與鄙視。

當時有位人士對於日耳曼傭兵（landsknechts）的描述如下：「一群沒有靈魂的新階級，不屑名譽與正義，耽溺於嫖妓、通姦、強暴、暴食、酗酒……偷竊、強盜和謀殺。」他們過著「完全被魔鬼控制、任憑魔鬼使喚的生活。」就連對傭兵依賴甚深的神聖羅馬帝國皇帝查理五世（Charles V），也不得不承認日耳曼傭兵團是「泯滅人性的惡霸」，甚至覺得他們「比塞爾柱土耳其人更囂張、殘酷」。[12]傭兵出任務時，泰半時間在駐紮營區閒晃，零星打劫節節敗退敵人的腹地——因此小規模的局部暴力衝突沒完沒了。作家漢斯・賈柏・克里斯多佛・格里梅豪森（Hans Jacob Christoffel Grimmelshausen）在十七世紀出版的小說《癡兒歷險記》（*Simplicissimus*）裡有篇插曲捕捉了當時的情景，畫面令人不寒而慄：

> 一群士兵開始屠宰、水煮、燒烤食物，其他人則在屋內上下徹底搜刮。還有人利用床單、衣物及各種家用品，打包搜刮的東西，至於不想帶走的東西，則一律銷毀。有些士兵甚至將刺刀戳入稻草或乾草堆，彷彿殺不夠羊、豬隻似的。許多人抖掉床罩裡的羽毛，騰出空間塞火腿、肉類、器皿。有人搗毀爐具、窗戶、銅具、碗盤。有人放火燒毀床架、桌椅與長凳。有人砸毀鍋具、砧板。一名女僕在穀倉慘遭蹂躪，躺在地上動也不動。還有一個僕役被五花大綁，躺在地上，嘴裡塞了一個漏斗，被迫吞嚥噁心的尿液。折磨完僕役，傭兵接著對農夫動手，彷彿準備對付一群女巫似的，開始虐待這些農夫。[13]

在承平時期，情況也不見得顯著改善。一旦失業或被雇主拖欠薪資（頻率之高宛如家常便飯），這些人（多半是年輕男子）便成群結黨，在鄉間東晃西蕩，尋找吃的、喝的與女人（不一定按此先後順序）。這群人常和下列人士狼狽為奸，包括逃跑的僕役與學徒（英格蘭稱逃跑學徒為ronnegates）、負債累累拋妻棄子的丈夫、貶謫流放的罪犯和其他的無業遊民。這些「剽悍的乞丐」（sturdy beggars）主要靠乞討、小偷小竊維持生活。其中一些人愈來愈具攻擊性，威嚇農民、村民與旅人，所作所為和強盜騎士（robber knight）或職業盜匪沒有兩樣。暴力勒索分子到底是全職還是兼差，對多數受害者而言大同小異。舉例而言，被成年的法蘭茲・施密特施以鞭刑的兩名職業竊賊曾夥同傭兵，「手持斧頭和槍枝，行搶三間磨坊，逼裡面的人交出貨物，並凌虐（他們）。」14

日耳曼傭兵（約一五五〇年）。

成群結隊的盜匪和四處遊蕩的惡徒，從事的不法勾當五花八門，其中縱火一項最令鄉下村民膽顫。在那個年代，消防隊及產險遙不可及，大家一聽到「縱火」，整個神經就緊繃起來。一支火炬只要放對位置，就足以讓農場、甚至整個村莊付之一炬；短短一個小時內，家財萬貫的居民便淪為無家可歸的乞丐。事實上，光是口頭威脅要放火燒掉某人的房子或穀倉（常見的勒索方式），嚴重性等同實際放火，因此不管是口頭威脅還是實際縱火，兩者受到的處罰相同：被綁在柱子上活活燒死。一群被稱為「放火殺人犯」（murderer-burners）的惡徒，就是靠揚言放火殺人，向農民與村民勒索錢財維生，甚至藉此致富。[15]在日耳曼鄉間，大家普遍對專業縱火犯心存畏懼。不過房舍遭人縱火，多半是衝著私人恩怨或挾怨報復而來的附屬物。有時對方會在縱火前在牆上畫一隻紅色母雞以示警告，或是將令人害怕的「火燒信」（burn letter）釘在前門，警告屋主小心。自中世紀以來，多數城市的防火措施原地踏步，不見改善：鄉間住家與穀倉也和以前一樣，沒有任何防火設備。唯有首富買得起保險，即便如此，保險對象通常只及於運送中的貨物。無論是天災還是人禍，一旦房舍與穀倉慘遭祝融，多數家庭的經濟將深陷愁雲慘霧。

除了上述各種危險，在法蘭茲・施密特那個年代，人們還害怕另一個看不見、潛伏在四周的超自然威脅，諸如幽靈、妖精、狼人、妖魔等，種類之多讓人眼花撩亂。大家相信他們隱身在農田、森林、道路、爐灶裡。各教派的改革教士力圖消弭這些古老迷信，但這些努力只是徒勞。同一時間，因為教士大聲鼓吹比靈異力量更具威脅的撒旦陰謀正大行其道，以致人心更加不安。在法蘭茲・施密特在世期間，巫術的陰霾虎視眈眈、如影隨形，往往演變成真實世界的悲劇。在一五五〇至一六五〇年期間，出現所謂「歐洲獵女巫熱」，至少六萬人因為巫術被處死。

生活在這樣的背景與條件之下，人們可到哪裡尋求保護和慰藉呢？家人和朋友通常是躲避殘酷與冷血社會的避風港。親友或許能伸出援手，協助度過難關與不幸，卻無助於防範未然。民俗療法治療師（江湖術士，cunning people）、理髮師醫師（barber surgeons）、藥師和產婆偶爾能幫人止痛、療傷，但是碰到重症或分娩，往往也束手無策。醫師（精挑細選的最新醫療專家）則

一個落單的小販遭盜匪伏擊。出自瓦爾肯伯奇（Lucas I. van Valkenborch）的風景畫（約一五八五年）。

是少之又少、收費不菲，醫療知識也不像今天這麼發達。占星家、算命師或許可為不安的心靈指點迷津，甚至占卜命運，但同樣拿不出辦法，對抗外界的危險。

宗教仍是當時提供知識的主要資源之一，用於解釋不幸與災厄之外，偶爾也提供傳言可行的趨吉避凶辦法。一五二〇年代以降，儘管馬丁・路德和其他新教教徒的教義鼓吹摒棄所有「迷信的」避凶儀式，卻強化了大家對道德宇宙的普遍信仰：事出必有因。大家習慣把天災和傳染病視為上帝不悅或發怒的徵兆，但到底是什麼原因觸怒了上帝，並非次次都有顯而易見的答案。一些神學家和編年史作家直指其催化劑是社會縱容若干暴行——例如亂倫或殺嬰。有時候大家認為，社會集體受苦是因為神想藉此呼籲世人懺悔。馬丁・路德、約翰・喀爾文（John Calvin）和其他早期的新教徒則堅信末日論，認為現世餘日不多，世上的苦難即將結束。再怎麼說，魔鬼和魔鬼的爪牙仍是造成一切災難的主要元凶，諸如雹災是女巫害的，罪犯與惡徒受到魔鬼「加持」，擁有超自然的法力。

對抗各式各樣「死神」的方式當中，簡單的禱告是最普遍的避凶辦法。幾世紀以來，基督徒典型的禱告為：「主啊，保護我們，讓我們免於瘟疫、饑荒、戰爭之苦！」[16]在稍後的十六世紀，大家依舊熱中於禱告，向耶穌基督、聖母馬利亞、其他聖徒祈求庇佑，希望逢凶化吉。就連排斥一切靈異力量介入、只信奉耶穌基督的新教徒，也不例外。許多信眾把珠寶、水晶、木塊充作護身符，相信他們能提供額外的保護，遠離天災與靈異之險。天主教徒也有各式各樣驅邪的類宗教物品，稱之為聖儀（sacramentals），例如聖水、聖餅、聖牌、聖燭、聖鐘，或是據信為聖徒骨灰或骨骸的聖髑。此外，單刀直入、不拐彎抹角的魔咒、藥粉、藥水（有些被官方明文禁止），鐵口稱能治百病、抵抗惡勢力。若人們求的是安心與慰藉，我們不能輕易否定這些物品的效用。此外，相信來世（今生積德受苦，來世就有福報；反之惡有惡報）也提供另一種慰藉。但就算個人信仰堅不可摧，碰到災厄，依舊無法防範或遠離。

危險無所不在，人民動不動就受到攻擊，所以在法蘭茲·施密特那個年代，大家一心渴求安定與秩序。世俗政權——神聖羅馬帝國的皇帝、采邑親王、城邦侯爵等，對此有志一同，也決心拿出一番作為。愛民的志向卻完全與利民無關——乘勢擴大自己的權限倒是真的。不過這些貴族的確關心、也憂心公共安全與福祉。他們出力試圖緩和地震、水災、饑荒、傳染病等災情，種種努力或多或少提供災民一些幫助。但當年就算公共衛生大幅改善，成效也非常有限。舉例來說，疫情爆發期間，政府當局多半祭出隔離措施，多少減緩了疾病傳播的速度；此外，加強垃圾管理和廢棄物處理也發揮了一些功效。不過對有錢有勢的人而言，遠離都會疫區才是上上策。

相較於出走，有些王公貴族則努力提高執法成效，認為這是難得的機會，藉此證明自己有能力約束暴力，並提供居民一些安全保障。執法有成也能拉抬世俗領袖的民意支持度，並擴大權力基礎。法蘭茲·施密特那個年代的人，面對周遭暴力，態度矛盾糾結。民眾聽天由命接受一波又一波無法防範的天災與疾病肆虐，也以同樣宿命的態度面對同胞的暴力相向。同一時間，雄心萬丈的政治領袖則努力降低並打擊暴力——或者至少願意為此花上大錢，顯然點燃了民眾的期待與希望。司法當局呼籲忿忿不平的受害人勿動用私刑報復，應該轉而向法庭與官員尋求協助，沒料到請願和控訴如排山倒海而來，讓措手不及的法庭（chancery）幾乎無力招架。民眾希望官方出面解決的事項五花八門，諸如維修道路、收集垃圾、約束侵略性乞丐與喧鬧街童等公害、受理街

不保證可以長長久久。自中世紀以來，受雇的職業劊子手被世人視為冷血殺手，因此走到哪兒都受到批評與謾罵，也受到上流社會的排擠。多數劊子手被迫住在城牆外，或是城內藏汙納垢之處，諸如屠宰場或痲瘋病人之家。社會也立法徹底剝奪劊子手的公民權：劊子手本人和家人皆不得擁有公民身分、加入同業行會、擔任公職、充當監護人、成為官司的目擊證人、訂立有效遺囑。十五世紀末之前，這些被社會唾棄的邊緣人公開行刑時，若不慎失手而遭圍觀的暴民暴力攻擊，只能忍氣吞聲，因為法律不提供他們保護。有些劊子手甚至被憤怒的群眾丟石砸死。大部分城鎮的教堂禁止劊子手進入，若劊子手希望孩子受洗或為臨終親人舉行最後的儀式，端看當地有時不怎麼有愛心的神職人員，願不願意踏入劊子手「不潔」的住處。除此之外，劊子手亦不得涉足澡堂、酒館及其他公共場所。幾乎從未聽聞有哪個有頭有臉的人物邀請他們到家裡作客。在法蘭茲・施密特那個年代，人們普遍不敢和劊子手沾上關係，深怕一碰到他們的手就會受到汙染，就連德高望重的人僅是不經意和他們接觸，生計便陷入絕境。民間不乏傳聞，稱有人因為打破這個由來已久的禁忌而大難臨頭；也不乏街談巷語，稱被判刑的美麗少女寧死也不願嫁給劊子手。[17]

民眾對劊子手的恐懼感根深柢固，其理由不言而喻，說穿了就是這行的本質實在教人不敢恭維。即便在今日，許多風氣較保守的社會仍認為，與屍體直接沾上邊會有損名譽。在近代日耳曼地區，除了劊子手，尚有掘墓人、製皮工人、屠夫被認為是「聲名狼藉的職業」。[18]當時的人民認為劊子手與不受道德規範約束的傭兵是同一類人，因此被「高尚正派」的社會排擠，受到的待遇也和遊民、娼妓、竊賊、吉普賽人與猶太人沒有兩樣。當時的學者（甚至部分現代學者）普遍認為，從事這類不光彩行業的人士，非奸即盜——儘管這種主張至今仍找不出鐵證。同樣地，大家會將社會邊緣人與私生子劃上等號——當年「非法」（illegitimate，德文unehelich）與「不名譽」（dishonorable，德文unhehrlich）並無明顯區隔，所以就連官方文件偶爾也會出現「婊子養的劊子手」這類字眼。[19]

難怪劊子手與其他不光彩人物會在職業上與社交上形成自己的圈子。劊子手世家在神聖羅馬帝國各地崛起，原因不外乎互不相讓地較勁及策略性聯姻。其中有些家族背負不甚吉利的姓氏——包括萊希南姆（Leichnam，意味屍體）。不過多數家族的姓氏得名於所從事的行業，諸如在南部日耳曼，家族姓氏有布蘭德（Brand）、法諾（Fahner）、福克斯（Fuchs）、施瓦茲（Schwartz）等。[20]過了幾個世代，這些關係密切的家族師法金匠或烘焙師等「高尚」的行業，設計了諸多入會的儀式，也建立了群體認同的方式。與那些拒他們於千里之外的體面工匠一樣，劊子手也建立了自己的職業網，監督新人的訓練工作，並為繼承衣缽的子孫爭取更安全、更高報酬的就業條件。

然而，海因利希·施密特此刻為兒子將來所擘畫的抱負，遠大於高報酬或鐵飯碗，只是兩人不敢張揚，對家族以外的人一律三緘其口。兩人欲攜手破解家族所受的詛咒，這樣他們及其家族才能掙脫劊子手身分加諸的桎梏，走出汙髒的深淵，但想打破階級分明的藩籬，讓自己的社會地位更上一層樓，幾乎是匪夷所思又膽大的白日夢。施密特家族之所以會淪落到在社會上抬不起頭，理由一直是個祕密——箇中隱情僅透過父傳子，直到法蘭茲晚年才公諸於世。但是在五月一日這天，當少年法蘭茲高舉斬首劍，準備對著眼前顫抖不已的倒楣流浪狗下手之際，這個祕而不宣的家族之恥在他心頭燒灼得厲害。

一五五三年秋之前，法蘭茲的父親海因利希・施密特一直在老家霍夫靠「伐木與捕禽」維生，生活舒適而體面。霍夫位於法蘭科尼亞公國轄下的布蘭登堡－庫爾姆巴赫區（Brandenburg-Kulmbach），屬於第二等級貴族的領地。布蘭登堡－庫爾姆巴赫的統治者阿爾布雷希特二世・阿爾西比亞底斯（Albrecht II Alcibiades，生於一五二二年）侯爵年紀輕輕，野心十足，積極向外擴張版圖，征戰不斷，因此被冠上「戰士」的頭銜。施密特一家人經歷多年動蕩，不僅挺了過來，家道甚至蒸蒸日上。阿爾布雷希特・阿爾西比亞底斯人如其名（如同五世紀雅典那位同名的政治人物），在一五四〇、五〇年代的宗教衝突中，一再見風轉舵、變換陣營，並蠻橫地偷襲天主教與新教轄下的領地，最後落得處處樹敵的局面。阿爾布雷希特攻城掠地、說一套做一套的兩手作法，反倒促成天主教與新教兩大敵對陣營攜手大團結。新教轄下的

布蘭登堡－庫爾姆巴赫區的侯爵阿爾布雷希特・阿爾西比亞底斯，處處被人嫌被人罵，也是造成施密特家族不幸的始作俑者（約畫於一五五〇年）。

紐倫堡、波希米亞（Bohemia）、布倫斯維克（Braunschweig），以及直接歸神聖羅馬帝國主教管轄的班堡和烏茲堡（Würzburg），決定聯手對抗阿爾布雷希特，雙方捲入了爾後所謂的「第二次侯爵之戰」（Second Margrave War）。阿爾布雷希特沒料到新教、舊教竟會聯手揮兵攻占他的領地，團團包圍霍夫在內的數個重要據點。

霍夫是阿爾布雷希特轄下領地裡擁有較堅固防禦的城鎮之一，四周蓋了高十二英尺、厚三英尺的石牆。自一五五三年八月一日起，霍夫遭敵軍圍城，當時阿爾布雷希特侯爵本人並不在城內。城內約六百名男子組成的義勇軍以寡敵眾，力抗一萬三千多名團團包圍霍夫的士兵，義勇軍挺了三週多才收到侯爵捎來的信函，稱援兵已在路上。侯爵承諾的增兵卻遲遲未出現。接下來四個星期，霍夫日日遭到砲擊、突襲，在四面楚歌的情況下，爆發大規模饑荒，不得不豎白旗投降。拿下霍夫的占領者一開始還算溫和，然而十月十二日當霍夫城自己的侯爵騎著馬由六十名騎士護送進城時，這些占領者得強迫憤怒的群眾盛大迎接。阿爾布雷希特返回霍夫之後，短短數週內弄得自己眾叛親離：對他心存不滿的舊臣進一步與他交惡；仍紮營在城外的占領軍也和他再度爆發衝突。他這種有勇無謀的行動最後以災難收場，征服者決定改弦易轍，以更嚴厲的方式占領霍夫，阿爾布雷希特侯爵本人則被迫出亡，自此他成了帝國的流亡之徒，曾出亡法國四年，一五五七年去世，享年四十五歲。他曾統轄的領地多已成廢墟，他的名字則被之前的臣民痛下詛咒。

相較於霍夫其他居民，海因利希・施密特與兒子或許跟阿爾布雷希特侯爵的過節更深更久。整個事件起因於一五五三年的十月十六日週一，也就是阿爾布雷希特侯爵與家僕返回滿目瘡痍的霍夫三天之後。霍夫跟日耳曼其他規模差不多的城鎮一樣，無力聘雇一位全職的劊子手，但備受唾棄的阿爾布雷希特侯爵逮捕了三名涉嫌圖謀暗殺他的三位火槍手後，竟一意孤行，捨慣例（雇用巡迴各地的職業劊子手），而就古老的習俗（要求一位局外人負責處死犯人）。不幸被挑中做這份苦差事的便是海因利希。身為霍夫受人敬重的一分子，海因利希激烈地向侯爵抗議，稱此舉只會讓他跟自己的子孫蒙羞，一輩子洗刷不掉汙名，但抗爭只是徒勞。法蘭茲在七十歲時道出：

「（侯爵）恐嚇他（父親），除非乖乖聽命行事，否則就送他上絞刑台，到時另外那兩名罪犯也會在他旁邊。」

為什麼叫一個無辜的伐木工負責這份讓人害怕的差事呢？說來話長，法蘭茲直到晚年才透露始末——原來一切肇因於荒誕不經又難得罕見的一場爭執，對象是一個男人和一隻狗。法蘭茲的父親與阿爾布雷希特．阿爾西比亞底斯侯爵面對面爭執之前數年，法蘭茲的祖父——裁縫師彼得．施密特（Peter Schmidt），受一位來自圖林根（Thüringen）的織工請託，希望彼得．施密特能把女兒許配給他。這對年輕人後來結婚，定居在霍夫附近的一個小農村。有一天，這位織工（法蘭茲八十年之後才想起這男子叫鈞特．柏格納〔Günther Bergner〕）在鄉間漫步時，被一頭巨犬攻擊。氣沖沖的柏格納拎起狗，用力甩向飼主（一位獵鹿人），「不幸地（不管是對柏格納或是我們），他失手殺了這位獵人。」儘管這位織工未被起訴，但名譽掃地，被所有行會排擠。「因為再也沒有人願意跟他打交道，出於絕望與鬱悶，柏格納自此成了一名劊子手。」但是這件醜聞並未波及他的岳父彼得．施密特，因此彼得在霍夫繼續以裁縫為業。然而過了數年，心焦的侯爵亟欲找個劊子手，處決暗殺他不遂的罪犯時，海因利希．施密特因為妹／姊夫柏格納是劊子手（想必柏格納當時也沒空幫侯爵處決罪犯吧），別無選擇成了新任劊子手人選。[21]

一如施密特所預料，從他屈服於侯爵命令的那一刻起，近鄰以及過往友人毫不留情地與他以及他的家族劃清界線，將他們趕出上流社會。除了從事不光彩職業，施密特一家人也因為被外界認為和那位暴君侯爵有來往，更難洗刷惡名。蒙上汙名的海因利希・施密特原本可帶著全家搬到偏遠小鎮，遠離是非之地，重新展開人生，他卻選擇繼續留在故鄉，靠著唯一對他開放的行業養活一家人。又一個劊子手世家於焉誕生——但海因利希的計畫與盤算若是成功（直到晚年他才將計畫告知兒子法蘭茲），這個劊子手世家恐怕會曇花一現。

海因利希・施密特的名聲重摔在地後，過了數月，法蘭茲誕生，大約是一五三五年末至一五五四年中。[22]法蘭茲在霍夫度過了童年與青少年，當時的霍夫相當封閉，人口頂多一千人。由於地處偏遠，使得霍夫與外界更加疏離，民風也更僵化。霍夫又名「巴伐利亞的西伯利亞」（Bavarian Siberia），位於薩爾河（Saale River）岸，四周是茂密的千年森林與一千公尺高的群山。由於冬天又長又冷，加上土壤成分以石灰與鐵為主，不利農耕。紡織、布料相關貿易是鎮上的經濟火車頭。鄉間村民則是靠養牛養羊維生。採礦也是當地幾世紀來累積財富的來源之一。法蘭茲・施密特在世期間，當地開採出金、銀、鐵、銅、錫、花崗岩與水晶等。[23]

就文化而言，霍夫也是個西大荒。對圖林根人（Thuringians）與薩克森人（Saxons）來說，霍夫地處極南；對法蘭科尼亞人（Franconians）而言，又太過偏北。這個位於日耳曼－波希米亞邊界以西的小鎮，在斯拉夫與日耳曼文化的雙重洗禮下，孕育出其獨特的文化。在一四三○年，胡斯教派（Hussites，殉教的宗教改革家楊・胡斯的追隨者，作風激進）曾攻陷該鎮。

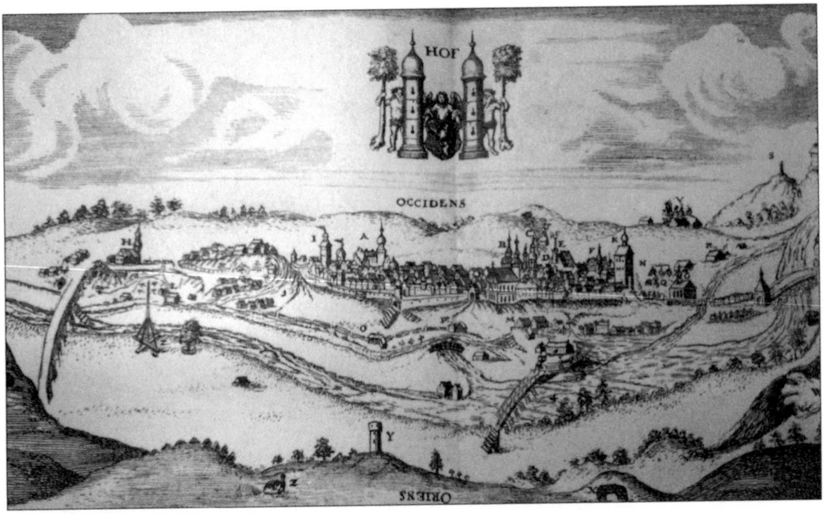

從東方鳥瞰霍夫鎮（約一五五〇年）。

一提到霍夫，最常聯想到的區域是沃格蘭（Vogtland，名字起源於Vögte，意思是神聖羅馬帝國的護國公）。在十六世紀之前，這塊區域不像一個政治實體，反倒更像個模糊的文化概念，特色包括當地獨樹一格的方言、香腸、濃烈的啤酒。到了十九世紀，在民族主義倡議者眼中，風景如畫、原始自然的沃格蘭，足以代表原始日耳曼的荒蕪與空曠，兼具脫塵與野性的美感。對於被社會排斥的施密特一家人而言，霍夫遺世獨立的地理位置，進一步加重他們的消沉感，只好退隱到自己的天地，進入內在放逐的狀態。

海因利希・施密特的地位與名聲一落千丈，但他選擇按兵不動，繼續留在家鄉，箇中原因至今令人不解。不過，阿爾布雷希特・阿爾西比亞底斯災難性的政績，對於海因利希・施密特被迫不得不從事的新職業，倒是利多於弊。一五五七年阿爾布雷希特過世後，他的堂親喬治・腓特烈（Georg Friedrich，布蘭登堡－安斯巴赫的侯爵）立刻接手，成為布蘭登堡－庫爾姆巴赫的新領主。霍夫的新主人作風穩健謹慎，截然不同於他那位舉止魯莽輕率的堂親。據當地的編年史家伊諾赫・魏德曼（Enoch Widman）的記載，那年秋天，城裡的樹木竟奇蹟似地再次開花，其預告意味之強烈，一如當地曾發生地震，預告了阿爾布雷希特災難式橫衝直撞的統治。[24]喬治・腓特烈將官邸遷到霍夫附近的拜魯特（Bayreuth），接著立刻著手重建霍夫和其他受損城鎮，同時修補和鄰國的關係。此外，腓特烈進行金融與司法的全面改革，第一步是頒布一系列治安管理條例與刑法。立竿見影的成效之一是，刑事起訴的案件與強度均大幅攀升。一五六〇年五月之前的十二個月，布蘭登堡－庫爾姆巴赫的新任劊子手海因利希・施密特，光在霍夫就處決了八名罪犯，破了歷史紀錄。[25]

海因利希・施密特在新侯爵統治下擔任劊子手，工作趨於穩定，連帶收入也有了穩定的著落，他還兼差增加收入，包括擔任自由接案的劊子手，偶爾也幫人治療傷口，後者是劊子手行之已久的兼差副業。不過在霍夫，他想要扭轉家族的不幸，機會幾乎是零。他至少兩度試圖在其他地區應徵劊子手一職，直到一五七二年，也就是法蘭茲十八歲時，才獲得班堡的采邑主教親王聘雇，讓他的劊子手職涯更上一層樓。[26]施密特家族受到舊識與鄰居迴避排擠了近二十年後，終於可以離開偏遠的霍夫，儘管這時仍無法擺脫痛苦的回憶和過往不堪的枷鎖。

班堡屬於主教轄區（後來成為大主教轄區），是當年神聖羅馬帝國最古老、名聲也最響亮的主教轄區之一。在一五七二年左右，當地主教享有世俗與教會雙重領導人的地位已達四百年之久。在之前的四十年間，因為宗教改革之故，采邑主教蒙受巨大的損失，但班堡主教轄下的領領地仍有四千平方英里，臣民也有十五萬人之多。主教親王的管理相當先進，而其刑法典（尤其是一五〇七年頒布的班堡刑法典〔*Bambergensis*〕）更是廣受刑法領域的推崇。[27] 海因利希・施密特的新領主是烏茲堡的維特二世主教（Veit II von Würtzburg），以課重稅廣為人知。不過真正的直屬上司是專門管理劊子手與其他司法人員的副相（vice chancellor）。當海因利希・施密特於一五七二年八月向天主教會直轄的班堡報到時，他的個人表現與職業成就均有不俗的成就。

施密特一家人在新城鎮享有優渥的物質生活，平均年收入是五十佛羅林，與牧師或學校教師相當。此外，海因利希這位職業劊子手因為是帝國直轄市公僕，享有額外的福利。[28] 他們的住家寬敞，位於班堡東北角的一個半島上（今天此地有小威尼斯之稱），至於租金，只要海因利希受雇於主教期間，均可享有免租金的待遇。海因利希一家人在一五七二年夏末抵達班堡新家時，當局已根據海因利希的要求與指示，徹底整修並擴建了房舍。[29] 沒錯，海因利希一家人得和助手漢斯・雷恩施密特（Hans Reinschmidt）共用房舍，不過只要獨生子法蘭茲在家，仍可享有一定程度的隱私。

施密特一家人的社會地位不算固若金湯，相較於之前在霍夫鎮，受到的壓迫較少。班堡算得上大城，人口約一萬，之所以名氣響亮，主要是拜十三世紀宏偉的天主教堂及獨特的煙燻啤酒（smoked beer）之賜。直到今天，依然如此。班堡有七座高聳的山丘，山頂各自矗立別具特色的教堂，當地人得意地將這七座山丘和「永恆之城」羅馬所在的七座小山丘相提並論。相較於霍夫時期，施密特一家人在班堡享有更大程度的隱私（至少理論上如此），更容易在街坊、市集中隱姓埋名，也較能被鄰居接納。與班堡規模相當的城市裡，部分教堂已開放劊子手進入、擁有專屬的座位；一些酒館還提供劊子手專用的長條凳，有些長凳甚至設計成三隻腳，類似處決死囚的斷頭台。[30]施密特一家人篤信新教，但班堡居民幾乎清一色是天主教徒，這勢必對施密特一家人構成更多的障礙。雇用海因利希的采邑主教顯然不以為意，儘管這位信奉天主教的親王主教曾公開擁護「反宗教改革」。[31]

和之前相比，劊子手的社會地位顯然較高（更精確地說是較不受唾棄），這一點，可從愈見頻繁的打擊犯罪法規得到印證，顯示當權者有意恢復「傳統價值」及「固有」的社會秩序。一如上一世紀實施的「禁奢令」（sumptuary laws），神聖羅馬帝國在一五三〇年及一五四八年分別頒布法規，規定劊子手（以及猶太人和娼妓）必須穿戴「一眼能辨識身分的服裝」。[32]許多地方性法規對身分與階級界線日益模糊的「亂象」，也頗多批評，試圖「撥亂反正」，糾正民間包容「不光彩」族群的風氣，因此立法對踰矩者處以高額罰鍰，甚至祭出體罰。

社會偏見需要時間才會慢慢淡化。一些憂心自己收入縮水、社會地位起伏不定的人士，偏見更是根深柢固。十六世紀下半葉，貿易逐漸擴及全球，嚴重衝擊從事傳統手工藝的工匠及其製作的手工藝品。但這些「貧而正直」（poor but honest）的工匠，不將怒火對著富可敵國的銀行家與商人等新富階級而發，反而怪罪海因利希・施密特等事業看似發達的劊子手，或是專找理應矮他們一截的族群（如猶太人）出氣。日耳曼工匠亟欲維護他們「如白鴿般純潔無瑕」的榮譽，因此，即使神聖羅馬帝國皇帝在一五四八年頒布法令，允許劊子手後裔加入行會（guild），成為會員，工匠行會依然故我，禁止旗下會員與劊子手接觸或打交道。工匠若膽敢違逆這項全面封殺劊子手的禁令（禁令也適用於屠夫、鞋匠、製革匠、搬運工等從事「賤業」的對象），將遭社會孤立、喪失會員資格，甚或更糟的結果。傳聞巴塞爾（Basel）一名工匠因與當地劊子手過從甚密，結果名譽掃地，走上自殺一途。也有人被迫遠走他鄉，在異地重新生活。這種奠基於血統與出身的階級制度，嚴苛而分明，對歐洲與日耳曼地區人民的思想與行為影響深遠，至今仍可見其影子。[33]

雖然這些下手極重的法律手段意在排擠社會邊緣人，力阻他們出人頭地，所幸對施密特一家人而言，頂多讓心焦的工匠安心，對他們一家的日常生活倒無太大影響。舉例而言，海因利希・施密特以及後來繼承衣缽的兒子法蘭茲，不論值勤或休假，都不用穿制服，這點完全不同於現代人的描繪與敘述。此外，也找不到證據證明他們必須蒙上深烙大家刻板印象中的黑色面罩（這可能是十九世紀浪漫時期的產物）。不同於班堡，一些城市會要求劊子手穿上大紅、鮮黃或亮綠色的斗篷，不然就是條紋上衣，或是戴頂與眾不同的帽子。[34]從十六世紀下半葉開始，許多插畫裡可看到劊子手莫不盛裝示人，有時甚至到了花枝招展的地步。簡言之，施密特父子的穿著和一般中產階級居民大同小異，因而讓地位意識分明的工匠心生不安。

儘管這類規定彷若紙老虎，施密特家族在班堡稍有起色的社會地位，並未因此一帆風順。畢竟一個人的聲譽乃建立在社會地位與聲望之上，是人最寶貴也最脆弱的資產。在海因利希・施密特的時代，任何人不管其社會地位高低，若口頭上侮辱對方的「聲譽」，例如罵男子「惡棍」或「小偷」，罵女子「婊子」或「女巫」，往往會惡化為肢體衝突，甚至殺人事件。「劊子手的賤兒子」是常見的三字經（甚至出現在莎士比亞的劇本裡）；碰到令人皺眉、不敢恭維的行為時，簡單一句「你該上斷頭台」就不言而喻了。施密特一家人不能免俗，一再被提醒自身低下的社會

紐倫堡編年史中的一幅插圖。時間是一五八四年七月七日，法蘭茲・施密特動手處決安娜・派荷史泰寧（Anna Peihelsteinin）。該畫可能出於一位圍觀者之手。畫裡，法蘭茲的衣著奇特而突兀，下半身是粉紅色緊身長襪配淺藍色齊膝短褲，蓋住生殖器的飾袋則是粉紅色。上半身是藍色白領緊身衣，外罩無袖皮背心，皮背心的目的是避免衣服沾上血漬（一六一六年）。

地位。透過節慶、遊行活動、各種群眾場合，有權有勢的社會高層與不被接納的邊緣人，兩者的地位之別一再被凸顯、確立。在種族歧視或種族隔離的社會，法律和習俗仍明白禁止劊子手及其家人出現在多種場合，並且不客氣地剝奪其受教、就業、居住的機會。這種情況持續了好幾個世代之久。

海因利希・施密特的職業與臭名緊密掛鉤，造成的影響與衝擊殊難預料，也正因為難以預料與捉摸，施密特家族和班堡鄰居的互動與來往如履薄冰，隨時可能碎裂瓦解。劊子手的臭名該如何定義與詮釋，可能因人而異，也可能因取捨與選擇性而異，這點和美國「中產階級」等彈性大的社會觀念一樣。

由是之故，有些人或社群可能對劊子手心懷惡意。舉例而言，一位來自呂貝克（Lübeck）的商人發現奧斯伯格的劊子手竟能住在城內，可能大吃一驚。有頭有臉的名門貴族定期和劊子手一起吃喝喝，甚至到劊子手家中作客，也讓他覺得匪夷所思。反觀在另一個城市，若劊子手的妻子因為接生婆不願踏進家門而死於難產，大家的反應可能是遺憾，但鮮少覺得意外。就連備受鄰里敬重、「交遊廣闊」的劊子手，死後也沒有一人願意替他抬棺。[35]

海因利希・施密特相當清楚，儘管他有份收入不錯的公職，生活水準也不差，為人廉潔，但這些都無法保障他或家人被社會長久接納，也不保證自己或家人的未來安全無虞。社會對他的羞辱與詆毀不管大小，彷彿家常便飯，一再提醒他此身分之不名譽。周遭人認為他不可能擺脫這種困境與命運，不過他和意志同樣堅定的兒子都認為，硬是加諸在他們身上的不光彩職業，成了他們家人脫困與救贖的手段。

兒子的機會

時機與運氣是一個人成功的關鍵。法蘭茲・施密特幸運地生逢於當今歷史學家所稱的「劊子手的黃金時代」，此一發展源於日耳曼刑法歷時兩世紀緩慢卻深入的變革。自羅馬帝國以降，日耳曼民族處理犯罪與不法時，多將其視為私人衝突，解決方式不外乎金錢補償（wergild）或因循慣例的處罰，如斷手斷腳或放逐。政府官員（直到中世紀晚期，人數依舊不多）多半擔任裁判，確保程序有條不紊，而唆使、審訊、判決則交由地方長老或在地的陪審員。這種方式偏於溫和，目的是防範兩造爆發流血和沒完沒了的暴力相向，絕非為了處罰所有壞人，畢竟將所有壞人繩之以法，既不容於社會習俗也不切實際。通常遇害死者的男性家屬可對加害者動手；至於國家核准的死刑則由自由劊子手或法庭執事（低階執法人員）執刑，事成後按件計酬。[36]

在中世紀末，政府在刑事司法（criminal justice）的角色更為積極，甚至已到干預的程度，此改變源自兩種相互交纏卻彼此互異的推力。首先，諸如奧古斯堡與紐倫堡等神聖羅馬帝國皇帝直轄的繁榮城邦（city-state），對主權的定義更廣泛也更具雄心。為了維持轄下城邦的治安，以吸引貿易業與製造業進駐，市府直營的行會以及擔任地方官的貴族世家，陸續頒布法令，規範各式各樣之前屬於私領域的行為。一些新法規在現代人眼中不僅古怪，甚至不倫不類，特別是為數眾多的禁奢法令，藉由限制各類服裝打扮與歌舞活動，以維護公共治安。例如，只有貴族能穿戴皮草或佩劍，他們的妻女則享有戴珠寶、著色彩繽紛衣飾的特權。更重要的是，十六世紀初，日耳曼境內兩千多個城市與領地終於得償夙願，獨攬高等司法權（high justice），亦即審判死刑案件的權利。多數地方性法院仍循私下和解之途，解決罪行較輕的案件，但難掩妒意地捍衛他們處決死囚的特權。以石刑、痛毆、絞刑等私刑捍衛正義（lynch justice），雖有以儆效尤之效，這類暴民式行為其實形同犯罪，嚴重傷害了政府官員所欲建立的威信。

大張旗鼓頒布新法與特權狀是一回事，能否切實落實又是一回事，在高度分散式統治的帝國更是如此。此時，倡議改革的新一代律師應運而生，成為推動德國刑法與執法轉型的第二要素。這些經過學院派訓練的法學家說服習慣公事公辦的地方官員，過時的司法機制已跟不上愈來愈多、愈來愈複雜的法令，必須為各層級添新血，招募更多專業人士。

基於該理由，奧古斯堡和紐倫堡出身貴族的地方官首開先例，同意聘雇訓練有素、精通司法審訊（包括刑求逼供）與處決死囚的全職專業人士，藉此提升起訴罪犯的效率。劊子手因而晉升為終身聘雇的公僕，工作有了合法性。理論上，劊子手地位與經書抄寫員或地方督察相當，不再與傭兵劃上等號，也遠離「衝動嗜血的邪惡欲望」。[37]此外，提供劊子手長期合約也有利地方當權者，讓他們更放心也更有效率地管控這些理應忠心耿耿的執法人員，以貫徹自己的司法雄心。到了十六世紀初，長期雇用劊子手的作法遍及整個神聖羅馬帝國，成為不可逆轉的趨勢。

不過兼差劊子手全面變成全職專業劊子手，並非一蹴可幾，而是歷時數個世代才完成，一如日耳曼刑事司法的演化與進展。所以法蘭茲・施密特一五五四年誕生時，全職劊子手的制度尚未全面確立。有些領地甚至遲至十八世紀都還以按件計酬的方式，委託兼差劊子手代勞。[38]較小的轄區礙於財力，雇不起全職劊子手；有些地方選擇性地保留中世紀傳統，責成社區裡的年輕男子執行大家避之唯恐不及的法內殺人，而這正是施密特家族命運的翻版。一些較偏遠的地區，沿襲更古老的習俗，將最後的審判權交付被害者的男性家屬。在十六世紀，就連日耳曼境內雇用有給職劊子手的地區，多數劊子手除了起訴、懲處罪犯，還得包辦其他五花八門的卑賤工作，諸如監管娼院、處理廢棄物、火化自殺者屍體。[39]

不過在十六世紀中期，全新的機會之門為職業劊子手敞了開來。說來真巧，兩位日後雇用法蘭茲的雇主——班堡與帝國直轄市紐倫堡的親王主教，剛好站在第一線，帶頭改革日耳曼的刑事司法。在法蘭科尼亞地區，受民法（羅馬法）訓練的法學家影響力尤大，催生出兩項執牛耳的刑事立法：一五〇七年頒布的班堡刑法典（*Bambergenis*），官方名稱是「班堡刑事司法條例」（*Bambergische Halsgerichtsordnung*，字面意思是「刎頸條例」，因為班堡刑法典的重心以死刑為主）；另一項重要立法是一五三二年頒布的「卡洛林那刑法典」（the imperial *Constitutio Criminalis Carolina*），或稱皇帝查理五世的刑典（Criminal Constitution of [Emperor] Charles V），俗名卡洛林那法（*Carolina*）。[40]另外，稍早由法蘭科尼亞的貴族施瓦森貝格（Johann Freiherr von Schwarzenberg）彙整而成的刊物，目的是當作非專業法官的參考手冊。由於這些承審法官和施瓦森貝格本人一樣，均非受過專業訓練的法律人，因此這本德語手冊用字簡單而直接，並搭配許多木刻畫。雖然這本書並無官方背書，但在當時頗為普及，首刷之後的頭十年再版了多次。

羽翼已豐、完全成氣候的卡洛林那法師承班堡刑法典，也得到皇帝的背書支持，大部分條例和班堡刑法典的條例一樣，直來直往，但是具有更宏大的政治抱負。十六世紀初，各侯國的統治者與神聖羅馬帝國皇帝都意識到，統一的司法程序攸關執政成敗。但是當他們嘗試以「羅馬法」編纂法典時，卻面臨來自各方的反對聲浪。卡洛林那法想到了可行的折衷方案：一邊是擁護羅馬法內容、深受該法前後一致性吸引的改革派法律人；另一邊是既質疑又羨慕「外國法律和習俗」進步性與前瞻性的保守世俗當權者，[41]卡洛林那法在這兩者之間找到了平衡。儘管卡洛林那法的起草者言明「我們絕不會偏離選侯、親王、貴族所沿襲的合法且公正的傳統習俗」，但他們也努力建立公平、放諸四海皆準的程序與條例，讓該法適用於帝國轄下層級不一的多元化轄區，並盡可能網羅法律專業人士效勞。該法不僅取締各式各樣犯罪，也鉅細靡遺定義犯罪的規模與本質，建立逮捕與蒐證程序，制定訴訟的司法程序。實務上，卡洛林那法典以清楚分明、前後一致為目標。除了巫術和弒嬰（才剛被升級為死罪）等顯著例外，卡洛林那法並未改變歷來對重罪的定持原狀。此外，幾乎所有中世紀的死囚處決形式，諸如活埋、火刑、溺刑與五馬分屍，也蕭規曹隨維持原狀。

對年輕的法蘭茲・施密特而言，卡洛林那刑法典最大的重要性在於延續了班堡刑法典中對每個司法工作人員工作內容的詳盡規範。此外，劊子手之前慣稱絞刑吏（hangman），但新法上路後，統一稱為死刑執行人（executioner，德文為Nachrichter，字面意思是法官之後，after-judge）或「刀鋒法官」（Scharfrichter，因為劊子手用利劍斬首死囚）。[42]卡洛林那法典強烈建議當局，應給予「有信譽的劊子手」固定薪資，此外應依其負責的處決類型給予不同等級的津貼，其中馬拖死囚致其分屍的項目可獲最高津貼。卡洛林那法典也明文保障專業劊子手，不會因工作遭受大眾或司法的報復，並明文規定法官每次判刑後，都得公開重申此條款。而殘酷、貪汙或專業性不足的劊子手，也會立刻遭到解聘並受到程度不一的懲處。最後，為了避免司法人員濫用肉體折磨（physical coercion），班堡法典與卡洛林那法典詳盡列出規範：掌握什麼證據才能對嫌犯刑求逼供（如兩位公正不阿目擊者的證詞）；什麼樣的犯罪（最為人熟知的是巫術與路上公然行搶）才能動用「特別審訊」（special interrogation）；以及肉體折磨的施行方式（法典根據罪行的嚴重性，依序列出刑求的實施標準，所列的第一種酷刑是夾女犯的拇指）。[43]

根據卡洛林那法典，劊子手的專業性愈高，薪資也就愈高，但是該法典的廣泛社會影響力，讓法蘭茲・施密特的社會地位跟著水漲船高，這點倒是起草人始料未及。該法上路後，神聖羅馬帝國境內被捕的人數、審訊次數、懲處均顯著攀升。處決人數也同樣飆高，在一些地區，增幅是五十年前的一倍多，若將處死女巫的人數納入計算，更是高出許多倍，因此訓練有素的劊子手供不應求。法蘭茲擔任劊子手期間，紐倫堡（人口約四萬）每年平均處死九人，若依人均比例計算，處決率高居帝國之首。許多層級更高的行政區或人口更多的城市，處決比例則和紐倫堡差不多。海因利希．施密特受雇於班堡采邑主教期間（班堡人口高於紐倫堡），一年平均執行近十件死刑案，至於鄰近的布蘭登堡—安斯巴赫侯爵領地，人數高於班堡，每年處死人數直逼二十。[44]

究竟什麼原因導致犯罪和受刑比例大幅竄升？在法蘭茲那個年代，失業率和通貨膨脹率居高不下，導致竊盜與暴力事件頻傳，犯罪潮顯而易見。不過說來矛盾，造成罪犯起訴率上升的最大推手，竟是意在降低犯罪率的卡洛林那法典。這部法典上路後，成效頗彰，不過一如其他立意良善的改革，該法典也造成與原意背道而馳的後果，許多現存問題以各種始料未及的方式進一步惡化。首先，新法典沒料到，竟開了方便之門讓民眾擁有更大的生殺大權。在獵殺女巫潮時代，最令人髮指的例子是烏合之眾，甚至個人，都可要求當局起訴涉嫌從事巫術的女子，一旦該女子被定罪，便難逃死刑。其次，卡洛林那法典試圖消弭刑事起訴程序中恣意擅斷的成分（arbitrariness），以及「沒必要」的殘酷，結果卻讓動用刑求的設計（審訊囚犯的最後手段）出現反效果。舉例來說，包括紐倫堡在內的城市與領地，雖較嚴格遵守卡洛林那法典規範刑求的先決條件，有些地方當權者卻非如此。他們認為卡洛林那法典針對「特殊審訊」立下的諸多規範與限制，其實是認可肉體折磨。

此外，為了防範罪犯再犯，卡洛林那法立了一項條款，卻無意中讓許多累犯遭到處決，其中不少是偷東西的累犯，以往小偷不曾受過絞刑這麼重的處罰。何以會如此？為了制止再犯，卡洛林那法規定，若再犯案，每犯一次會加倍受罰：初犯被公開鞭刑；再犯則流放；流放後回到家鄉故態復萌則只有死路一條。處罰選項少了轉圜與寬容，逼得地方當權者不得不出手，衍生諸多悲劇。在日耳曼地區，以往因竊盜被判死刑的人數占所有的死刑案件不到三成，不過在法蘭茲・施密特生平，該比率接近七成。[45]

這項嚴苛之至的新規定，看似莫名其妙、難以解釋，其實不然。新法與其說是為了加重殘酷程度，不如說是源自對現有處罰成效不彰的強烈挫折感。法蘭茲出師獨當一面後，絞死的竊賊多半前科累累、進出監獄多次、受過各種肉體折磨、多次被流放外地。偶爾動用的鞭刑（罪犯不僅身體受苦、心理上也受辱），接著將罪犯流放外地，這是懲處初犯與二犯的典型手段，而且成效不錯。法蘭茲曾公開鞭刑一對「**在市集裡東偷西搶**」的十幾歲兄弟檔。後來他們改邪歸正，未再出現在紐倫堡的犯罪紀錄中。[46]不過這些曾在人群前公開受辱、繼而被流放的罪犯，往往永久切斷與家族、朋友圈的聯繫，被逼得只能再次回到熟悉的老本行，在離家鄉不遠的異地、甚至城市內繼續行竊。

將非暴力犯趕出家鄉，對於遏制再犯的成效不彰，因此歐洲一些國家決定將偷兒等社會敗類永久流放，稱「終身流放」（transportation）。但日耳曼四面都是陸地，諸如紐倫堡（皇帝直轄市）、班堡（采邑主教區），不可能跨海將囚犯遣送至他國。此外，這兩個城市既無艦隊，也無海外殖民地，所以遣送囚犯出國並非可行選項。巴伐利亞公爵成功說服紐倫堡市政府，出借被定罪的竊賊，替熱那亞划槳船（Genoese galleys）划槳。但是該計畫僅維持短短五年便告吹，因為錙銖必較的主事者認為這門生意太不可靠。另一個被一提再提的建議，是讓罪犯加入神聖羅馬帝國的匈牙利軍隊，但是這辦法牽涉的規模太小，也維持不久。[47]

為了解決累犯的問題，近代社會改採境內流放、延長服刑時間，但當時民風保守，除非觀念大躍進，否則社會仍需要時間逐漸接納。當時的當權者認為，除了具攻擊性的精神失常者，否則長時間監禁囚犯過於花錢也太殘酷。現代監獄的前身——勞役所（workhouse），在十七世紀廣受支持，一大原因是勞役所在財務上可自給自足。但法蘭茲・施密特在紐倫堡擔任劊子手期間，高層認定這類機構其實是錢坑，因此力抗這一時的流行，導致勞役所足足又等了一世紀才相繼成立。[48]既然勞役所不受青睞，當權者轉而擁抱據悉能更有效處罰累犯的方式，將乞討或偷竊的少年與年輕人用鐵鏈鎖在一起（chain gang）。在此之前，鏈鎖囚犯的方式主要限於法蘭西一帶。當局逼囚犯繫上鐵打的腳鏈，頭戴裝了鈴鐺的帽子（德文分別叫Springbuben和Schellbuben），這些犯人通常得清掃街道、修護馬路、回收並清理人畜排泄物與垃圾，為期約數週。一如流放，以鐵鏈鎖住囚犯的方式多少起了嚇阻作用，但仍無法一勞永逸杜絕所有年輕偷兒不再「下海」。誠如法蘭茲稍後在日記裡所載，不少偷兒最後仍難逃絞刑，在他眼前嚥下最後一口氣。[49]在十六世紀下半葉，政府官員自認已無計可施，無法矯正一犯再犯的小偷或其他「冥頑不靈」的非暴力犯，因而愈來愈常訴諸「最後手段」——絞刑。

處死累犯需要訓練有素的劊子手，專職劊子手供不應求，這對初露頭角、年輕又專業的法蘭茲・施密特顯然是好消息，有利他的背景與抱負。卡洛林那法典提升劊子手的地位，讓這一行成為服務司法不可或缺的公僕，也進一步強化法蘭茲的分量。其實身為新教徒的法蘭茲，最感恩的對象可能是宗教改革之父馬丁・路德佈道時的一段話：「犯罪若不存在，社會也不需要劊子手。」他接著說道：「揮舞利劍與勒緊繩索的手不再是凡人的手，而是上帝的手。絞刑、車裂分

紐倫堡囚犯被判划船二至十年，這種流放方式較常見於地中海地區（一六一六年）。

屍、斬首、勒斃、興戰，也是上帝所為，而非凡人。」儘管劊子手背負社會罵名，但為免劊子手的存在意義被埋沒，路德做了以下結論：

> 因此已成劊子手名師的漢斯（Meister Hans，劊子手的典型代表人物）是非常有用、甚至是仁慈的人，因為他結束了那個惡賊，讓他再也無法為非作歹，同時也警告其他人，勿跟他（一樣）以身試法。他砍了惡賊的頭；並警告站在他身後旁觀的人，應該畏懼他手中的劍，遠離暴力與是非。這是劊子手莫大的慈悲。

約翰・喀爾文（John Calvin）樂於承認劊子手是「上帝的工具」，而激昂的路德則更進一步，挺身支持劊子手，彷若名人為某產品背書一般，「若你發現社會少了劊子手、維持治安的軍官、法官、領主、親王，而你覺得自己夠格擔任這些職位，就該主動出面爭取，貢獻己力。如此一來，必要的官職才不致被唾棄或徒具虛名。」[50]

教士拉抬了劊子手的地位，但是這種可喜發展尚未普及於知識圈之外。路德為劊子手正名的立場，於一五六五年一位知名法律學者提出的辯詞裡找到了迴響。「雖然大家聽到劊子手的名字還是很感冒，（此外）多數人認為劊子手無人性、嗜血、是個苛官，但只要劊子手循規蹈矩，依公平正義行事，而非遂行己意，那麼他在上帝與世人面前，都是無罪的良人，是上帝的僕人。」除非出於「貪婪、忌妒、仇恨、報復或淫慾」，否則劊子手應該和參與訴訟過程的法官、陪審團、證人一樣，不該受到責難。此外，劊子手如同親王、帝侯，都是維持法紀與秩序不可或缺的角色。另一名法律學者則把排泄物引發的反感，拿來比喻對劊子手的觀感，兩者雖然都令人厭惡，卻是上帝計畫裡不可缺的部分。大眾長期以來唾棄劊子手，與其說是不齒這一行，不如說是因為這一行容易吸引「不信上帝、行為輕率的人士，（其中）不乏巫師、強盜、殺人犯、小偷、姦夫、嫖客、褻瀆上帝者、賭徒，以及被各種罪孽、醜聞、麻煩纏身的人物」。當時效率高的法院需要一群「信仰虔誠、沒有欠債、善良、仁慈、有勇有謀、處決經驗豐富的男子效勞。這些人勝任這份工作是基於對上帝與法律的愛，而非對可憐的罪犯有先入為主的仇視心態」。[51]

法蘭茲・施密特加入劊子手這行時，和前輩相比，薪資更優渥，社會對劊子手的接納度也更高，但劊子手對自己的要求與期待也高於以往。在法蘭茲之前的一、兩個世代，俗人當權的政府必須睜隻眼、閉隻眼招聘許多不光彩背景的人士擔任劊子手，其中有些人以身試法，最後被送上斷頭台或火刑柱。在法蘭茲的時代，社會對劊子手的普遍印象是「唯法是從」，誰若敢觸法，會立刻被解聘或受罰。之前稱每個劊子手為「名師」（Meister），多少帶調侃與諷刺之意，現在則多了敬意，有些劊子手還獲准從事其他技藝，甚至有專屬的家徽。[52]

數百年來，人們對劊子手存在各種穿鑿附會，唾棄他們也畏懼他們，這些感受絕不會一朝一夕消失。儘管法蘭茲的機會優於以往，仍須拿來和沉重如昔的社會壓力比較，才能論斷他們的處境。地方行政官員和神職人員努力替劊子手漂白，法蘭茲那個時代的多數人卻仍認為，就算劊子手不是陰險狡詐之徒，還不足以讓人放心。當時的社會重派頭，習慣性地炫耀地位與名聲。雖然信仰虔誠、正直誠實的劊子手是可喜的發展，大眾普遍認為，光是被劊子手碰一下就會被汙染，所以避之唯恐不及。由是之故，法蘭茲・施密特終其一生被許多人列為拒絕往來戶。不過，新型劊子手畢竟供不應求，給了年輕的法蘭茲出頭的機會。他也樂於利用這難得的機會，完成父親未竟的夢想，而他本人也死得光榮。

劊子手的技藝

我們沒有法蘭茲・施密特在霍夫度過童年與少年的第一手文獻。法蘭茲的父親從事不光彩的職業，但法蘭茲的生活與經歷應與當時日耳曼中產階級家庭的男孩差不多。和其他小孩一樣，六、七歲之前，他身邊圍繞的多半是成年婦女與其他小孩。母親在他六歲之前過世，可能死於難產或產後併發症（這在當年司空見慣），所以應是姑姑或奶奶代替母職，將他撫養長大。一五六〇年，法蘭茲多了個繼母，這在當年也是司空見慣的事。喪妻的老施密特娶了鄰近拜魯特城一位女子，她的名字是安娜・布萊希施密特（Anna Blechschmidt），很可能也出自劊子手家庭。[53] 雖然在格林兄弟的筆下，後母這角色多半是壞人，在近代初期，許多繼母實際上與丈夫前妻所生的小孩維持良好、甚至親密的關係。我們只能期待法蘭茲也有一個對他關懷備至的後母。

假設一切如法蘭茲晚年所透露，他們一家在霍夫鎮期間被社會嚴重排擠，那麼法蘭茲的童年想必獨來獨往，沒有任何朋友。在當時，父母多半讓剛學步的幼兒與孩童放牛吃草（至少就近代西方教育的標準而言），所以孩子可以自由自在探索沒有防護的水井、灶上的火，以及各式各樣足以奪去兒童寶貴性命的危險之地。或許正因當時的孩子享有這種不被管束的自由，法蘭茲才有玩伴，而這些玩伴並未因為父母對劊子手的偏見，跟法蘭茲保持距離。就我們所知，法蘭茲起碼有一位胞姊成功長大成人，她的名字是康妮根達（Kunigunda）。法蘭茲很可能還有其他手足，但他們難逃夭折命運。當年約有五成兒童活不到十二歲。

海因利希・施密特再婚之際，法蘭茲可能已得分擔家務，並開始學習基礎的閱讀、書寫與算術。在一些城鎮，劊子手的兒女可就讀拉丁學校或德語中學，但一律得繳學費。在紐倫堡，法蘭茲有位親戚叫連哈特・李伯特（Lienhardt Lippert），他向校方抱怨，稱其他家長不准小孩坐在他兒子旁邊，但市府官員不願介入，反而建議李伯特讓兒子在家自學。[54]在霍夫，有一所教會（德語）學校與一間拉丁學校（由菲利普・梅蘭希通〔Philipp Melanchthon〕的一位學生出資建立），但兩校的入學名單都已佚失，我們無從得知法蘭茲究竟是在學受教，還是請家庭教師個別指導，抑或由父母親自教學。從法蘭茲成年後的筆跡及漂亮的簽名看來，他可能受過基本的德語訓練，可能也學過一些拉丁文。然而他的手稿中沒有標點符號，多是自成一格的句法與拼字，似乎完全不瞭解文學格式，也不懂簡單之至的公證人格式。與當時諸多「受過部分教育」（semieducated）的工匠一樣，法蘭茲也習慣筆隨口下，沒有任何文采。他是個務實的記錄者，

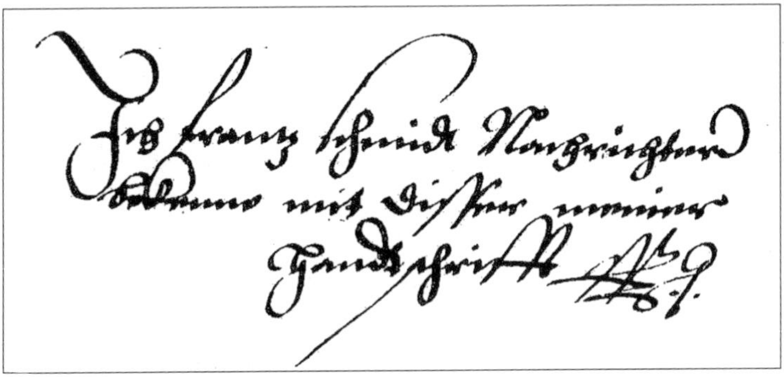

法蘭茲在一五八四年聘雇合約上的簽名。就那個時代而言，這筆跡算得上異常工整，不過截然不同於這份合約的起草人——也就是公證人的筆跡，因此這個簽名很可能是真跡。

看重事實與便利，有時為了求快與便利，甚至交代得不夠清楚。

法蘭茲可能在家接受宗教與信仰上的訓練。若當時真有一位教士願意踏入施密特的家，那麼他可能認真地教導法蘭茲正確的教義。法蘭茲幼時被灌輸福音派（或路德派）的信仰，而家鄉霍夫大約在一五二○年代紛擾不斷的宗教改革期間，脫離了天主教會，加入路德派陣營。法蘭茲出世後約一個世代，霍夫已是路德教派的重鎮與堡壘，幾乎每個鎮民都是恪遵新教教義的教徒。法蘭茲成年後是虔誠之至的新教徒，可能受到父母或其他近親身教與言教潛移默化之故。在那個年代，許多小孩都在家研讀宗教。老實說，教會領袖講道時也一再鼓吹「一家之主」肩負著神聖任務，讓小孩接受適當的指導。一如其他家庭，法蘭茲和姊姊康妮根達自幼研究路德教派對基督教中心教義的觀點與詮釋，學習原罪與神的寬恕，瞭解信仰在人生的核心地位，堅持與神同在的生活。

法蘭茲可能在十二歲左右開始劊子手的學徒生

涯。不管之前海因利希的存在對兒子有何意義，從這時候開始，他成了兒子個人及專業上最重要的榜樣。光彩的職業，諸如裁縫或木匠，通常需要正式簽約拜師，跟隨大家公認的名師學藝二至四年。根據合約，學徒的家庭每年得支付龐大的學費給師父。雖然有些劊子手的兒子會離家，跟隨其他擔任劊子手的親戚或名師學藝（拜師條件和其他行業差不多），但是劊子手名師或名家少之又少，多數人還是留在家裡，「自幼」接受父親教誨與指導。[55]由於法蘭茲是劊子手之子，絕對進不了其他可敬的行業當學徒，也無法進入大學受教，甚至連軍隊都拒絕他入伍，牢不可破的禁忌直到兩世紀之後仍廣被社會貫徹。只是種種不利法蘭茲的現狀，也無阻於夢想自己及兒孫有朝一日過起不一樣的生活。

青少年時期的法蘭茲從父親身上學到了什麼？首先，他對什麼是男子漢，有了自己的想法。在近代初期，男子氣概尤重榮譽，包括個人榮譽與集體榮譽。海因利希在法蘭茲幼時就要他牢記，被大家痛恨的阿爾西比亞底斯侯爵剝奪了他們家珍視的一切：光彩的職業、公民權、親友之間的往來，甚至得隱姓埋名。活到七十歲的法蘭茲在晚年的日誌裡透露諸多內情，包括祖父、伯父的全名（那個年代，多數人不知道、也從沒見過自己的祖父母），一位親戚不幸和獵鹿人與其獵狗狹路相逢、阿爾西比亞底斯侯爵出言恫嚇父親的每一句話、欲暗殺他的刺客人數等等，各個都是成就精彩家族故事的特色。近代初期的男子念茲在茲家族的名譽，法蘭茲父子對名譽的執著程度甚至到了病態的地步，原因不外乎每天都被別人指指點點，提醒他們所受的恥辱。法蘭茲對於個人榮譽的定義隨著時間而改變，但是一如父親，對於家族被徹底不公不義對待的不幸遭遇，他懷抱熊熊怒火，非要討回個公道不可。有人不禁懷疑，海因利希與法蘭茲分別受雇於班堡與紐倫堡擔任劊子手，難道僅是巧合？畢竟這兩個城市曾是阿爾西比亞底斯恨之入骨的死敵。

另一個可確定的部分是，海因利希傳授了兒子一技之長，這也是決定有無男子氣概的另一項要件。「劊子手的功夫造詣」涵蓋好幾種不同的技術。技術與功夫是必備條件，諸如效率十足地動用刑求及各種體刑，包括挖眼、剁指、鞭笞，也嫻熟各種處決死囚的方式。不過法蘭茲一開始只是學徒，負責各種雜務：清理和保養父親的斬首劍與刑具，準備公開處決所需的鐐銬、繩索、木頭等器具，為父親和父親的助理張羅吃的、喝的，有時還得幫忙處理斬首犯人的屍體（與被砍下的頭顱）。

法蘭茲愈長愈壯，已可在審訊或處決囚犯時，協助壓服犯人，不准他們亂動，並跟著父親到法蘭科尼亞各鄉鎮處決犯人。靠著觀摩經驗老到的父親，法蘭茲學會執行吊刑時人字梯擺放的位置，以及如何用繩索和鎖鏈對付掙扎不從的犯人。他協助架設將犯人溺死於河裡的臨時木台，這種死刑既難操作也耗時，法蘭茲在旁觀摩，學會如何加速這種折磨死法。最重要的是，海因利希還傳授兒子在執行「痛苦的逼問」時，如何隨心所欲地應用多種刑求工具，以及如何評斷犯人受苦的能耐，以免在處決前提早向死神報到。

劊子手的另一項專業，對我們現代人而言可能匪夷所思：他們常兼差從事民俗治療。一些劊子手利用這行的神祕感招攬顧客，但真正維持他們治療師名聲不墜的原因是他們熟稔人體構造，尤其善於處理各種傷口。海因利希可能跟其他劊子手學習這方面的知識，並將行醫知識傳給了法蘭茲，包括如何用藥草和藥膏治療遭刑求的犯人的傷口，或是為囚犯接好斷骨，以便接受公開處決。精通這類醫術後，成年的法蘭茲靠著治療師和醫療顧問等副業，為自己賺進可觀的額外收入。因此他從劊子手這行退休後，靠著這份額外專業，替自己建立了另一個身分。

再者，成功的劊子手（尤其在劊子手被寄予更高期待的時代）也必須培養與人打交道的技巧，且多少得具備洞察人心的能力。雖說這些技巧難以言傳，但海因利希・施密特至少樹立了與社會各階層應對進退的楷模，上自注重地位的貴族上司，下至較難被人信賴的低階下屬，乃至關在刑求室、站在絞刑台那些激動又可憐的罪犯，他都有一套辦法。海因利希在班堡的上司認為，成功的劊子手最重要的人格特質包括順從、誠實、謹慎，而這些皆明白記載於劊子手的就職宣誓中：

> 我必保衛親民愛民的班堡親王及受其恩澤的教區免於任何傷害，必虔誠自律，竭誠履行職務，謹遵閣下世俗權力所命，秉公審訊與懲處；據此命令，執行勤務只取所應得的薪資；任何審訊內容及其他機密要事，將三緘其口；未獲親民愛民的朝臣、總司令、家臣准許，絕不擅自遠行。我將絕對服從所有命令、循規蹈矩、忠心耿耿、遠離是非。願上帝與聖者助我一臂之力！[56]

法蘭茲參與父親主持的每一次公開斬首，親眼目睹死囚在父親面前生死交關的一刻，平衡各種利害與目的之難處，落實刑事司法公事公辦的一面。海因利希在上述領域到底樹立了正面還是負面的楷模，我們不得而知，但十多歲的法蘭茲很快就發現，劊子手擁有一流的功夫其實還在其次，更重要是得博得雇主的信賴，懂得用計讓受審嫌犯心生恐懼，並贏得鄰里的尊敬。換言之，劊子手的表演功夫不僅限於行刑台上充滿戲劇性（當然也是關鍵性）的片刻，而是經營一輩子的全方位角色，隨時隨地保持自知之明，不得鬆懈。

社交技巧也影響了劊子手與同行其他高手的關係。一如所有專業，劊子手海因利希和其他城市的同業自有一套圈內人使用的行話，多半是根據街頭無賴、地痞流氓的行話稍加改編而成，德文稱Rotwelsch或Gaunersprache（意譯為罪犯說的話）。劊子手彼此稱絞刑為「打繩結」，斬首為「切薄片」。功夫精湛的劊子手，可能被冠上「結繩高手」、「車輪玩家」或「雕刻專家」等綽號。[57]另外，還有各式各樣描述劊子手功夫與技藝的行話與暗號，包括揮拳手、殺手、破壞王、切肉人、解脫者（Freeman）、壓碎機。若斬首時不幸失手，也有專有名詞。這些劊子手自定的綽號鮮少阿諛吹捧，至少不像當時社會流行的稱號那樣高高在上（且靈活生動），諸如「人體剪裁家」、「鬼怪」、「濺血法官」、「壞蛋」、「竊賊絞刑吏」、跳梁小丑漢斯（Hans）、「斷頭機器」、「伐木工」、「小鐵鎚」、大師漢默林（Master Hammerling，也是魔鬼的綽號）、「肉體折磨專家」、喀嚓快手強尼、「結繩人」、「神聖天使」、凌遲達人（Master Ouch）、打釘高手（Master Fix），以及最通俗的「屠夫」。[58]

一如其他行會或社團，近代初期的劊子手也會互稱同門為「兄弟」，並且樂於參與社交活動，非正式地在婚禮或是節日裡相聚，或是號召龐大的人數參與偶爾登場的大型集會。其中「科倫堡集會」（Kohlenberg Court）是當時日耳曼地區最有名的劊子手大會，第一屆始於十四世紀，在巴塞爾（Basel）召開，一直持續到十七世紀初，屬於不定期的集會。劊子手大會的性質相當於中世紀末的「同門大會」（court of equals），結合了爭端仲裁及詼諧的儀式，還搭配豐盛的飲食與各種消息交流。與會成員除了劊子手，也包括那些尚無行會、也無公平賞罰規章的「流浪人士」。十六世紀左右，這類劊子手大會的與會者仍以劊子手、搬運工為主，但其他社會邊緣的男男女女也陸續加入。根據一五五九年一份文件記載，科倫堡集會在科倫堡一位劊子手宅院外的廣場舉行，抬頭可見「一棵高大的歐椴樹（日耳曼地區象徵司法的樹木），另一棵則是酸果漆樹」。主審法官由與會者選出，「不管是夏天或冬天，他都會將赤腳浸泡在一盆水中」，坐著仲裁劊子手之間的誹謗官司與各種糾紛。徵詢七名參審員的意見之後，主審法官宣布他的判決，然後倒掉泡腳水，接著正式揭開當天的慶祝活動。一個戴綠帽的丈夫被妻子的劊子手情夫傳喚出庭，他不屑地稱這種集會「充斥外來儀式」，也被當地所有人唾棄，只有喜歡惡搞的人（顯然包括他的妻子在內）才會參加。59

法蘭茲・施密特的日記裡，找不到他曾參加科倫堡集會等社交聚會的描述。也許海因利希曾逼兒子跟他一起前往巴塞爾一次，或逼他一道參加其他聚會，但這對父子更可能有意遠離這些龍蛇雜處、吵吵鬧鬧的集會，不想涉足連娼妓、乞丐都參加的集會，以免社會把劊子手和這些丟人現眼的人聯想在一起。在司法制度更趨完善而劊子手這行更趨專業之前，這類劊子手大會充滿吃喝玩樂的嘉年華氣氛，召開時間也不固定。法蘭茲透過父親認識了多位劊子手同行，也與其中幾位通信。但他那一代的劊子手不會敲鑼打鼓大肆宣揚身分，也不會公開交換圈內的祕密，偏好在私下低調交流，並竭盡所能與聲名狼藉的皮革商、製革工人等劃清界線。

法蘭茲・施密特的學徒生涯自開始學習使用斬首劍後，進入了高潮。劍完全不同於斧頭。在歐洲大陸，斧頭會讓人聯想到傭兵或伐木工，反觀劍，在歐洲進入現代化之前，代表了榮譽與正義。皇帝、親王、領主等統治者常藉由佩帶的劍，展示神授的合法統治權。劍也常見於加冕典禮和其他正式儀式。佩劍權長期以來是達官貴族獨享的特權，外人一看到劍就知此人的地位高高在上。因此從羅馬時代以來，只有被判死刑的公民或貴族，才有資格死於斬首劍下。死於斬首劍也是大家一致偏愛的伏法方式，因為揮劍斬首既顧及了罪犯的面子，也讓罪犯死得乾淨俐落。

劊子手的劍具備特殊的象徵意義與金錢價值。巨劍逾四十英尺長（十二公尺），重約七磅（約三・二公斤），上面常有令人印象深刻的精緻裝飾。在中世紀，劊子手用的劍和戰場上的一般兵劍無異，不過到了十六世紀中期，斬首劍多半已改良：劍鋒由尖的變成平的；重量分布更平均，完全針對斬首而設計。不少當年鑄造的處決劍保存至今，讓我們見證當時工匠出色的工法與巧思。幾乎每把劍都刻了獨一無二的文字：「透過司法，邁向繁榮與興盛；無法無天必走向滅亡。」「謹防惡行，否則無異是自掘墳墓。」也有更簡短的刻文，如「當權者依法起訴，我負責行刑」。[60]有些劍甚至保存了刻在劍上的圖像，諸如正義的天平、耶穌、聖母與聖嬰、絞刑台、車輪、沒有身體的頭顱。有些劊子手世家會將歷來主人的名字、擁有的日期刻在劍上，其中一個世家甚至把斬首的人數也刻在上面。

海因利希的審判劍不只代表他高人一等的斬首功夫，同時也肩負恢復施密特家族名聲的重任，雖然任重道遠，卻是海因利希僅存的最後機會。對於當時仍是學徒的法蘭茲而言，該劍也代表劊子手已然脫胎換骨，成為專業且受人尊重的行業，與不少人腦海裡的屠夫形象截然不同。成年之後，法蘭茲揮舞的斬首劍完全依照他指定的規格鑄造而成，在眾目睽睽的處決儀式中，法蘭茲從頭到尾大方而自豪地將劍佩帶在身上，只有在處決大戲進入高潮的那一刻，才會從木頭與皮革打造而成的劍鞘中抽出利劍。在他的日記裡，他小心翼翼寫下諸多第一次的日期，包括「第一次用這把劍處決死囚」、「第一次用這把劍在紐倫堡處決死囚」、「第一次用這把劍斬首站立的罪犯」。61

到了一五七三年春天，法蘭茲還須克服兩項挑戰才能成為專業劊子手。一如其他工匠，他必須花數年時間到鄉下各地實習，累積寶貴的工作經驗。這類巡境實習生（journeyman）並非做白工，而是有薪水可拿。但他展開巡境實習前，必須通過劊子手的專業考試。到了十八世紀，日耳曼地區（當時已更名普魯士）有抱負的劊子手必須通過廣泛的筆試與術科檢定，評斷項目包括拷問罪犯時不能弄斷他們的骨頭、將死屍完全燒成灰、精於各種審訊方法與處決刑具。62 十六世紀，班堡對於劊子手的認證過程尚不完善，也不夠正式，但是任何想出人頭地的學徒，都得獲得該行有分量的名師公開、正式的肯定，才能謀到不錯的位置。

一五七三年六月五日是總結法蘭茲有無資格成為專業劊子手的大日子，當時他十九歲。五年後（一五七八年）他開始寫日記，一五七三年六月五日是這五年間他唯一記得住的日子，可見這天對他至為重要。那時，法蘭茲陪著父親前往班堡西北四十英里外的史坦納赫村（Steinach），在那裡待了兩天，負責處決蔡恩（Zeyern）的罪犯連哈特．魯斯（Lienhardt Russ）。法蘭茲在日記裡從頭到尾對連哈特．魯斯的描述是「小偷」，當時被處以絞刑。雖然絞刑是常態性的處決方式，但因此日對海因利希父子可謂人生重大里程碑，海因利希的同仁與朋友很可能前往觀看這場絞刑。絞刑對專業劊子手來說，是所有處決形式中最無法累積名氣卻也最不易出差池的一種。法蘭茲引領魯斯走到絞刑台，依規定綁住他的手腕與腳踝，將他抬上梯子，把絞繩套上他的脖子，那時法蘭茲到底在想什麼？當他要魯斯說出臨終之言，他的聲音會抖顫結巴嗎？圍觀的村民曾對法蘭茲這位新手評頭論足或質疑他的能力嗎？關於上述種種疑問，我們只能揣測。不過我們可以確定：法蘭茲瑕不掩瑜地完成任務。魯斯斷氣的屍體垂掛在絞架後，海因利希或另一位劊子手名師走向法蘭茲所站之處，根據「古老慣例」，泰然自若地拍拍法蘭茲的臉頰三下，然後向群眾大聲宣布這位年輕新手「處決手法熟練，毫無差錯」，今後是公認的劊子手「師」字輩。法蘭茲之後將收到當局公證的證書，以便他向未來的雇主出示，證明新劊子手「靠著全力以赴的勇氣，讓人滿意之至」[63]的表現，完成處決任務，因此有資格以「師」字輩身分受雇與支薪。如同其他工藝，新手成功通過師字輩測驗後，往往會邀請親朋好友齊聚歡慶，大家莫不熱烈享受這位驕傲父親的熱情款待。若家人曾為法蘭茲舉辦類似的歡慶派對，很可能在班堡舉行。

在這重要日子結束後五十年，法蘭茲的回憶裡依舊瀰漫抑鬱愁苦的情緒。這位年紀已大的退休劊子手形容走上這條路是「天大的不幸，我和我無辜的父親被迫背負劊子手一職。儘管我百般不甘願，卻無力逃脫」。[64]同時，他也不容錯辨呈現一種成就感，自豪這一輩子有功於恢復國內的「和平、安定、團結」。十九歲的法蘭茲甫完成「人生第一次處決」，仍算新人。十九歲的他，開始經歷對劊子手這個職業又恨又自豪的糾葛情緒。一五七三年六月五日這個重要里程碑落幕之後，接下來數年，這種矛盾的雙重情緒鞭策他不斷往生涯之梯更上一層樓，卻也讓他不斷與自我拉扯，因此外人摸不透他在個人及專業上追求的滿足到底是什麼。

第二章

巡境實習生

與世界互動，不可思議地，人的判斷力能愈加清楚明確。

——蒙田，〈論孩子的教育〉（On the Education of Children, 1580）[1]

為了要行善，我必須狠毒。這是個不好的開始，更壞的還在後頭呢。

——莎士比亞，《哈姆雷特》第三幕，第四景：一七七至一七八行（*Hamlet*, 1600）

法蘭茲・施密特在十九歲正式獲准加入劊子手行列，成為劊子手的弟兄，自此開始累積專業履歷，為將來說不定能覓得終身保障的鐵飯碗預做準備。一五七三年六月，法蘭茲在史坦納赫村初試啼聲，首次處決死囚。過沒多久，這名年輕的「巡境實習生」銜命前往位於霍夫與班堡之間的克羅納赫村（Kronach），執行他人生的第一次「輪刑」（wheel）。他在日誌裡言簡意賅地描述這次經驗，一如實習期間其他的處決，均簡單帶過。在克羅納赫村的處決，我們只知道受刑對象是強盜，名叫巴特爾・多赫特（Barthel Dochendte），因為和三名姓名不詳的同伴犯下三起以上的殺人案而被定罪。此外，法蘭茲在執行這份苦差前，順利絞死了一名小偷。短時間之內先後處決兩名罪犯，又是他人生的第一次。法蘭茲並未以任何方式（至少未靠寫作）紀念這些嶄新的職業經驗。

有了父親協助，法蘭茲在實習的第一年共處死了七名死囚，非常厲害的數字，處決方式以「繩套」絞死小偷為主，法蘭茲悉數以簡潔、不帶情緒的文字一一記錄下來。絞刑執行起來相對簡單，但過程一樣令人毛骨悚然：法蘭茲和即將伏法的死囚登上雙排梯，然後將死囚推下梯子即可。但是有些轄區會用小凳子或椅子代替梯子，而附有活板門的平台設計則直到十八世紀末才在歐洲出現。因此絞刑看不到頸子被落下利劍砍斷的景象，而是讓受刑人掙扎好一陣子活活窒息而死。處決時，為讓死囚快點斷氣，劊子手或其助手會抓住受刑人抽搐掙扎的雙腳用力往下拉，通常雙手會戴上狗皮縫製的特殊手套。當死囚不再掙扎求生，法蘭茲便會移開梯子，讓斷氣的屍體掛在絞架直到屍身腐爛，最後掉入絞架下面的骸骨坑。

第一年實習期間，法蘭茲奉命執行三次「輪刑」，這種處死方式既費力又耗神。輪刑也是最赤裸裸呈現暴力與驚悚的刑罰，法蘭茲必須有專業水準的表現。此種刑罰主要保留給惡貫滿盈的盜匪和殺人犯，通常還伴隨公開虐囚，類似更駭然卻也較罕見的五馬分屍。在囚室內對嫌犯嚴刑逼供，若是為了找出定罪的線索，公開動用輪刑就成了民眾洩憤的儀式性管道，也兼具警告之效，讓圍觀民眾打消殺人之念。

法蘭茲實習第一年所執行的三次輪刑，三名受刑人都是連續殺人犯，但他的日誌裡幾乎沒有這些人的紀錄，除了被他處決的第七名犯人，法蘭茲曾用一、兩行句子簡短描述。這個人來自法伊爾斯多夫（Veilsdorf），名叫克勞斯・廉卡（Klaus Renckhart）。一五七四年下半年，老施密

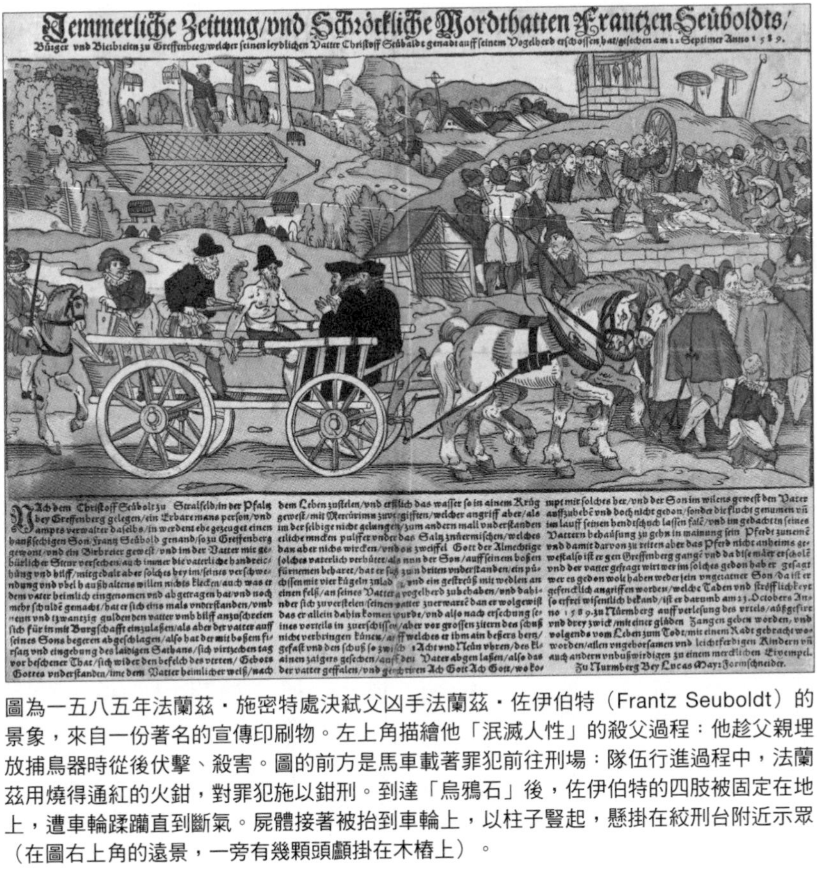

圖為一五八五年法蘭茲・施密特處決弒父凶手法蘭茲・佐伊伯特（Frantz Seuboldt）的景象，來自一份著名的宣傳印刷物。左上角描繪他「泯滅人性」的殺父過程：他趁父親埋放捕鳥器時從後伏擊、殺害。圖的前方是馬車載著罪犯前往刑場：隊伍行進過程中，法蘭茲用燒得通紅的火鉗，對罪犯施以鉗刑。到達「烏鴉石」後，佐伊伯特的四肢被固定在地上，遭車輪蹂躪直到斷氣。屍體接著被抬到車輪上，以柱子豎起，懸掛在絞刑台附近示眾（在圖右上角的遠景，一旁有幾顆頭顱掛在木樁上）。

特安排兒子法蘭茲到格萊茨（Greiz）見習，這個小村莊在他們老家霍夫東北約四十英里處。法蘭茲從班堡出發，跋涉了四天才到，親自與廉卡面對面。廉卡的罪名包括殺害三人並捲入多起搶案。剛開始法蘭茲與廉卡的會面時間可能很短，但廉卡伏法前的最後一小時，陪著他的可是法蘭茲這名實習劊子手。

廉卡被地方法院宣判死刑後沒多久，法蘭茲領著套上手銬腳鐐的廉卡，上了一輛等在外頭的馬車，緩緩前往刑場。根據法院諭令，法蘭茲會在途中用燒紅的鉗子對廉卡施以「鉗刑」（nip）。他用紅通通的熱燙鉗子夾住死囚手臂或胸膛的肉，再把肉扯下。法蘭茲很少在日記裡提到這類酷刑，但鉗刑通常不能超過四次，否則很可能會鬧出人命。到達刑場後，廉卡已渾身是血、虛弱不已，法蘭茲命他脫衣，脫到只剩內衣褲，然後叫他躺下。法蘭茲再用木柱將廉卡四肢大開地固定在地上，不厭其煩在他各個關節下方放置木條，以縮短打斷他骨頭的時間。接著，他會用厚重的馬車輪或特製的鐵棒毒打罪犯，至於要打幾下，則根據法院事前的裁示，輪刑的進行方向也是由法院裁示。若法官和陪審員夠仁慈，法蘭茲執刑時會「由上而下」，一開始就對著廉卡的脖子或心臟祭出「仁慈的一擊」（法文為coup de grâce），等他斷氣後才敲碎四肢。若法官認為嫌犯罪大惡極，執刑的程序則會倒過來，變成「由下而上」，並盡可能拉長折磨的時間。這時，法蘭茲扛起車輪，重擊罪犯三十次或三十次以上，直到他斷氣為止。一如預期，法蘭茲並未提到處決廉卡時是否動用仁慈的一擊，但廉卡犯的是滔天大罪，法院不太可能開恩。廉卡的身軀已被折磨得血肉模糊，法蘭茲替他鬆綁後，把他的屍體放在車輪上，再用一根柱子垂直撐起，好讓吃腐屍的猛禽大快朵頤。這幅駭人景象對初來乍到之人也有殺雞儆猴的作用，宣示當地官員對執法毫不留情，絕不鬆懈。

身為這些殘忍又血腥儀式的一分子，法蘭茲心裡作何感想？他日記裡透露的線索少之又少，就算有，也是浮光掠影，簡短之至。在實習的數年期間，他的表現就如同之後日記所言，都將劊子手一職視為暫時的安排？總而言之，對於這類可怕陰森的場面，圍觀目睹與親自下海操刀截然不同。練就一身好功夫固然重要，但開發心理強度也不可或缺。這樣法蘭茲在下手終結廉卡這種死囚前，才能面不改色地直視他們的眼睛。法蘭茲實習期間，對這份不光彩職業的雄心抱負凌駕於嫌棄與排斥之上嗎？還是他找到其他方式，讓這份工作不那麼可憎？最重要的是，他如何不被每天手刃死囚的暴行陰影消磨殆盡？

法蘭茲在日記裡短短一段有關廉卡的紀錄，提供我們若干答案。不同於晚年的日記內容，法蘭茲實習期間的日記並未著墨處決的過程，而是將重心放在廉卡所犯的罪行，尤其是一件讓他冷到骨子裡的暴行。簡短描述廉卡其他殺人罪之後，法蘭茲提及某晚廉卡夥同一名共犯攻擊偏遠的農家——「狐狸磨坊」。他們破門而入，廉卡「開槍擊斃磨坊主人，然後強迫磨坊女主人與女傭乖乖聽話，強姦了兩人。接著他逼兩位女子用動物油煎了一顆蛋，把蛋擺在氣絕的磨坊主人身上，強迫女主人和他一起進食。他踢了踢磨坊主人的屍體，道：『磨坊先生，你覺得這口食物怎麼樣？』」在法蘭茲眼裡，廉卡悖離了一切高尚人品，也為廉卡「受輪刑之死」提供站得住腳的理由。藉由回憶與記錄這些令人髮指的惡行，讓法蘭茲不得不執行的處罰與處決形式有了不得不為的必要性。這種策略在法蘭茲擔任劊子手期間，不斷為他打氣並提供信心。

實習之路

十九歲至二十四歲期間，法蘭茲繼續以父母所在的班堡為基地，往返於班堡與法蘭科尼亞郊區之間，執行一件又一件臨時派任的處決案。照此看來，法蘭茲的生活與其他同齡的實習生大同小異，莫不希望透過一站又一站的實習，累積名氣與口碑，順利成為業界的師字輩，最後覓得一份永久的穩定工作。這段期間，海因利希的名號與人脈幫了兒子法蘭茲不少忙，提供他進入幾個村鎮的入場券，擔任這些地方的臨時劊子手，協助審訊與懲處罪犯。雖然沒有一個村鎮永久雇用法蘭茲，但整體而言，法蘭茲藉不斷奔波實習賺取生活費，也累積了寶貴的經驗。

實習期間的日記顯示，這些年法蘭茲一共在十三個村鎮執法了二十九次。最常去的村鎮是霍費爾德（Hollfeld）與福希海姆（Forchheim），兩鎮都與法蘭茲的新居（見第七頁地圖）距離不到兩天的路程。法蘭茲也返回班堡，代父親執法三次，一次在一五七四年，另外兩次在一五七七年。[2]到了晚年，法蘭茲的日記偶爾會出現一些冗長又深思的紀錄，揣摩死囚犯案的動機等問題。不過早期的日記，只有廉卡的篇幅較長，但也僅一、兩行而已。法蘭茲年輕時的心思與記錄重點多半放在如何在專業上更上一層樓，所以日記裡專注於記錄處決的次數和方式。就連略帶省思的最短字句也必須等到法蘭茲的名聲與地位都穩固了之後才會出現。

一如其他擁有雄心壯志的年輕人（也可能是法蘭茲父親的叮囑），法蘭茲非常明白，想要受雇於眾人稱羨的永久職，不可能只靠精湛的技術與功夫。由於專業劊子手的薪資愈來愈高，競爭日趨激烈，想要在這行立足，還需努力拓展人脈，建立好的口碑與聲譽。海因利希・施密特只能領兒子入門，最後成功與否仍得看法蘭茲個人的能力，看他是否具備過人的專業技能、誠信的操守，讓權大勢大的司法機構留下深刻的印象。因此，打造誠實、可靠、謹慎，甚至虔誠的形象，其重要性絕不輸於行刑台上的經驗。年紀漸長，法蘭茲藉由逐步拉近與上流社會的距離，拉抬自己的地位與聲譽。但是一開始，他亟於也盡可能和名聲不佳的圈子劃清界線。正因為過於早熟的自我克制，法蘭茲實習的日子過得相當辛苦寂寞，但他也因此建立諸多習慣和特質，成為日後晉升師字輩劊子手之後，廣為人知也受人敬重的招牌。

彷若「流浪鳥」的實習日子，法蘭茲遇到來自社會各階層的形形色色人物。我們習慣認為前現代（premodern）的歐洲是個相當靜態的社會，其實不然，當時歐洲人的地理性移動非常頻繁。法蘭茲這位年紀輕輕的實習劊子手，一眼就能從旅人的服裝與交通工具認出他們的身分與地位。穿皮草的貴族、披著絲綢斗篷的官員最引人注目，當然這也正是他們的目的。他們通常騎馬或乘馬車，身邊往往有武裝侍從護駕。商人、銀行家、醫師、律師等人士習慣騎馬，外罩簡單俐落的羊毛斗篷。法蘭茲本人可能使用父親的坐騎，但更可能徒步，一如其他手頭不寬裕的誠實百姓。法蘭科尼亞鄉下多半是泥濘小徑與馬路，法蘭茲往往被急馳而過的信差超前，而滿載貨物、葡萄酒、糧食的送貨車即使走走停停，速度仍比法蘭茲快。前往宗教聖地的朝聖者全身包著苦修僧的白袍或粗布衣，安步當車，緩慢前進。趕路參加婚宴的家族以及趕著到市集的農民，個個行色匆匆，一路上熱烈交談。年輕實習生穿戴不起眼的帽子與旅袍，說不定手裡還拿著一支手杖，是當時最常見的景象。

法蘭茲很清楚，鄉間旅行危機四伏。他在旅途中與強盜或惡徒狹路相逢的際遇，至今已失佚不可考，但我們的確看到另一種在路上頻頻碰到（卻也是法蘭茲極力想避開）的隱形威脅，他最忌諱和一些不光彩的「旅人」扯在一起。[3]其中絡繹於途的農場移工與旅行商人是最不受排擠的對象。這些旅行商人包括攤商、叫賣小販、修補工、白鑞器工匠（pewterers）、磨刀師（knife grinders）、破爛買賣商（ragmen）。而劊子手跟屠夫和皮革匠一般，往往被歸類於不光彩的旅人，大家對雜耍演員、吹笛手、木偶戲掌中人、演員、馴熊師等人的看法也是如此。法蘭茲擔心，若在旅途中公開和這些人打交道，可能洗刷不了他一心想擺脫的社會汙名。

法蘭茲本人非常熟悉充斥罪犯的地下社會，亦即所謂的小偷圈（thieves' society），這層匪淺關係讓他的地位更不穩。法蘭茲父親的助手多半出自不光彩的背景與家庭，而被他父親處決的罪犯也不例外。一如所有劊子手，海因利希和法蘭茲‧施密特均精通癟三與無賴慣用的黑社會行話Rotwelsch，其中結合了意第緒語、吉普賽語、多種德國方言，生動有趣。舉例而言，黑社會一位弟兄「剛買了一隻猴子」（醉了），深怕撞見他的「愛人」（條子），尤其最近若從事「西洋劍」（乞討）、「討價還價」（行騙）、「縱火」（勒索）等活動。[4]除了精通術語，法蘭茲還知道黑社會分子在客棧與酒店刻上或寫給彼此的暗號。[5]年輕的施密特與老練的專業人士過從甚密（儘管不是在聯誼場合），意味他屬於「明察秋毫」圈，而非「無知」的普羅大眾圈。不可否認，法蘭茲跨界於黑、白兩道，有助於他分辨、進而遠離不三不四的人，但是擔任父親的助理多年，他體認到誠實與不誠實的界線既非一成不變也非黑白分明。

因此，當年一心想建立正直清廉形象的年輕人，面臨的最大挑戰其實來自於其他同輩。法蘭茲所到之處都會碰上一群未婚男子，包括像他這樣到處旅行的實習生，或是從事見不得光的買賣的經商人士。這個圈子的文化不外乎飲酒、女人、運動。特別是酒精，不僅是近代初期日耳曼男人建立友誼的關鍵，也在年輕男子轉大人的儀式裡扮演舉足輕重的分量。在靡靡之音與情色詩句的助興下，痛飲啤酒或葡萄酒可以拉近酒肉朋友間彷若朝露的關係，讓新人成功打入當地的年輕人團體、軍團、職業工會，甚至歃血為盟的兄弟會。酒館的名字「藍鑰匙」、「金斧頭」等，以今天的角度來看怪裡怪氣，但在當年往往是男性旅人到了村鎮後第一個光顧的地點，請人喝酒是初來乍到的新人贏得尊重與建立友誼（至少是泛泛之交）的妙招。

當年年輕男性的友誼多半建立在各式各樣的競賽上，如玩牌、賭博。摔角或射箭比賽不僅考驗體能，也提供眾人下注的機會。日耳曼男子會縱情地一輪接一輪拚酒（啤酒與葡萄酒），幾乎到了惡名遠播的地步，「拚酒」有時會導致臟器嚴重受傷，甚至奪命（較為少見）。酒館醉漢經常大放厥詞，誇口吹噓自己的性能力。在酒精與男性荷爾蒙交相作用下，難免會釀成衝突，爭吵打架、持刀械鬥之外，這些血氣方剛的年輕男子也會攻擊其他人，尤其是性侵女子。[6]

年輕有抱負的劊子手不會捲入這類紛爭不斷的世界。要遠離這些不三不四的滋事分子，或是避免和這些人有所交集，必須拿出百分之百毫不鬆懈的努力。這種自我孤立、與人斷絕來往的作法，想必讓法蘭茲的情緒與心理極為難過，尤其是在他尚未獲得體面社交圈接納之前。口碑不錯的客棧會提高警覺，不太願意讓法蘭茲這種背景的男子下榻，儘管他受雇於采邑親王、穿著體面、彬彬有禮。一路上，法蘭茲說不定會隱藏他的身分，甚至瞞騙，或改到別的地方住宿，如善心陌生人的穀倉或住家。不過一旦到了處決地點，再也不可能隱姓埋名，因此幾乎不可能參加任何聯誼或聚會。唯一願意和法蘭茲共坐一桌（或共用一張吧台）的年輕男子，正是他極力劃清界

近代早期的酒館是法蘭茲這類年輕男子飲酒、賭博、打鬥、追求肉體之歡的所在。有些衛道人士稱這種酒館是「犯罪淵藪」，常發生偷盜、密謀等不法情事。客棧主人充當銷贓管道，又名「小偷娼妓」的妓女會扒竊鬆懈心防的醉客（約一五三〇年）。

線的對象，諸如乞丐、傭兵、在逃的罪犯。他選擇女友的機會也同樣受限。正直且有地位的工匠，不會希望女兒和他有任何瓜葛。至於妓女或放蕩女子則會損及他積極建立的名聲。

因此法蘭茲下決心遠離葡萄酒、啤酒或任何含酒精的飲料。這對當時男子可是非常了不起的決定，但法蘭茲並未因此犧牲太多的社交生活。想必他一輩子都做到了戒酒的承諾，這也成了他日後廣為人知、受人景仰的特質之一。法蘭茲或許是基於宗教信仰，但滴酒不沾在十六世紀幾乎不可能，即使是最虔誠的教徒也做不到。照我們現代人的揣測，法蘭茲可能被身邊的親友（如父親）的酒後失態或暴力傷害過。但無論是宗教或情感上的理由，法蘭茲遠離酒精，也是經過審慎評估後攸關事業的決定。近代初期的歐洲人認定劊子手一定酗酒，這是刻板印象，但不無道理。一而再、再而三處死並拷問自己的同類，雖是職責不得不然，但法蘭茲的同行多半會在執刑之前，灌下一、兩大杯的啤酒來壯膽，也會在行刑之後試圖以大量的葡萄酒來沖淡記憶。法蘭茲公開拒絕跟進其他劊子手酗酒成性的行徑，用這異於常人的作法凸顯自己無論是實際上或形象上，隨時都保持清醒。彷若日本柔道以退為進的招術，法蘭茲巧妙地將被社會孤立、必須獨來獨往的劣勢，轉化為與眾不同的美德，讓未來雇主、甚至整個社會對他另眼相看。這個實習劊子手靜靜地坐在小酒館裡遙遠的一角，沒有同伴，不飲酒，或許孤單，但他清楚知道自己在做什麼。[7]

以暴力追求真理

為了謀得終身職，法蘭茲當然得證明自己審訊與處罰罪犯的能力高人一等，這兩者所要求的肉體暴力遠超過今天司法當局允許的程度（至少文獻紀錄是如此）。大家很放心地認為，這樣的今昔對比是因為現代人不捨人類受苦，更重視人類的尊嚴，不過頭條新聞卻定期潑冷水，嘲諷我們這種自以為高人一等的自喜之情。這種兼具同情與報復的多變心情，點燃了現代社會對刑事司法的辯論，而這樣的心情也同樣出現在法蘭茲・施密特的時代。近代初期的刑事司法何以如此冷血殘酷？何以像法蘭茲・施密特這種乖乖充當國家暴力的打手與工具會供不應求？

當時的司法當局，尤以紐倫堡等「前衛進步」的城市為最，徒勞地想在天平的兩端尋求平衡：一端是有意落實更新、更有效率的刑事起訴制度，另一端是沿用不完善的傳統舊習。雖然神聖羅馬帝國頒布了班堡刑法典、卡洛林那法典，多數地方的訴訟程序、人事、整體心態仍根深柢固，傾向沿用數百年之久的私人究責模式。若干例子顯示，有了新法為後盾的刑事法庭，仍動不動就受民眾偏見與個人恩怨左右，一如那個年代為人詬病的獵女巫潮。此外，世俗當權者費力掩飾自己的無能，既無法一開始就遏阻犯罪，事後也抓不到罪犯，繩之以法。法蘭茲的日記不乏惡貫滿盈的在逃罪犯，他們躲避追捕，甚至避居到「司法鞭長莫及的國外」，直到最後被受害者、被害人的家屬、地方保安團押解回國受審。[8]

一旦嫌犯落網，冷靜可靠的劊子手將善用這難得的機會，發揮關鍵性的角色。劊子手不僅揭開整個過程的序幕（審訊頑抗不認罪的嫌犯），最後也是由劊子手劃上句點（策畫儀式性的公開處決）。若至少有兩名十二歲以上、公正的目擊證人提供證詞，嫌犯通常會認罪，這時法蘭茲就不須動用刑求。掌握贓物或沾血凶器等鐵證，也可以讓起訴更順利。可惜法庭多半無法找到人證或具體證據，加上十九世紀前法醫與鑑定科學尚不發達，導致調查陷入瓶頸。缺乏令人心服口服的證據，要將嫌犯定罪多半只能靠被告的自證其罪（self-incrimination），這時就需要專業劊子手出馬了。在班堡，法蘭茲充當父親的助手，而在他隻身前往的地點，他自己得掌控全局。

如同今天的專業檢警，法蘭茲・施密特以及他的上級長官深知恫嚇與各種心理施壓的成效。為逼殺人犯俯首認罪，有種非暴力、但會對心理造成極大壓力的方式，名為「遺體試煉」（bier test）。這種古老的日耳曼傳統對一些喜讀《尼伯龍根之歌》（*Niebelungenlied*）等中世紀冒險故事的讀者不致太陌生。遺體試煉是專業偵訊者的有力武器之一。通常會將證人集中到一個房間，劊子手與其助手強迫被告（或一群嫌犯）伸手觸碰躺在擔架上的受害者遺體。若遺體突然流血或透露任何可定罪的跡象（如明顯的移動），凶手理應會俯首認罪。[9]

沒有一位法學專家認為這種神裁方式站得住腳，也不認為是可信的證據，但產生的心理陰影的確能讓人良心不安。法蘭茲成為劊子手之後，日記裡僅有一筆動用遺體試煉的記載，發生在他結束巡境實習很久之後。被告杜羅西亞・霍夫門寧（Dorothea Hoffmennin）堅決否認勒死剛出世的女兒，但是「當死嬰抬到她眼前，婦女於心不安地用手碰觸她的皮膚，碰觸的地方出現紅色瘀痕」。由於這個年輕女傭一派冷靜，死不承認殺嬰，最後僅「受到杖刑，被趕出城外」。不過正是因為害怕遭遇這種折磨，反而讓罪嫌露出破綻，也讓經驗老到的劊子手有機可乘。數年後，法蘭茲在日記裡寫下一件謀殺案，涉案凶手力阻共犯再次進入被害女子的屋子（該女子未婚，出身名門，在睡夢中遇害），深怕共犯一靠近，屍體會「出血」（sweat blood）；結果凶手慌張的反應反而讓她脫不了罪。[10]

若初步偵訊無法得到令人滿意的結果，加上提供諮詢的法學專家發現必須刑求逼問嫌犯的

中世紀末的法庭進行沿襲已久的遺體試煉。十六世紀末，這種神裁法的審判已失去所有官方背書，但許多人仍深信受害者的遺體一旦被殺人凶手碰觸，就會流血或移動，顯示凶手有罪（一五一三年）。

充分「線索」，這時法蘭茲的上司便會要求他將嫌犯「五花大綁並威脅恫嚇」，這是循序漸進五階段刑求的第一步。[11]這段期間，法蘭茲沒有留下偵訊方式的相關紀錄，但很可能跟他日後在紐倫堡使用的步驟差不多。首先，他與助理會將嫌犯從囚室押解到密室，密室裡一眼可見陳列的各種刑具。在紐倫堡，刑求的地點叫「地洞」（Hole）或地窖，位於特別設計的刑求室裡，天花板是拱頂，所以又叫「禮拜堂」（或許帶點死亡的諷刺意味）。這間長十五英尺、寬六英尺的密室既窄小又沒有窗戶，位於市政廳會議室的正下方。密室樓上坐著兩位貴族陪審員，他們看不到樓下密室陰森可怕的場面，但是會交換意見，透過和密室相連的特殊通風管訊問嫌犯。

即使到了這個階段，劊子手還是偏好針對嫌犯的情緒弱點進行心理施壓，而非一味折磨他的肉體。在「禮拜堂」，行刑師法蘭茲與助理將嫌犯五花大綁，偶爾綁在架子上，但通常綁在椅子上，再將椅子固定於地上，然後不厭其煩對嫌犯解釋各種刑具的用法。老練的陪審員會建議沒有經驗的實習劊子手（如年輕的法蘭茲）不要過於仁慈或謙虛，「應該善用耳語和傳聞……列舉自己不凡的事蹟：諸如自己很了不起，有許多大作為……精進並發揮所學的功夫，一個人再高明也躲不過他的法眼而露出馬腳……因為他曾開心地向全世界證明，就連最難纏的罪犯也對他俯首稱臣。」[12]法蘭茲或許從他父親身上學會輪流扮演「黑臉劊子手與白臉劊子手」，讓提心吊膽的嫌犯一下子被惡言恫嚇，一下子被好言安慰，進而道出真相。這麼做不但讓囚犯免受刑求之苦，也避開劊子手得承擔刑求的社會汙名。[13]

仍有少數幾名嫌犯抵死不從，多半是作惡多端的強盜，這時法蘭茲與助理便會動用上級批准的肉體折磨。在班堡與紐倫堡，獲得長官首肯的刑求包括拇指夾（通常限用於女性）、「西班牙靴子」（大腿夾刑）、「火刑」（以蠟燭或火把燒燙嫌犯腋下）、「水刑」（waterboarding，用水強灌嫌犯口鼻，讓他幾乎溺斃）、「梯刑」（又名架刑，嫌犯被綁在梯子上，要嘛被迫四肢大開、要嘛前後滾動於帶釘的滾筒上）、「冠刑」（wreath或crown，把金屬環或皮製箍綁在嫌犯頭上，愈拉愈緊）。紐倫堡與班堡最常見的刑求方式是「石刑」，又名吊刑（strappado），嫌犯的手被綁在背後，然後用滑輪吊到一定高度，懸空的雙腳被綁上重量不一的石頭，將嫌犯身體往下拉，往往讓嫌犯雙手脫臼。人類不斷發揮巧思，加上喜歡看人受苦的心態，陸續發明了其他各式

以吊刑偵訊嫌犯，嫌犯雙手被綁縛在背後，用滑輪吊高，雙腳懸空後再將石塊掛在他的腳上（一五一三年）。

各樣讓人痛不欲生的酷刑——波美拉尼亞帽（Pomeranian Cap）、波蘭公羊（Polish Ram）、英格蘭襯衫（English Shirt）。此外，各式各樣冷酷打壓人格與尊嚴的酷刑也很有效，諸如逼迫嫌犯生吞昆蟲或糞便，將木屑塞在指甲裡。[14] 法蘭茲・施密特勢必熟悉大部分（儘管並非全部）的刑求方式，但他或他父親真的動用過這類未獲當局批准的酷刑嗎？（碰到特別難纏的嫌犯時，說不定也不得不為。）可以想見，這部分不論是他的日記或官方文獻都找不到隻字片語。

只有在少數情況下，法蘭茲的上司才會下達明確指示，例如對剛生產完的婦女，刑求絕不能超過十五分鐘。大體來說，評斷罪犯的「耐折磨程度」（torturability，德文Foltertauglichkeit），悉數落在劊子手肩上。直到兩個世紀後，內、外科醫師才參與刑求過程，不過這時刑求也瀕臨被廢。[15]理論上，法蘭茲受過非學院派的解剖學訓練，刑求時理應能掌握用刑分寸，既能讓罪犯夠痛，又不至於造成重傷甚至奪命。法蘭茲成為行刑師後，所做的決定有時會被駁回，但他仍有權取消、延後或從輕用刑。一名犯下竊盜罪的傭兵「頭部與四肢都已嚴重受傷」，在年紀已長的法蘭茲眼裡，不可能撐過一回吊刑。然而，動用拇指夾後，該傭兵的說詞無法說服法蘭茲的上司，因此要求他採取更激烈的手段，最後該犯人共受了兩次火刑與四次「冠刑」。這名犯人的妹／姊夫更頑強，到頭來共受了六次梯刑、左腋下被蠟燭燒燙多次。可想而知，嚴刑逼供後，兩名犯人最後都認了罪，「在劊子手的仁心下，死於斬首劍。」[16]

不論審訊前或審訊後，劊子手得想辦法保持嫌犯的體能。法蘭茲非常清楚關在牢裡有多辛苦，尤其是婦女。嫌犯接受偵訊及被判刑前，會短暫關押於窄小的囚室中，法蘭茲在日記裡為嫌犯不得不忍受「髒亂的環境」發出悲歎。[17]他會親自醫治骨折與皮開肉綻的囚犯，也會找護士照顧剛產子的女殺人犯與其他體弱的婦女。像慈父般關懷囚犯的健康，對照現今的情理，不但矛盾還很殘酷，因為給囚犯時間癒合傷口，為的是要他們承受新一波的酷刑，或是為伏法預做準備。法蘭茲與其他劊子手並不是不瞭解這種矛盾與諷刺。一位監獄牧師轉述某個理髮師醫師的話，他曾到監獄協助法蘭茲。他「在（囚犯）接受治療期間告訴我，花那麼久的時間照顧他，到頭來法蘭茲又要把他給毀了，讓我很苦惱」。[18]

即使法蘭茲從事這行多年，要讓一名被定罪的嫌犯在最佳狀態下公開受刑絕非易事。

一五八六年，一位農民因涉嫌謀殺繼子，被捕並刑求。「上帝馬上顯能，暴露（他犯罪）的明顯跡象」，過沒多久，這名嫌犯便坦承犯行並倒地死亡，研判是心臟病發致死。[19]嚴刑逼問也可能造成罪犯心理受傷，導致日後無法順利或有效地公開處決罪犯。例如，有個「抵死不認罪的小偷」連續被火刑了三回合，但他仍不停向上帝發誓他是清白的，接著表現「相當脫軌」，在牢房裡一下失控痛哭，一下激動叫罵，甚至攻擊啃咬獄卒。在那之前，他還「勤奮地禱告」，後來不禱告了，也不和任何人說話，只會瑟縮在牢房一角，喃喃唱著「叮鈴咚叮鈴咚，魔鬼來了！」[20]

年輕男性竊賊與綁匪被押解到刑求室後，既愛耍街頭小聰明，又喜歡虛張聲勢，可以想見非常頑固難纏，抵死也不輕易認罪。由於日記與偵訊文件中都看不到法蘭茲的評論，所以不清楚法蘭茲是否因為和頑強的嫌犯長時間周旋，並受到貴族上司緊迫盯人的不斷施壓，感到沮喪又無力。凶殘的十六歲嫌犯漢薩・克魯茲梅爾（Hensa Kreuzmayer）被控縱火和謀殺未遂，一天之內連番受到吊刑、冠刑和火刑等酷刑，但最後仍只承認「自己因為憤怒而口出惡言」，咒罵對象是敵視他的村民。[21]同齡的約格・邁爾（Jörg Mayr），小小年紀卻有讓人咋舌的偷盜史。偵訊期間，他否認所有指控，過了六週，眼見無望才認罪，並懇請偵訊的陪審員手下留情，對他仁慈一點。[22]年紀較大的慣犯多半明白，頑固抵抗只是徒勞，沒多久便屈服認罪。有個攔路打劫的老手經過一回合的刑求後，儘管受刑時間長，效果卻不彰，所以法蘭茲的上司以平穩的口吻向這名罪犯保證：「若（你）不願意坦承犯下殺人罪，我們可以（對你）為所欲為，甚至（讓你）粉身碎骨。」罪犯一聽，立刻明白脫罪無望，和盤托出一切。[23]

法蘭茲對自己身為專業的刑求者，作何感受？實習期間，法蘭茲年紀輕、年資淺，只能負責刑求過程中最殘酷的部分，諸如拉高吊刑的繩索、轉動拇指夾、火燒尖叫的嫌犯。成為師字輩的劊子手之後，多數人會督導刑求的程序與流程，但卑賤的粗活則交由助理打點。法蘭茲自己出師後，是否也把粗活交給助理打理，我們不得而知，因為在他近五十年的日記裡，鮮少赤裸裸交代他在動用刑求時的角色。日記裡，他記載了處決與體刑的總數，但找不到刑求的次數，雖然非公開的偵訊頻率更高，時間也更長，超過公開處決與體刑的總數。[24]若非偵訊的筆錄留了下來，否則法蘭茲每月（有時是每週）參與的刑求，我們將無緣得知。

關於在刑求室的所作所為，法蘭茲到底是覺得丟人現眼？還是單純地不願多談，以免引人注意？退休之前，法蘭茲一直是親力親為，對犯人公開施以鞭刑、絞刑、輪刑，相較之下，刑求不會更不光彩、更見不得人。此外，他也不認為這種有節制的暴力不合情理。法蘭茲的日記鮮少提及刑求，根據其中少有的描述發現，他似乎相信每個被刑求的罪犯（尤其是惡貫滿盈的搶匪和小偷），多多少少都是罪有應得。法蘭茲只有一次為刑求感到遺憾。連續殺人犯貝斯提安・葛魯伯（Bastian Grübel）「出於報復，誣陷了一位農夫，害他被捕，接受法蘭茲的審訊。葛魯伯誣陷農夫殺人，以為這樣就能掩蓋自己殺人之實，為自己脫罪」。[25]法蘭茲忿忿不平的語氣透露他同情每個受害者，同時也暗暗告誡自己，站不住腳的刑求是特例而非常態。否則有關刑求的描述理應等到法蘭茲年紀更大一些之後，才會在日記裡出現。年紀稍長後的日記曾提到盜匪破門而入、搜刮無辜百姓錢財的暴行，這成了法蘭茲動用刑求的有利藉口。[26]

法蘭茲真的相信「痛苦才能逼出真相」嗎？其實不然。為了讓嫌犯認罪，他幾乎次次都是先打心理戰，或採取其他非暴力的手段，最後才動用酷刑。可見他認為刑求是偶爾登場的必要之惡，卻不認為那是不可取代的必要手段。法蘭茲對嫌犯的痛不欲生一再露出同情心理，也足證他並不以虐囚為樂。

法蘭茲對於肉體折磨可靠與否的看法與評價，我們不易拿捏。他有次曾草草提到某個兒童殺人犯在刑求時「吐出真相」，但這只是個案。[27]在他的日記裡，他點出酷刑逼出的犯罪細節看似天衣無縫、足以取信於人，實際上嫌犯不可能將犯罪當時的情況記得這麼一清二楚；即便如此，法蘭茲可能反駁，這些細節並不影響嫌犯有罪與否的最後判決。

法蘭茲是否擔心過，透過刑求得到的口供說不定會錯殺無辜嫌犯？老實說，這點我們無從得知。年輕的巡境實習生最在意的乃是自己的社會地位與工作升遷，為求心安，他告訴自己下令刑求的是上司而非自己，而他礙於誓約（以及自我利益），必須服從並取悅上司。一個經驗老到、無經濟後顧之憂的劊子手或許能找到更多合理藉口，安撫自己嘮叨不休的良心：例如，被告這次沒犯罪，不表示他沒犯其他的罪；不值得為一個也許無辜的嫌犯說話，進而賠上自己的工作和家庭；自己的職責是奉命行事，而非決定對方有罪與否。

總而言之，法蘭茲不認為自己和受刑求嫌犯是水火不容的天敵，他不計任何代價，一心只想逼出真相，讓嫌犯認罪。他獲得官方授權，只要對嫌犯的犯罪能力起任何懷疑，可逕行終止或放棄對嫌犯用刑，甚至撤銷告訴，將嫌犯無罪釋放。法蘭茲上了年紀後，至少有兩次這樣的情況。其中一次，幾個年紀大的婦女被控施巫術，但法蘭茲認為她們可能連最輕微的肉體之苦也受不住，最後上司依他的建議放了她們。[28]此外，為了不讓自己愧疚難安，法蘭茲告訴自己，犯人被捕接受偵訊前，僅少部分的人會受到刑求，而這些人通常都犯了窮凶極惡的重罪。此外，即使遭到嚴刑逼問，也僅被刑求一回合，鮮少超過一回合以上。再者，他知道被刑求的嫌犯中，多數最後都免於一死，而且每三人就有一人獲釋，不會受到任何後續的刑罰與懲戒。[29]刑求看似溫和節制且講究合法程序，這點是關鍵線索，有助於我們瞭解像法蘭茲這樣富同情心、聰穎睿智、信仰虔誠的人，得一再動用刑求蹂躪犯人的身體，以及他如何和自己的角色與職業和平共處，以求心安。

以暴力追求正義

法蘭茲必須精湛地完成暴露司法暴力的公開行刑大戲，這是他累積專業信譽的必要條件。前近代的刑罰在今人眼中過於野蠻與古怪。當年，什麼罪該受什麼處罰，似乎透過兒童都明白的淺顯敘述深入民間，符合雅各．格林（Jacob Grimm）所謂的「詩歌藏在法律裡」。[30]一些核心要素——尤其是集體與公開性報復，可追溯到年代久遠的日耳曼時期。此外，當時的刑罰也受到其他古老影響，其中最顯著的是「摩西律法」（Mosaic law）中以眼還眼、以牙還牙的「同形態復仇」（*lex talionis*）原則，只不過受到福音派改革的洗禮，有了新的意義。再者，當時的社會篤信宗教，咸信若讓罪犯逍遙法外，整個社區與社會恐遭洪患、饑荒、鼠疫等天譴。為免災難臨頭，社會必須奉公守法、撥亂反正。在法蘭茲．施密特在世期間（而且一直延續到十八世紀），貫徹法律、打擊犯罪是上帝天父熱中之事，因而催生民間設計許多維護法律與社會秩序的活動，甚至左右若干司法判決。

勝任劊子手的主要條件之一是精通各種體刑（corporal punishment）。中世紀偏愛生動繽紛、「量身訂做」、讓人顏面掃地的處罰方式。例如愛吵架的主婦被迫戴上「龍造型」的面具或「小提琴」（銬在頸部及手腕的長形木製枷鎖）。與人私通的年輕女子被迫抬著至少三十磅重的「羞恥石」。形跡敗露的罪犯得忍受眾人謾罵、唾棄，甚至被實物所砸。至於社會上有頭有臉的人物，多半與執法人員私下和解，花錢消災。

還有更殘忍的體刑。作偽證者會被砍掉立誓時所用的食指和中指；出言褻瀆上帝者會被割舌。這些在十六世紀前仍相當普遍，但是到了法蘭茲時代，日耳曼地區多數統治者認為這些行之多年的體罰荒唐可笑、冷血殘酷、多此一舉，既達不到預期效果，也可能引發社會不安。一名紐倫堡的法學家形容剜眼刑（殺人未遂的懲處）殘酷之至，「比起斬首有過之而無不及」。一六〇〇年左右，這項酷刑已自帝國銷聲匿跡，[31]剁手指與宮刑等酷刑也幾乎鮮為人知。

告別讓人破相、斷手斷腳的酷刑雖是大勢所趨，但法蘭茲・施密特無法完全洗手。班堡與紐倫堡仍沿用多年的舊習，剁下作偽證者與累犯的手指，再將剁指丟入河裡，反觀其他城市，早已棄用此酷刑。在法蘭茲漫長的職涯中，曾在紐倫堡的「肉橋」（Fleisch Bridge）上剁下九名罪犯的手指，包括妓女、皮條客、詐賭者、盜獵者、作偽證者。他也曾在四名皮條客和騙徒的臉頰上烙下巨大的「N」字（代表紐倫堡），將四名「洗劫恩客財物的妓女」割耳，對一名褻瀆神祇的玻璃工割舌。[32]

十六世紀中期之後，體刑逐漸式微，取而代之的是勞役所和監牢。法蘭茲・施密特在世期間，日耳曼境內最普遍的體刑是流放（banishment）。犯人被驅逐出境前，往往得先受笞杖鞭

十六世紀末左右，傳統的剜眼刑在日耳曼地區已非常少見（約一五四〇年）。

打。由於懲罰偷小錢、性騷擾等輕罪的方式有限，法蘭茲在班堡以及稍後在紐倫堡的司法高層，乾脆沿用流放這個中世紀的舊習，然後稍加修改，以符合所需。在法蘭茲的時代，流放是一輩子，而非一至十年，亦即終生不得再踏上日耳曼境內司法管轄權所及的「所有城鎮與鄉野」（而非僅限城市市區）。此外，犯人被驅逐出境前，得承受痛苦無比的公開鞭刑（不然就是在監所裡挨鞭子），這附帶的鞭刑愈來愈重要。在日耳曼的主要大城裡，犯人被鞭笞出境的處罰已成常態，有時一週便舉行一次。從一五七二年秋至一五七八年春，法蘭茲每年協助或目睹父親鞭刑十二到十五人。[33]後來他自己在紐倫堡獨當一面擔任劊子手期間，總計鞭笞三百六十七人（平均每年鞭笞九人），是一五七九至一五八八年職涯巔峰的兩倍。根據法蘭茲的日記，他並未將他在其他地方動用的鞭刑納進總數，也不包括委由他助理代勞的鞭刑次數。[34]在紐倫堡，不乏各式各樣的體刑，有次紐倫堡市內六個監獄「客滿」，法蘭茲被迫移師「石橋」（相當於今天德國的麥克斯布魯克〔Maxbrücke〕），將一名詐賭的慣犯「**綁在喀爾文教派牧師的椅子上**」，剁掉他起誓的兩根手指，然後鞭笞出境。[35]

在十六世紀，地方執法官非常樂於將社會敗類驅逐出境，因為流放具備以下所有執法官樂見的必要元素。法院大聲宣讀判刑結果以及教堂敲響「可憐罪人的喪鐘」時，無疑確立了當政者的權威與地位。驅逐罪犯時，劊子手會剝去罪犯的上衣，讓其無地自容，不過為了社會風氣，偶爾會讓女犯保留一件衣物。犯人在牢裡或遊街至城門時受到鞭刑，說不定能藉此逼他們改邪歸正，不然至少也可嚇阻他們在同一個司法轄區內再度犯案。一如其他公開行刑，流放囚犯時，圍觀群眾可能鬧事甚至暴動。在紐倫堡，法蘭茲有次鞭刑「三名年輕漂亮女子」，結果「引來大批群眾追在隊伍後頭，導致一些人被擠壓在『聖母門』下方」。[36]儘管存在風險，高高在上的統治者很難抗拒完美結合報復與嚇阻雙重功能的儀式性流放，何況也沒有其他可行的替代方案。

鞭刑通常由劊子手的助手或是巡境實習生代勞。在班堡，海因利希・施密特選擇親力親為，很可能是因為他受雇於班堡時，仍是按件支薪。至於法蘭茲，可能是基於對父親的敬意，也可能是出於職業道德，決定親自上陣鞭刑囚犯，並盡職地記錄經過，儘管他早已是支領年俸的終身職劊子手，大可將這份苦差交由助理代勞。他用的笞杖係樺木製，打在皮肉上特別痛，足以造

在一本紐倫堡的編年史裡，行刑師法蘭茲鞭打四名罪犯並將他們流放到外地。值得注意的是，儘管這些男子背部全裸，但頭上都戴著帽子。法蘭茲也戴了帽子，還披著紅色斗篷（一六一六年）。

成永久性傷殘，在少數情況下，甚至會致死。[37]不過法蘭茲在日記裡坦言，讓人皮開肉綻、顏面掃地的鞭刑往往無助於打擊犯罪，因為被他「鞭笞流放」的罪犯中，許多人之前已吃過這種苦頭。在紐倫堡和他共事的法學專家也有類似看法，並建議奧格斯堡的同仁，在面對乞丐、無賴等輕罪犯時盡量少用鞭刑，否則可能逼他們鋌而走險，淪為職業慣犯。[38]

近代早期（early modern，譯註：從十六世紀初宗教改革運動至十八世紀），公開處決是劊子手最廣為人知的工作，劊子手獲得官方授權，公然對人行使暴力，也是劊子手必須展現過人功夫之所在。二十世紀初一位德國歷史學家認為，這期間的刑事司法以「各種超乎想像、殘酷無情、沒頭沒腦的處罰」為特色。其實不然，當時每種刑罰的形式與設計都包含了許多巧思，諸如公開的儀式性暴力可殘酷到什麼程度，才不會過輕或過重。[39]到了十六世紀晚期，世俗當權者著手改良傳統的體刑，在重罰與仁慈之間力求前所未見、不堪一擊的平衡點，目的無非是建立法治社會，並透過執法鞏固在位者的權力與地位。至於交付群眾裁判或閉門私審（vigilantism）等司法程序，如大規模處決猶太人或女巫，都不再見容於像紐倫堡這種「進步」的司法轄區。一些讓執法單位淪為笑柄的中世紀傳統，難逃被淘汰的命運，包括公開審判犯人的屍體、公開審判凶狠「可惡」的動物（直到十八世紀，這些傳統仍續見於一些民智未開的地區）。[40]一名技術嫻熟值得信賴的劊子手乃是正義之劍的化身，代表迅速、堅定不移、致命，但絕不任意或無端地耍狠弄酷。

新法上路，擁有雄心抱負的法蘭茲・施密特的看家本領也得跟著調整，以求符合規定，這可從他嫻熟的各種體刑幾乎都經歷質變得到印證。活生生的例子之一是，女囚接受日耳曼「溫柔又可怕」的傳統刑罰有了調整與改變。[41]從中世紀一直到法蘭茲・施密特的時代，多數女囚受到的處罰不外乎公開受辱、皮肉苦、罰款。暫時流放外地也是普遍的選項之一。僅有少數例子，女囚會被處死，而且處死方式相當可怕。絞死會讓圍觀群眾看到女囚的裙下風光，有違善良風俗，因而不適用。斬首則是社會有頭有臉人士的專利。所以十六世紀之前，處死女囚的方式以活埋於絞刑台下最為普遍。早在法蘭茲・施密特出生之前，紐倫堡的統治者就宣布，活埋不僅「殘酷」而且落伍丟人，但是「這種死刑（仍然）存在於神聖羅馬帝國境內少數地方」。統治者改弦易轍，也是因為受不了活埋現場亂烘烘、一片狼藉，雖說為了讓女囚早點斷氣，劊子手會將棍棒插入女囚心臟。有次一位年輕女囚「因為掙扎而扯掉手臂、雙手和雙腳上的大片皮膚」，最後紐倫堡劊

即便在中世紀，活埋女犯的現場恐怖又嚇人。為了縮短行刑時間，劊子手會將木樁插入扭動掙扎的犯人心臟，一如這幅描繪一五二二年紐倫堡最後一次活埋女犯的插圖（一六一六年）。

子手不得不赦免她，並要求地方執法官廢除活埋。終於，紐倫堡在一五一五年正式廢止活埋。但是出乎外界預料，一五三二年卡洛林那法典保留了活埋，懲處殺嬰凶手，藉此「杜絕這類窮凶極惡的罪行」，但是該條文鮮少貫徹落實。[42]

對現代人而言，日耳曼地區當權者以新代舊、處決女囚的方式，其實並無太大進步。將女囚裝在麻袋裡溺死，是日耳曼民族另一種行之已久的處死方式，最早見於古羅馬歷史學家塔西佗（Tacitus）的記載（約西元五六至一一七年）。十六世紀，許多執法官發現，溺刑不失為取代活埋的好方式，因為圍觀者看不到受刑人在水裡死命掙扎的模樣，否則難免會對囚犯心生同情，這正是執法官極力避免之事。不過像是法蘭茲・施密特這樣的專業劊子手發現，溺刑不僅難以操縱指揮，有時甚至會拖上好一陣子。在一五〇〇年，一名女囚在水下成功掙脫麻袋，游回之前被劊子手推到河裡的行刑台。她得意洋洋道：「（因為）我事前喝了四（公升）的葡萄酒……所以河水進不了我的身體。」可惜這番說詞說服不了與會的執法官，立刻下令以活埋取代之。法蘭茲受雇於紐倫堡前不久，前任劊子手的助理會用一根長竿固定麻袋，以免麻袋因為女囚掙扎而浮出水面，「但是長竿斷了，女囚的一隻手臂（浮出水面），圍觀者大聲尖叫，看著她在水裡載浮載沉，苟延殘喘了近四十五分鐘。」[43]

法蘭茲本人並未對他相對順利的初次溺刑提出任何評論。他在一五七八年策畫主持生平的第一次溺刑，受刑人是來自萊爾貝格（Lehrberg）的年輕女僕，因為殺嬰被判死刑。[44] 兩年後，法蘭茲罕見地直話直說，甚至一改矜持，和監獄牧師聯名向紐倫堡當局提出廢除溺刑，這個法律先例後來逐漸擴及帝國其他地區。法蘭茲・施密特一開始向上司訴請廢除溺刑的理由既務實又高明：佩格尼茲河（Pegnitz River）水深不足，而且（一月中）整條河一定「完全結冰」。眾多顧問拒絕改變，辯稱女囚理應「乖乖就範被沉到水底」，法蘭茲該做的是精進能力，縮短行刑時間。過沒多久，法蘭茲又提出，三名因殺嬰被判死刑的女犯應被斬首，這在當時可是創舉，因為女犯從未被斬首。一些顧問認為斬首過於仁慈，不足以嚇阻殺嬰這種「駭人又過於頻繁的犯罪」，尤其不久之後三女同時伏法，將有大批群眾圍觀。所幸神職圈出面幫法蘭茲說話，稱水會賦予「邪靈」力量，反而延長行刑時間。法學專家的力挺則成了壓垮駱駝的最後一根稻草，他們坦言溺刑會讓女囚「慘死」（hard death），而且無疑是女犯罪有應得的處罰，但是斬首的嚇阻力更大。「因為讓女犯溺死，外人無從得知犯人臨死前的表現」，反觀公開斬首，更能達到「殺雞儆猴」

在部分轄區（如蘇黎世），犯人會被推下船溺死。在紐倫堡，劊子手搭建臨時行刑台，為溺刑預做準備（一五八六年）。

之效。「我已在這橋張羅打理好一切，準備淹死三名犯人。」法蘭茲在日記裡寫道，最後執法官讓步，但有個附帶條件，必須將「三名女犯的頭顱懸掛於絞架上示眾」。[45]

說到處決女囚，這種折衷方式成了法蘭茲日後職涯慣用的模式，成功兼顧執法官希望「嚇阻」群眾、同時彰顯官威的兩項要求。將犯人的首級或四肢釘在絞架上，滿足群眾要犯人血債血還、無地自容的嗜血本性，同時淘汰許多傳統酷刑公然凌辱的手段，讓整個行刑過程愈來愈合法，甚至有了神聖性。到了法蘭茲職涯後期，所有被判火刑的人犯當中，只有兩人被活活燒死，其他人要嘛先被斬首，要嘛徹底逃過火噬。[46]（活活燒死女巫依舊遍存於日耳曼地區，鮮少先勒斃她們再動刑。）後來只有一名女性被法蘭茲溺死，因為她是窮凶極惡、惡名昭彰強盜集團的一分子。除此之外，在班堡及紐倫堡，再也沒有人被活埋或被木條刺穿心臟（但兩者仍見於瑞士與波希米亞部分地區，直到一世紀後才式微）。[47]捨溺刑與活埋，改將女性殺人犯的首級懸掛於絞架或木樁上示眾，而一名叛國賊原本被判處車裂分屍，最後當局「從寬量刑改以斬首」，再將他的四肢釘在行刑台上。[48]

這時唯一還公開示眾的傳統酷刑是輪刑。一如殺嬰案，強盜與傭兵令人髮指的惡行造成揮之不去的恐懼，也引發眾怒。民眾不滿聲浪之高，讓當權者顧不得輪刑可能將政府冷靜與溫和的形象毀於一旦的風險。當惡名昭彰的搶匪尼可拉斯・史都勒（Niklaus Stüller，綽號黑幫老大）「坐著囚車到班堡的行刑場」時，被仍是實習劊子手的法蘭茲「用火紅鉗子燙了身體三次」，圍觀群眾無不大聲叫好。史都勒和一對兄弟檔共犯——菲拉與格古拉・桑堡（Phila and Görgla von Sunberg），共殺害了八人，其中兩人是孕婦，他們將孕婦殺了之後剖腹取嬰。根據史都勒的說法，「因為格古拉認為，他們犯了滔天大罪，所以他想請神父幫嬰兒受洗，但菲拉說他可以充當神父為嬰兒受洗，接著就抓住嬰兒的腳，然後把他們重摔在地。」史都勒最後死在法蘭茲之手，但他受的「輪刑之苦」和同伴相比相對溫和。菲拉兄弟後來由另一位劊子手「在科堡（Coburg）分屍處死」。

以火紅鉗子燙焦撕扯囚犯的皮膚，再一絲不苟地以輪子將囚犯凌遲致死，對法蘭茲而言是赤裸裸的暴力行為，卻也是勝任專業劊子手的必要條件。雖然法院判決書上清楚規定燙焦皮膚以及用輪子重擊囚犯的次數，劊子手多少有些自主權，尤其是下手的力度。有次法蘭茲奉紐倫堡上司之命，「不得對囚犯放水，一定要認真地用火鉗伺候，讓他們感覺到痛。」[49]不過就連處決漢斯・杜普佛（Hans Dopffer）這種「殺害懷孕妻子的惡犯」，承審的法官與參審員往往會網開一面，讓囚犯接受仁慈而體面的斬首刑，但附帶條件是，斷氣後屍體必須被破壞，並掛在輪上任其腐敗。[50]

法蘭茲對於任內動用的酷刑著墨甚少，同理，他對輪刑處死囚犯的細節也幾乎隻字未提。在巡境實習生階段，他負責七次輪刑，整個劊子手生涯共動用三十次輪刑。有次他提到以輪子重擊犯人的次數，除此之外，大部分篇幅都在講述各個罪犯的種種重大惡行。[51]但我們仍能從不同文獻中得知，輪刑的折磨既恐怖，也會把人折騰個半死，令被捕的盜匪打從心底害怕。法蘭茲提到一位身心飽受折磨的死囚，「身上藏了一把刀（在牢房），用刀猛刺自己的腹部兩下，然後整個人撲到刀子上，但並未被小刀刺穿內臟；他也曾將上衣撕成長條狀，企圖勒斃自己，但依舊死不成。」監獄牧師哈根朵恩在日記裡寫道，一位殺人犯「用藏在身上的刀子砍了自己三刀」，希望藉由自殺躲避酷刑的折磨，可惜未果。每個自殺未遂的死囚，都受到法蘭茲細心的照料、恢復了健康，等時間一到，再被送到「烏鴉石」接受法院裁示的處決。[52]

雖然絞刑沒有輪刑凶殘，卻和輪刑一樣丟臉，甚至有過之而無不及。在眾人面前被絞索或鐵鏈勒斃已夠丟人現眼，接著被曝屍野外、讓烏鴉或猛禽啄食，更是顏面掃地。許多專業劊子手會交辦下屬打理這份苦差，但法蘭茲・施密特擔任劊子手四十年間，堅持親自上陣，善後這個令人不齒職業中最不討喜的部分。他的日記始於十九歲第一次行刑，期間記錄他在一五七三年至一五七八年絞死了十四名男子，四十年下來，共絞死一百七十二人，其中以成年男性竊盜犯為主，但也包括兩名年輕女子，以及二十幾個十八歲以下的年輕小伙子。一五八四年，法蘭茲奉命絞死兩名女性，這著實嚇了他一跳，因為在此之前，「〔紐倫堡〕從未將女性送上絞架」。絞死「無藥可救」的十幾歲竊賊也令法蘭茲非常不安，但是他每次仍盡責地完成任務，據說從未失手。[53]

法蘭茲和其他專業劊子手一樣，看不起絞刑，認為不需要什麼高難度的技巧，不過就是把絞索套在犯人脖子上，然後把他推下梯子而已。有些城鎮沒有固定的絞刑台，需招攬受過訓練的工匠臨時搭建，有時法蘭茲會奉命勘查這些臨時絞刑台堪用與否。一如其他處決，劊子手可自行決定該不該全程束縛犯人，以防其掙扎亂動。通常最難之處在於讓犯人乖乖爬上梯子，以利套上絞索。根據紐倫堡的編年史，為順利為罪犯套上絞索，法蘭茲與助手會使用雙排梯，有時還搭配滑輪，最後劊子手只要將犯人推下梯子，就可讓「陽光穿過屍體和地面之間的懸空空間」。[54]有些劊子手會在勒殺犯人後倒吊其屍體，維持頭下腳上的姿勢，讓他們痛苦並羞辱至死。紐倫堡的絞

奧格斯堡財政大臣被處以絞刑，旁邊似乎有位年輕人也被吊死。貴族在當時鮮少受到這種處罰。劊子手在受刑犯斷氣之前，都要留在梯子上，牧師則在絞架下方舉行宗教儀式（一五七九年）。

刑台的確在一個角落保留了猶太罪犯專用區，為的就是羞辱他們，但法蘭茲從未使用，反而在絞架前擺了一張椅子，讓一名猶太囚犯被絞死在椅上（算是特別待遇），而另一名猶太人則以「基督教的方式」被絞死。[55]

法蘭茲擔任巡境實習生的前三年，十一次處決中，只有一次動用最不堪也最丟臉的刑罰——絞刑與輪刑。絞刑和輪刑雖然低賤、讓人看不起，但法蘭茲不得不克盡職責，同時在紐倫堡建立實力與口碑。結果接下來的三年，法蘭茲承接了十次斬首刑與十一次絞刑，兩者幾乎不相上下，顯見法蘭茲的地位與聲望愈來愈高。綜觀法蘭茲在班堡與紐倫堡兩地的漫長職涯中，經手的三百九十四件處決案，絞刑和斬首占了九成以上。[56]

其實在法蘭茲擔任職業劊子手期間，斬首已是大家偏好的處決，成了廣見於日耳曼地區的趨勢之一，主要是因為當局愈來愈少處死竊犯（因此絞刑跟著減少），也愈來愈少動用極刑將囚犯送入冥府。在施密特職涯的前半期，被絞死的人數是被斬首的兩倍，不過到了十七世紀初，兩者此消彼長，斬首人數反倒是絞刑的兩倍。[57]影響所及，大眾也愈來愈肯定訓練有素劊子手的功夫與專業地位。

法蘭茲精湛的斬首功夫是他建立專業形象的支柱與後盾。想當然耳，他的名聲絕非奠基於毫不風光體面、受人恥笑的絞刑吏（hangman）身分，他本人也極力和這一詞彙保持距離。在他的日記裡，均以「死刑執行者」（executioner）自稱，藉此凸顯與劊子手密不可分的對象是法律與法庭，而非酷刑室、輪刑、絞刑等不堪的工作內容。法蘭茲擔任巡境實習生六年期間，只標記兩次執行絞刑的時間，分別是法蘭茲「首次處決囚犯」（一五七三年）以及「首次在紐倫堡處決囚犯」（一五七七年）。相形之下，「**首次揮劍斬首囚犯**」（一五七三年）被他視為個人成就的重大時刻，職涯中其他可資紀念的第一次皆望塵莫及。[58]

斬首刑，羅馬人稱「殺頭罪」（*poena capitas*），法蘭茲這類專業人士稱「封頂」（capping）。相較於絞刑，劊子手在斬首時扮演更重要的角色。[59]首先，法蘭茲得先決定讓可憐的罪人跪、坐，還是站立。通常站立的受刑人容易動來動去，對於劊子手而言難度最高。法蘭茲詳細記載了他順利揮劍砍下五名站立受刑人首級的過程，都在他三十歲之前。[60]等到技巧純熟、建立了名聲、也得到終身聘雇的合約後，他回歸更常見的斬首方式，也就是讓犯人或跪或坐地伏法。在法蘭茲受雇擔任職業劊子手期間，通常讓犯人五花大綁坐在審判椅上。若受刑人是女性，更可能採用這種方式，因為女囚容易在關鍵時刻掙扎亂動。牧師結束最後的禱告後，法蘭茲慎重其事地站定位置（一如高爾夫球員為完美的揮桿預做準備），眼睛瞄準受刑人的脖子中間，接著舉劍優雅一揮，通常是從右後方砍斷囚犯的兩節頸椎，讓犯人身首異處。套用法律慣用語，「他得砍下犯人首級，一劍就讓他身首分家，讓車輪在頭顱和身體間順利通過。」[61]刑刀一落，可憐罪犯的頭顱無語地掉落在腳邊，身軀則留在椅子上，斷頸處仍不斷噴血，濺得法蘭茲和助理一身是血。法蘭茲從未提及自己的斬首功夫有多厲害（不像他的一位後輩誇自己可以一刀砍下兩顆頭），但他確實記載了少數幾次必須補上一刀才能讓人頭完全落地的可惜經驗。這種自白在當時等於是玩命、自毀前程，但也因此讓我們現在有文為證。

給個好死

公開處決和體罰一樣，用意有兩個：一，嚇阻圍觀群眾；二，重申神威和世俗統治者的權威。沉著可靠的劊子手，乃是讓兩者得以維持脆弱平衡的關鍵人物，代表國家出面，以公開儀式且符合規定的方式，暴力對待罪犯。法庭判決、行刑前的遊行、處決本身，成了精心編排道德劇的三大元素，形成歷史學家理查・范・杜爾門（Richard van Dülmen）所謂的「恐怖劇場」（the theater of horror）。[62]每一位參與者，尤其是身為「導演」的劊子手，是確保整齣戲成功與否的靈魂人物。法蘭茲和其他劊子手同仁求的是讓人「好死」（good death），說穿了就是上演一齣宗教救贖戲，戲裡每一個可憐罪人要坦承罪行，誠心彌過，同時心甘情願充當別人借鏡的例子，以求痛快而死與救贖的保證，這是所有死囚伏法前的最後一筆在世交易。

以來自雷斯多夫（Raisdorf）的漢斯・佛格（Hans Vogel）為例，「他是我在一五七七年八月十三日於紐倫堡揮劍斬首的第一個對象（當時我仍是巡境實習生），罪名是在馬廄裡將仇人活活燒死。」一如所有公開演出，幕後的準備工作至為重要。行刑前三天，佛格被移監到稍大的死囚房。若他傷勢嚴重或生病，法蘭茲或另一位醫療顧問得先照顧他的身體，甚至會要求延後行刑日，直到佛格恢復體力，足以應付這最後一場戲。行刑前，劊子手將大部分的注意力放在確保「烏鴉石」或其他行刑場的狀況一切正常、採購一切必需品、敲定審訊與遊街的所有流程。

等待末日審判降臨期間，佛格可在獄裡接見親友與其他訪客。若他能讀能寫，則可讀書或撰寫遺書，從中尋求慰藉。甚至可能和受害人及其家屬達成和解，一如某個殺人犯接受了被害人遺孀送來的橘子與薑餅，「表示她打心底原諒了他。」[63]佛格伏法前，最常探望他的訪客是牧師。紐倫堡有兩位監獄牧師，兩人既合作也競爭，祭出交織著恐懼、遺憾與希望的訴求，試圖「軟化他的心」。若佛格不識字，牧師會拿有插圖的聖經給他看，教導他主禱文與路德派的教義。若他受過良好教育，牧師可能和他討論恩典與救贖。總而言之，牧師會唱聖歌、說些安慰的話，讓可憐的罪人安心，偶爾獄卒或犯人的親友也會在場。不過要是碰到堅不悔過、鐵石心腸的罪犯，牧師會不厭其煩地說教與告誡。

顯而易見，囚犯若百依百順，行刑過程會更順利，但是監獄牧師有更崇高的目的。法蘭茲在紐倫堡的同事哈根朵恩最在意囚犯是否「帶著信仰而死」。除了想辦法讓受刑人心平氣和、任憑擺布走到行刑場，牧師也希望灌輸教育囚犯，讓他們對信仰多一些虔敬與理解心。從他的日記可看出，他對弒嬰的年輕女囚特別親切。其中一名叫瑪格麗塔・林特納林（Margaretha Lindtnerin），她在一六一五年因弒嬰被判死刑，儘管已被監禁超過七週，她對於基督教的《教理問答》所知甚少，讓他頗為困擾。所幸到了最後，她言聽計從地展示所有好死的特質：

她完全離不開十字架，熱切地禱告，每次說到她的初生兒或父母就痛哭。雖然即將伏法，但她完全不反抗，冷靜地走出囚室，一路上熱心地祝福認識的人（她服刑八年，期間被關在不同的監獄，很多人都認識她），也和我們一起禱告。我們一行人到了刑場，她開始祈禱：「哦，主啊，請從旁協助我熬過這一切。」之後，她對我重複同樣的話，接著祝福群眾並要求大家原諒，然後站在那裡，彷若嚇傻了，說不出話來，直到我叫了她兩、三次，她才開口，再度祝福群眾並要求大家原諒，然後將她的靈魂交給萬能的上帝。她坐在椅子上，擺好脖子位置，讓劊子手動手。直到最後一刻，她都堅持正信，所以也會（得到）善終，所謂善終，根據彼得前書，就是靈魂得到救贖與賜福。64

不管牧師成功讓囚犯轉性或轉信與否，至少外界期待他們成功安撫死囚，讓他們順利走完赴死前的最後一關——又名「劊子手的晚餐」（hangman's meal）。說來諷刺，明明叫「劊子手」，法蘭茲卻未直接參與這項行之已久的古老傳統（可能是名稱不光彩，不想沾上邊），改而叫獄卒與妻子代勞。在這間特別的囚室裡，不僅有窗，還擺了桌椅，紐倫堡習慣叫它「可憐罪人的休息室」。一如當今尚未廢除死刑的國家，死囚佛格享有最後一餐的點菜權，即使想狂飲葡萄酒，獄方也會照辦。牧師哈根朵恩偶爾與會，往往被死囚醜態畢現的粗野模樣嚇到。例如一名粗暴乖張的強盜將獄卒準備的葡萄酒直接吐了出來，要求改喝溫熱的啤酒；另一個體型龐大的小偷「在意肚皮的程度超過靈魂……一個小時之內，吞了一大條麵包，外加兩小條麵包，以及其他美食。」由於吃得太飽，隔天吊死在絞架時，「肚皮突然爆裂。」65不過也有一些死囚（尤其是殺死新生兒的年輕婦女），難過得吃不下任河東西。

佛格酒足飯飽、有了醉意後，法蘭茲的助手會幫他換上白色的亞麻長袍，並通知法蘭茲進場。自這一刻開始，法蘭茲接手並指揮即將揭幕的公開處決戲碼。他盛裝抵達囚房，獄卒依慣例宣告「劊子手到場」，法蘭茲敲了門，進入死囚的休息室。首先他會向佛格請求諒解，然後和他各自喝了杯「聖約翰和平之酒」，象徵兩人盡釋前嫌，接著法蘭茲簡短詢問佛格是否準備好面對法官與陪審團。

有些死囚死到臨頭反而興高采烈，心想總算可從這個俗世解脫，他們的理由五花八門，可能是因為宗教信仰，可能是憤恨難消，也可能只是醉了。有時法蘭茲會稍稍讓步，換得囚犯乖乖聽話，例如讓女犯戴上她最喜歡的草帽前往刑場，或是讓盜獵者戴上親人送的花冠。法蘭茲有時會要求助手倒酒給犯人喝，並在裡面摻入他預先準備的鎮定劑，不過有時反而適得其反，造成女囚昏倒，讓年紀較輕的壯漢更激動。攔路搶劫的盜匪湯瑪斯・烏爾曼（Thomas Ullmann）就差點在行刑前一刻打死法蘭茲在紐倫堡的繼任者，幸好獄卒和守衛及時制伏了他。一旦法蘭茲確定佛格心情夠平靜，就和助手拿出繩子捆綁他的雙手（女囚則用塔夫綢線），接下來正式進入處決大戲的第一幕。66

「濺血法庭」由一位貴族法官與一群陪審員主持。開庭是為了判刑，而非決定嫌犯有罪與否，畢竟佛格的自白（這次並未透過酷刑逼他吐實）已決定他的命運。在中世紀，公告判決結果是定罪過程（condemnation process）的核心時刻，通常在市鎮廣場進行。到了十六世紀，判刑之後的公開處決才是重頭戲。此外，「開庭判刑日」（court day）也改在市政廳的特別廳舉行，不對外公開。一如判刑後的遊行與處決，開庭判刑的最終目的是凸顯流程一切合法，不過在佛格的案例裡，仍由群眾充當判官。

這套速戰速決的判刑庭後來成了講究儀式、階級與形式的程序。在紐倫堡特別廳的一端，法官端坐在鋪了椅墊的椅子上，右手持白棍，左手持短劍，劍柄掛了兩個金屬手套。法官左右兩側各坐了六位貴族陪審員，和法官一樣，身穿紅黑相間的傳統長袍。劊子手與助理牢牢押著囚犯，聽著法院書記念出囚犯的自白及歷來犯罪紀錄，最後以制式化的譴責字句收尾：「茲因違背神聖羅馬帝國法律，我主裁定，罪犯必須受死，死於（絞繩、劍下、火刑、溺刑、輪刑）。」書記官宣讀完畢，法官會一一徵詢十二位陪審員的意見（通常從最年輕的問起），大家口徑一致給予標準答案：「合法與正義愉悅我心。」

直到正式宣判前，法官才會與佛格直接對話，讓他當庭發表聲明。這位可憐的罪人不會提出任何辯護，只會乖乖地向參審員與法官道謝，感謝他們公正的審判，這麼一來，等於免除法官與陪審員判他慘死的愧疚心理。有些囚犯幸獲減刑，改判斬首刑，取代其他不光彩的死法，這下鬆了一口氣，激動地感謝法官網開一面。不過也有一些惡棍膽大包天，對庭上口出惡言。其實大多數囚犯因為恐懼，只會一語不發呆站著。法官接著轉向法蘭茲，對這位司法公僕道：「劊子手，我以神聖羅馬帝國的名義任命你，將（這可憐的罪人）帶向刑場，執行上述的判決。」說畢便將他的白棍一折為二，將犯人再度交給劊子手押解。[67]

前往刑場的隊伍是處決戲碼的第二幕，沿路擠滿成千上萬的群眾。通常官方會以大幅紙張或官方公告通知何時處決囚犯，或是將消息寫在紅布上，懸掛在市政廳外牆。雙手被捆綁在身前的佛格將步行一英里左右才會到刑場。有時，若死囚身體太累或太虛，法蘭茲的助手會讓他們坐在轎子上，通常坐轎者以年長者或行動不便的婦女為主，例如伊莉莎白・奧霍丁（Elisabeth Aurholtin）「僅有一隻腳」，所以讓她坐轎。[68]有暴力傾向的男囚或是被鉗刑折磨的犯人，多半被五花大綁地固定在囚車或囚橇上，由馬匹拉往刑場，馬匹是向紐倫堡當地垃圾清潔員借調來的。隊伍由兩位騎馬的弓箭手及身著華麗長袍的法官（通常也騎馬）領軍，法蘭茲和助手努

行刑隊伍走在紐倫堡城內。兩名警衛騎馬走在前頭，囚犯在後徒步跟著，左右兩側各站著一位牧師（約一六三〇年）。

力讓隊伍平穩前進，數名衛兵負責擋住成群的圍觀者。牧師會站在受刑人兩側，陪他們走完全程，邊走邊大聲朗讀經文並祈禱。整個隊伍的宗教氣氛濃厚，絕非虛應了事。在法蘭茲擔任劊子手期間，唯有堅不改信仰的摩許・朱特（Mosche Judt）前往刑場時，「沒有牧師陪伴與安慰。」69

前往刑場時，劊子手依慣例必須尊重犯人的遺願，但又不能得罪群眾，所以法蘭茲必須展現過人的自制力。漢斯・佛格顯然甚乖，沒有太大的反應，但是竊賊與詐賭老千漢斯・梅勒（Hans Meller，綽號騎士強尼）在離開法庭時，竟向陪審員嗆聲：「『願上帝保護你們；你們今天敢和我打交道，有天將會見到黑色惡魔。』他被帶往刑場時，一路上相當傲慢囂張。」儘管如此，法蘭茲展現過人的耐性，讓他唱完兩首而非一首當時流行的死亡曲〈臨終時刻即將到來〉（When My Hour Is at Hand）及〈讓上帝的旨意發生〉（Let What God Wills Always Happen）。伍茲・梅爾（Utz Mayer，綽號狡詐的製革匠）和喬格・蘇姆勒（Georg Sümler，綽號話匣子）兩個竊賊被帶往「刑場時，同樣倨傲無禮，不斷咆哮」。但在絞索套住脖子前，他們仍可哼唱〈櫻桃樹果〉（A Cherry Tree Acorn）。[70]

若想讓上司滿意，遊街儀式必須莊重、井然有序，這讓執導「恐怖劇場」的劊子手承受莫大的壓力。他必須無視嘲弄的叫囂，避開丟過來的東西，還得讓隊伍全程保持肅穆，所以當一對因亂倫被判死刑的老夫婦把赴死隊伍變成可笑的短跑競賽時，可以想見法蘭茲有多沮喪、尷尬。這對夫婦誰也不讓誰，比賽誰先馳得點。「他先到了聖母城門，但自此之後，她頻頻超越了他。」[71]法蘭茲看到犯人「表現脫軌，不斷製造問題」，多半只能感嘆，但碰到縱火犯連哈特・朵爾萊恩（Lienhard Deürlein），他的耐心受到極大考驗。這個「大膽囂張的惡徒」在遊街示眾途中，從頭到尾拚命灌酒。不但未按照常規，祝福沿路的群眾，反而不斷口出惡言，抵達刑場將酒瓶交給牧師後，還當眾解手。「當他聽到自己的判刑結果，表示願意一死，但有個要求，希望能和四個衛兵擊劍決鬥。他的要求當然被否決了。」劊子手法蘭茲不帶感情地寫道。另外根據那位出糗的牧師所述，朵爾萊恩再次奪回酒瓶，「喝個不停，直到劊子手斬了他的頭，他的嘴仍巴著瓶口不放，找不到空檔說出：『主啊，我把靈魂交付祢手上。』」[72]

法蘭茲個人認為犯人有無悔意非常重要，尤其在處決大戲的第三幕——刑場上。一名心懷懺悔的殺人犯前往刑場途中，一路「哭個不停，直到跪下」，一名竊賊「在死前皈依基督教」，都能得到法蘭茲的肯定。不同於牧師同仁，法蘭茲在字裡行間明顯透露他更在意囚犯顯現悔意的跡象與行為，甚於囚犯是否精通新教教義的細節。當死囚鮑路斯・克勞斯（Paulus Kraus）在絞刑梯上表明他將以死贖罪，卻被哈根朵恩牧師大聲糾正，此時法蘭茲的不悅可想而知，只是未表現出來而已。哈根朵恩不脫老學究的語氣，告誡克勞斯：「主耶穌已為眾人贖罪，並付出了代價，所以他應該將靈魂交付主，交付天父。」[73]

死前最後一餐（聖餐）尤能看出囚犯是否悔不當初，若囚犯直到最後一刻仍堅不悔過，法蘭茲難免苦惱。佛格乖乖吃完最後一餐，但反觀漢斯・史蘭克（Hans Schrenker，綽號攀壁高手），「因為信奉天主教」，堅持不肯接受路德派聖餐。另一名死囚孔茲・魯納格爾（Cunz Rhünagel，暱稱粗人）「除了拒絕聖餐，還惡言咒罵，所幸最後改變初衷，接受聖餐」，讓法蘭茲鬆了一口氣。強盜喬治・普呂克納（George Prückner）被法蘭茲視為「罪大惡極，數次進出牢獄的高塔，但他承諾向善後獲釋，最後不但悔過，還成了虔誠的基督徒。」伏法前，喬治・普呂克納在烏鴉石接受了聖餐，大聲向群眾表明悔意。[74]

法蘭茲到了生命晚期才在日記裡唯一一次提到最折磨人的行刑，對象是攔路打劫的惡匪漢斯・柯伯（Hans Kolb，綽號高大燒磚人、乖乖立正老大哥）：

> 因為越獄無望，他只好狠咬自己的左手臂，咬到血管破裂。傷口痊癒後，他被帶出牢房準備接受伏法，這時他又從右手臂咬下一塊錢幣大小的皮肉，傷口深達一英寸，心想

說不定可以流血致死……不過，他因犯下殺人、竊盜、攔路行搶、多次偷竊等罪，被判處輪刑，四肢要先被打斷，加上他違法鑄造偽幣，最後必須被火焚。他在前往刑場的途中，假裝腳殘無法走路，硬是要獄卒背他。他在伏法前，不僅沒有禱告，還叫一旁的牧師閉嘴，稱他明白一切，不想再聽牧師重複，聽了只會讓他頭痛，反正上帝知道他是怎麼死的。75

法蘭茲的工作趨於穩定且獲得保障後，才開始透露這些磨人的執刑過程。但他並非毫無保留，尤其是碰到脫序的演出，多半草草帶過，以免暴露自己能力不足。舉例來說，關於竊盜累犯喬治・梅茲（Georg Mertz，綽號球棍）的描述，法蘭茲僅說：「犯人被帶出牢房時舉止怪異：搖頭、大笑，但拒絕禱告，只告訴牧師：『我的信仰已讓我得到救贖。』」反觀監獄牧師和法院公證人，卻花大篇幅記載這齣以災難收場的鬧劇。根據哈根朵恩牧師的記載，二十二歲的梅茲堅持被背出牢房，伏法時讓他戴上黑帽、穿上羊毛衫，若當局實現他的遺願，他保證乖乖配合。

但他一離開監獄，便發了瘋似地鬼叫，嚷道：「今天歸我所有，親愛的鄉親，大家安心吧。」諸如此類的瘋言瘋語接二連三。我甚至得三度回頭，幫忙架著他往前走。抵達市政廳時，他仍大聲嚷叫，不斷重複剛剛的瘋言瘋語，我必須約束他，並訓斥他自重。不過，在法官面前他仍不改脫軌行為，發了瘋似地咧嘴笑、左右擺動、齜牙咧嘴、嘴唇不停做出怪形怪狀，我不得不二度糾正警告他……當宣判時，他彎著腰，彷彿對合議庭表任何一位劊子手（尤其是年輕的實習劊子手）最怕自己失誤或失手，以免破壞整齣精心策畫的悔過與救贖戲碼，甚而危及自己的工作。大批圍觀群眾中難免有喝酒鬧事者，讓執行斬首的劊子手承受莫大的壓力。長篇大論的告別演說或是歌詞甚長的告別曲，雖有助於營造懸疑氣氛，吊足群眾的胃口，卻也讓等待上場的劊子手神經緊繃。根據一位編年史學家的觀察，法蘭茲負責斬首殺人犯瑪格麗塔・波金（Margaretha Böckin）時，似乎急於結束一切。行刑前，波金撐過「三次鉗刑」，但是體力過虛無法講話。「他（法蘭茲）表示可以代她向群眾發言，但是幾乎說不到三個字，就俐落砍下她的頭。」[77]伊莉莎白・梅希林（Elisabeth Mechtlin）一開始完全符合好死的條件，不斷哭著告訴哈根朵恩牧師「她很開心自己可以離開這個邪惡人世，赴死跟參加舞會沒兩樣……不過愈接近死亡時刻，她愈傷心懦弱。」遊街到刑場途中，她一路無法控制地尖叫狂吼。直到坐上審判椅，仍不斷掙扎，連已是老手的法蘭茲都受到影響，罕見地揮劍三次才將這個歇斯底里的女人送到冥府。[78]

所幸處決漢斯・佛格的過程非常順利，沒發生什麼大意外。然而在近代早期的編年史書裡，斬首時失手的例子不算罕見。法蘭茲・施密特獲聘擔任終身劊子手的前後，紐倫堡發生了數次斬首失手的例子。法蘭茲長達四十五年的職業生涯中，根據紀錄，共計「斬首」一百八十七次，其中僅四次須再砍第二刀（成功率高達百分之九十八）。每次失誤，他都忠實地寫在日記裡，但僅用「搞砸了」簡單幾個字交代。[79]若不幸發生失誤，常被認為是魔鬼攪局，在劊子手面前放了三顆頭（並建議他對準中間那顆頭），或是死囚對劊子手施巫術，害他失手，但是法蘭茲拒絕用這些藉口為自己開脫。法官將正義權杖一折為二後，有些劊子手會拿走一些碎片，隨時帶在身上，

在瑞士庫爾（Chur）省，劊子手斬首犯人時失手，圍觀的群眾憤而向劊子手丟石頭。劊子手執刑時失手，往往會讓群眾反應激烈，甚至暴力相向，但鮮少真的鬧出人命（一五七五年）。

希望能保護他們，避免受這些神鬼外力的影響。劊子手也會用黑布罩住犯人的頭，藉此遠離邪惡之眼。法蘭茲是出了名地冷靜與節制，所以大家慣用來解釋失手的通俗藉口與理由，幾乎都和他無緣。不少劊子手會藉酒精或飲「神奇之水」為行刑的重大時刻「預做心理準備」，但法蘭茲對這些完全免疫。[80] 更重要的是，他在擔任巡境實習生期間，甚至在紐倫堡的頭幾年，未曾失手一次。直到他進入劊子手這行多年，在紐倫堡地位穩固、備受敬重、名聲與個人安全均獲得保障之後，才出現失誤的憾事。

法蘭茲退休後不久，遺缺由一名年輕的劊子手接任，他可就沒這麼幸運了。一六四一年，瓦倫汀・杜瑟（Valentin Deuser）負責斬首瑪格麗特・佛格林（Margaretha Voglin），她「年僅十九，長得美若天仙」。罪名是謀殺一名小孩。根據一本編年史記載：

> 這可憐的小孩又病又虛，一路得由人抬著上絞刑台（烏鴉石）。當她坐上審判椅，劊子手瓦倫汀繞著她走了一圈，步伐彷若小牛緩緩繞馬槽而行。當瓦倫汀舉起斬首劍，劍下，頭卻未落地，斬下的只是一截從椅子上被削落的木片，以及死囚頭上銀幣大小的一塊皮膚。她從椅子跌到地上，因為身體毫髮無傷，加上跌落的姿態極美，圍觀群眾紛紛替她求情，希望當局饒她一命。

但這位菜鳥劊子手不顧群眾的求情，執意繼續行刑。窩在椅子下的女子不斷喊著：

「噢，看在上帝的份上，救救我吧！」劊子手的助理把她從椅子下方拉了出來，重新讓她坐在椅子上，這時瓦倫汀再度舉劍，準備二度動手。這一劍雖砍在她的頸背，但她還是沒死，並再次喊道：「上帝呀！可憐可憐我吧！」這次劊子手只好將她按在地上，砍下她的頭，過程血腥彷若屠宰牲畜，手法笨拙、讓人不齒。圍觀群眾群情激憤，紛紛對這位菜鳥劊子手投擲石塊。瓦倫汀滿頭是血，若非在場的弓箭手出手營救、為他止血，他可能被亂石砸死。

因為斬首表現丟人現眼，加上現場一陣騷動，這位年輕劊子手被當局逮捕，接著遭到解職，儘管他一再辯白，稱自己被瑪格麗特「蒙蔽雙眼、迷亂了心神」。[81]

行刑失誤，不但導致群眾對劊子手暴力相向、動用私刑，也危害宗教救贖之意，並撼動當權者的威信。在日耳曼若干城鎮，劊子手可以揮劍三次（千真萬確），若第四次還是失手，將被失控群眾捉拿，代替死囚而死。每一次行刑，法蘭茲明白這種「生命分分秒秒處於危險」的際遇，但可能是拜技術佳或運氣好，他一生僅碰過一次狀況完全失控。那次的鞭刑淪為暴動，引發眾人對劊子手丟石頭，但這已是法蘭茲結束實習生涯後很多年的事了。[82]其實法蘭茲每一次行刑，結局和處死縱火犯佛格差不多。事後，法蘭茲會向法官或法官的代理人稟告並提問，才算完成所有司法儀式。法蘭茲會詢問法官：「偉大的法官，請問我的處決是否得當？」法官制式性地答道：「你的處決公正公平，合乎法理。」法蘭茲隨後回覆：「感謝主、感謝我的師父，傳授我精進的技藝。」[83]結束一切後，法蘭茲仍站在舞台中央，指揮善後工作，包括清理血水、處理死囚的屍首，一邊還得全神提防台下上百雙盯著他的眼睛。海因利希・施密特曾告誡兒子，劊子手公開處決的戲碼沒有落幕的一刻。

一生僅有的機會

一五七七年一月十五日，法蘭茲的事業出現突破的契機，當時他年屆二十三歲。儘管有運氣好的成分，但主要還是拜他父親高明的交際手腕，法蘭茲才有這難得的機會。海因利希・施密特很早就發現，紐倫堡劊子手不僅是令人欣羨的肥差，說不定還是帝國裡名氣最響亮的職位，因此視它為恢復家族聲譽的大好機會。海因利希曾短期代理頻頻請假的康拉德・費雪（Conrad Vischer）。一五六三年，他應徵該職，但被紐倫堡議員斷然回絕。[84] 六個月後，紐倫堡再度釋出該職缺，但海因利希又被拒絕，這次是因為當局決定回聘甫返回的費雪。一五六五年六月費雪過世，海因利希說不定又應徵了一次，或是在一年後費雪的繼任者季爾格・施密特（Gilg Schmit）離世時，提出了申請。總之這個眾人覬覦的職位，在一五六六年由來自安斯巴赫的連哈特・李伯特出任，一做就是好幾年。

但這對父子並未因此打退堂鼓，努力將失望化為力量。連哈特・李伯特上任一年不到，便向議會請示，希望議會同意他迎娶家裡的管家，這位管家碰巧就是法蘭茲的姊姊康妮根達。這項策略性安排的緣起及發生時間並無文獻記載，但施密特一家對這幸運的機遇並不意外。起初議會悍拒李伯特的請願，「因為他已有一位妻子（想必還住在安斯巴赫的老家）」，但連哈特不屈不撓的請願，讓議會煩不勝煩，只好答應他繼續聘雇「那位輕佻的女僕」，前提是不可鬧出醜聞。大約一年半後，李伯特與康妮根達私下結為連理。一五六八年十月，新娘產下一子，共生了七個孩子。但不論是離婚或是重婚，都無法見容於李伯特的雇主，所以我們推測，這期間與他分隔兩地的元配應該過世了。[85]

姊夫出任父親覬覦已久的職位（現在父親是代兒子出馬，而非為自己而爭），讓法蘭茲受惠極大。相較於走下坡至無藥可救的姊夫，年輕有抱負的法蘭茲顯得特別幸運。紐倫堡議會擔心劊子手來來去去，心想多一事不如省一事，長期忍受李伯特不稱職的表現。即使在一五六九年十二月三日，他連續三次搞砸斬首（這次行刑規定最多只能揮劍三次），但只受到輕微訓誡，同時還得到議會的保證，永遠保護他，不讓他被群眾私刑報復。一五七五年十一月，李伯特再度嚴重失手。四個月後，他聲稱自己病重到無法爬上絞架的梯子，並推薦自己的小舅子法蘭茲・施密特代他執刑。但議會未遂其願，而是將絞刑改成斬首，命令李伯特不可白領薪水而將工作轉嫁他人。儘管之後他仍不斷抱怨自己體力不濟，無法刑求囚犯，但議會置若罔聞，諭令他請助手無限期代勞。[86]

無論李伯特的體弱多病是否屬實，在一五七七年一月，他突如其來（未經核准）離城拜訪「他在班堡的岳父」，為期兩週，議會只好聘雇「他的親屬、外地來的劊子手」執行竊賊漢斯・韋伯（Hans Weber）的絞刑。[87]難道這也是海因利希・施密特暗中策畫運籌？無論如何，法蘭茲後來在日記中寫道：「這裡是我第一次行刑之地。」接下來的十六個月，這位「年輕的新任」劊子手代表紐倫堡，將另外七名可憐的罪犯送入冥府，根據法庭公證人記載，行刑過程「非常順利」，但薪資仍是按件計酬。[88]由於紐倫堡法官見識到法蘭茲的功力，心想他不失為取代李伯特的優秀人選，對李伯特愈來愈不留情面，警告他：「若再不改善懶散和不檢的生活，另一個高手將取而代之。」因此，在一五七八年四月二十五日，李伯特告知上司，他已病得無法繼續勝任，上司毫不遲疑立刻接受他的請辭，但一口回絕他對退休金或房屋補助的要求，也不客氣地和這位擔任十二年劊子手的老兵劃清界線。李伯特不到一個月便過世。就在他過世的同一天，紐倫堡聘雇來自霍夫的法蘭茲・施密特為新任劊子手。[89]

法蘭茲上任兩週後，上司准他出城「四到五天」，前往班堡。[90]這次返鄉受到熱烈歡迎，給了施密特父子莫大鼓舞。法蘭茲成功取得長久以來拒父親於外的位置，也讓兩人向正名復譽的共同夢想邁進了一大步。在接到兒子上任消息時，海因利希的心情是否五味雜陳？是感到驕傲、嫉妒，還是鬆了一口氣？或許是因為父親督促，法蘭茲決定自此撰寫行刑日記。之前他詳細記錄協助父親行刑的過程（稱他「記不得」任何刑訊與體罰的部分），一路走到現在。法蘭茲行文一如既往，讓人感受不到情緒起伏，但由下面這段驕傲的粗體字，仍可看出他的雀躍溢於言表：**接下來所記載的罪人，都是我在一五七八年聖瓦伯日（五月一日）正式獲聘擔任紐倫堡劊子手之後的行刑對象。**

Haller）、約阿希姆・佛恩伯格（Joachim Fürnberger）」。在沃爾夫眾多詐欺案中，有一件在法蘭茲的日記裡顯得特別突出：這位出身不錯的紐倫堡之子，「冒用柏林選帝侯的身分寫了一封信，還加蓋柏林侯爵約翰・喬治（Johann Georg）的封印，成功向紐倫堡市議會借了一千五百枚杜卡幣（ducats）。」其他被騙的受害者包括「但澤（Danzig）一位議員、歐廷根（Öttingen）一個伯爵、康斯坦斯（Constance）的領主、但澤兩位商人、一位（荷蘭）工藝師父」，以及在里斯本、馬爾他、威尼斯、克里特、呂貝克、漢堡、墨西拿、維也納、克拉科夫、哥本哈根、倫敦等地的多位政要。沃爾夫也偷了帕爾瑪公爵（duke of Parma）一千四百克朗，之後潛逃至君士坦丁堡。在那兒，他冒用甫過世的雅各・傅勒之名，「竊走他的印戒、書籍、衣物及一些銀幣。」接著他輾轉逃到義大利，「與一名女修道院院長發生關係，事後企圖綁架她，但未能如願；卻偷了她姊姊一個鍍銀的報時鐘。另外，聖約翰騎士團一位名叫喬治的騎士也是受害人，沃爾夫偷了他一只銀鐘和一匹馬，然後揚長而去。在布拉格，他擔任皇帝的個人隨從，被控偷竊並典當一位女士的銀製酒杯與束身馬甲，被罰款十二佛羅林，但他賣了這些贓物的得款卻有四十佛羅林之多。」由於沃爾夫的罪狀罄竹難書，法蘭茲最後只好化繁為簡為「他在二十四年裡行騙多次，例如盜刻許多鄉紳的印章，偽造文件等等」。但這些描述都是在法蘭茲提出兩點生動評論之後。第一，他注意到沃爾夫「精通七種語言」；二，「基於憐憫與仁慈，沃爾夫在紐倫堡被斬首伏法，接著屍體被火化。他應該先被斬下右手才是，一如法院的判決與諭令，但他躲過這一劫。」[3]

為什麼法蘭茲對這位無藥可救、恬不知恥的騙子這麼感興趣？沃爾夫的行騙史精彩程度不輸文學裡的江洋大盜，在未來數年無疑是刑場圍觀群眾茶餘飯後的八卦話題。他行騙所得的金額也非常驚人，多達數千金盾，相當於一般工匠年薪的數百倍，供他長年揮霍，過著和歐洲權貴平起平坐的奢華生活。毫無疑問，圍觀沃爾夫行刑的民眾中，不少人冒出摻雜著罪惡感的自豪之情，心想這位狡猾的紐倫堡之子竟有這麼大能耐，將大都會權貴菁英玩弄於股掌。

不管法蘭茲從這樁轟動社會的案子得到什麼樣的偷窺樂趣，此案對他個人而言，有著更嚴肅、更重大的意義——道德淪喪的危機。沃爾夫生於社會階層分明的社會，腦袋聰明、家世背景高人一等，卻選擇走歪道，背叛身邊所有人，諸如家人、紐倫堡領導人、貴族雇主、銀行家、商人、女修道院院長。更廣泛地說，他的行徑蠶食了歐洲大小行政區（包括王國、公國、侯國、城邦），商業與政府賴以運作、但薄如紙張的脆弱信任。更有甚者，沃爾夫的罪狀撼動人民對司法官員（與劊子手）的信心，擔心他們無法將這些違法亂紀者繩之以法。因此，像沃爾夫這種重量級詐欺犯對法蘭茲及其雇主的威脅，大於對今日的執法人員。由於詐欺犯的犯罪情節重大，通常會以火刑處死，但是沃爾夫身為紐倫堡市民，加上家族的人脈廣，更有可能因為他金光黨的舌粲蓮花，躲過火刑，也躲過「剁掉右手」這個既讓他難堪又痛苦的酷刑。最後他不是死在火柱上，而是死得快又有尊嚴的斬首刑。誠如一位編年史家所言：「他就是口才好。」[4]

沃爾夫罪大惡極，卻未受到應有的懲罰，對法蘭茲．施密特而言衝擊不小。此案發生在法蘭茲受雇於紐倫堡十四年之後，證明就算他工作有了保障、生活也無虞，仍無法緩和他對社會地位的不平與焦慮。法蘭茲的反應並非特例。歷史學家史都華．卡羅爾（Stuart Carroll）提醒我們：「榮譽不僅是規範行為的道德準則；更是一種世界觀，一如魔法或基督教。」[5]身為這種世界觀的信奉者，法蘭茲看了沃爾夫的遭遇後，內心經歷一番天人交戰。他對含著金湯匙出生的沃爾夫心存反感，不屑他肆意揮霍一個劊子手的兒子一輩子都無法享有的社會優勢，反而走歪道，「在長達二十四年裡」，幹盡一切傷風敗俗、違法亂紀的勾當。親手斬了這樣一個流氓，對法蘭茲而言多少是顆定心丸，讓他確信正義得以伸張，也讓他重拾對社會秩序的信心。然而另一方面，沃爾夫高人一等的社會地位，讓他享有法外開恩的優遇，躲過法院諭令斬斷其右手的酷刑，也讓法蘭茲忿忿不平。不過他的怒火並不是針對為沃爾夫而開的特例與虛偽的雙重標準，而是因為這完全是一種站不住腳、不公不義的施恩。施密特寫了一輩子的日記透露，民眾將階級分明的社會地位奉為圭臬，畢恭畢敬。只要受害人或加害人是貴族或社會高層，法蘭茲一定會在日記裡特別記載，難怪日記中會出現關於沃爾夫的冗長敘述，甚至為沃爾夫冠上完整的體面頭銜。儘管法蘭茲仍被上流社會排擠，他並未因難以改變的社會現狀而動怒，反之他選擇繼續提升自己。一如以往，他慢慢朝實現夢想而努力，儘管看似遙遙無期，但他固守崗位，把不光彩的職業視為達到目的的手段而非障礙。

有責任感的男人

法蘭茲自鄉下霍夫搬至大城班堡，初嘗文化衝擊，但這項衝擊相較於一五七八年落腳於紐倫堡，僅算溫和。紐倫堡是帝國直轄城市，位於佩格尼茲河沿岸，市內人口超過四萬，市外方圓五百平方英里則住了另外六萬人，規模僅次於奧格斯堡、科隆和維也納，算是帝國裡數一數二的大都會。法國法學家尚恩・布丹（Jean Bodin）將紐倫堡譽為「最偉大、最有名、最有秩序的帝國直轄市」。紐倫堡之子約翰納斯・考克雷（Johannes Cochalaeus）基於愛國情操，稱它為「歐洲與日耳曼的中心」。[6]其他市民也誇捧他們心愛的家園是「北方雅典」、「北方威尼斯」、「北方佛羅倫斯」。這座城市享有盛名，也得感謝知名的畫家杜勒（Albrecht Dürer, 1471-1528）和其他卓越的藝術家與人文學家的推波助瀾，包括維利巴特・皮克海默（Willibald Pirckheimer, 1470-1530）、康拉德・塞爾帝斯（Conrad Celtes, 1459-1508）。

許多一絲不苟的思想家也公認紐倫堡是當時政治與經濟的強權。紐倫堡在一五二五年正式接受路德教派，但紐倫堡的教士仍與信奉天主教的神聖羅馬帝國皇帝查理五世（Charles V）和麥克希米連二世（Maximilian II）維持友好的互利關係，根據的是一五五五年簽署的奧格斯堡宗教和平法，所以紐倫堡的政治影響力毫髮無傷。紐倫堡的銀行業和商業行號實力雄厚，足以和佛羅倫斯的梅迪奇家族（Medicis of Florence）和奧格斯堡的佛格爾家族（Fuggers of Augsburg）在全球一較高下。根據《新大陸》（*New World*）的最新報導，紐倫堡的印刷業享譽國際，不僅印製的地圖可靠，還推出極具創意的地球儀。紐倫堡工匠的手藝也是數一數二，生產鐘錶、武器、導航工具等一流的成品與精密儀器。紐倫堡至今仍以薑餅和玩具聞名世界。「好東西來自紐倫堡」成了帝國內外的流行語。紐倫堡傲人的精品地位，令當今任何一國的商業部欣羨不已。[7]

法蘭茲・施密特的一生剛好與紐倫堡集財富、權力、地位於一身的極盛時期相呼應。法蘭茲從班堡出發，到紐倫堡履新，途中在紐倫堡以北數英里之外的森林停留，看到似曾相識卻再次讓他屏息的天際線，其中的皇帝堡（Kaiserburg）最為顯眼，氣勢雄偉地高聳在紐倫堡城內的山丘上。城堡高逾兩百英尺、長逾六百英尺，與羅馬競技場差不多大。直到十八世紀末，皇帝堡一直

從東南方角度鳥瞰紐倫堡，皇帝堡矗立在遠方的背景，城牆外清楚可見絞刑木樑與烏鴉石（一五三三年）。

是神聖羅馬帝國皇帝出訪紐倫堡時的行宮，裡面保管了皇帝冠冕上的珠寶。更接近皇帝堡之後，他瞥見此起彼落的瓦板屋頂，斜臥在皇帝堡山丘的兩側，覆蓋了數百棟住家與商店，櫛比鱗次壅塞於法蘭茲腳下的街道巷弄。遠眺可看到幾座高聳入雲的尖塔，分別屬於佩格尼茲河北岸的聖塞巴德教堂（Saint Sebaldus）及南岸的聖羅倫茲教堂，後者將是法蘭茲做禮拜的場所。再往前走個幾英里，法蘭茲穿過市郊的貧民區，在零星散布的房舍與農地之間的林地，剛好給了強盜和其他惡人藏匿之處。法蘭茲走著走著，最後來到深、寬各一百英尺的護城河邊。護城河遠端有一道砂岩砌成的高大城牆，高近五十英尺、厚十英尺、長一萬七千英尺，完全將紐倫堡市區與皇帝堡包覆在內。這道讓人生畏的厚實城牆上共蓋了八十三座塔樓，各個塔樓間隔了一百五十英尺，塔上站著武裝巡守員。彷若孤島的堡壘頗符合紐倫堡領主想像的行宮，想必他們很滿意整座城市讓人又敬又畏的感覺，一如法蘭茲初來乍到的心情。

行至護城河，法蘭茲停駐於一間小小警衛亭，接受檢查，然後繼續前進，踏上跨護城河的窄木橋之後，碰到另一個較大的警衛亭；接受更詳細的盤查後，獲准從八道宏偉城門中的一道入城。法蘭茲大概選擇從北邊的城門（Vestnertor）進入紐倫堡市區。穿過堅固的拱門，他進入沿城牆而蓋的狹長隧道，出隧道時，人已到了市區，迷宮般的街道映入眼簾。逾五百條的街道巷弄多半窄小又蜿蜒，數千棟房舍櫛比鱗次林立在上：雄偉壯觀的公共建築、富麗堂皇的貴族宅院、樸實半木造的工匠居所，還有數不清的穀倉、馬廄、臨時收容所和小攤。嘈雜喧鬧的石板街道上擠滿了小販、行旅工匠與商人、跑腿的女僕、閒晃的年輕人、嬉戲的孩童、乞丐、妓女、扒手、牽著牲畜的農民，還看得見馬、貓、狗、豬、老鼠等動物來來去去。雖然街道被人與動物擠得水洩不通，但紐倫堡市容出奇乾淨，截然不同於法蘭茲兒時的故鄉霍夫。這得歸功於紐倫堡發達的下水道與汙水處理系統（包括一百一十八個公共水井），以及一組垃圾清潔員負責將垃圾與廢棄物清運到城外，有時也會非法倒入佩格尼茲河。儘管地方官經常抱怨垃圾堆積如山有礙觀瞻，但就當時的標準，紐倫堡市容算得上充滿綠意、舒適宜人，不乏公園、花園、噴泉、巧手裝飾的廣場點綴其間。

法蘭茲來過幾次紐倫堡，他知道紐倫堡市議會主要由四十二個貴族世家獨霸，外人很難打入這個封閉圈子。議會的「參議員」相當看重、珍惜紐倫堡得來不易的頭銜——捍衛法律與秩序的堡壘。紐倫堡分為八區，每一區都有兩位領導人，由四十幾名衛兵（當地稱弓箭手）與二十四名夜間巡守員協助維持治安。[8]這些官兵加上一群熱心的街道隊長，一同看管武器、彈藥、馬匹、燈火、梯子等設備。若發生祝融、敵軍來襲、緊急事故，他們會動員附近身強體壯的男子。市政府會雇用一群衛生保健稽查人員，當局也會緊盯工藝品的製造與售價，所有工匠師都得向市議會負責，而非個別的行會，一如當時大部分城市的作法與規定。

與法蘭茲・施密特有切身關係的機構是紐倫堡特別活躍的警察網，網絡除了警察，也聘雇數名支薪的線民。在神聖羅馬帝國轄區內，紐倫堡的死刑率高居第一。日落之後，若仍在街道遊蕩，可能會被懷疑是夜盜而遭拘押。就連公然小便等輕微犯規也難逃處罰（至少理論上），最高可處二十銀幣（約十七佛羅林），相當於家僕或女傭年薪的兩倍。一名英國人對紐倫堡讚譽有加（也許言過其實），他說：「千真萬確，若在街上掉了錢包、戒指、手鐲之類貴重物品，一定找得回來，我希望倫敦也是如此。」[9]當然，如果所有紐倫堡的居民都這麼誠實，那麼這個城市應該就不需要新聘劊子手了吧。

法蘭茲的直屬上司是紐倫堡的十四位市議員，他們也是刑事法庭的陪審員（Schöffen）。一如紐倫堡所有行政機構，這十四人名單每年多多少少都會調整，但是不管怎麼變，人選一律出自地方貴族以及受過訓練的法學專家小團體。刑事庭每天作業，由一位常任法官主持，通常是終身職。紐倫堡名氣最響亮的法學家之子克里斯多福・蘇伊爾（Christoph Scheurl）擔任常任法官的第三年，聘雇了「從霍夫來的年輕劊子手」。蘇伊爾之後又續任十五年，直到亞歷山大・斯托卡摩（Alexander Stokamer）接手。而斯托卡摩在職亦有十七年之久。法蘭茲在紐倫堡擔任劊子手期間，所幸碰到坐得久又坐得穩的上司，一如他在其他的受雇關係。

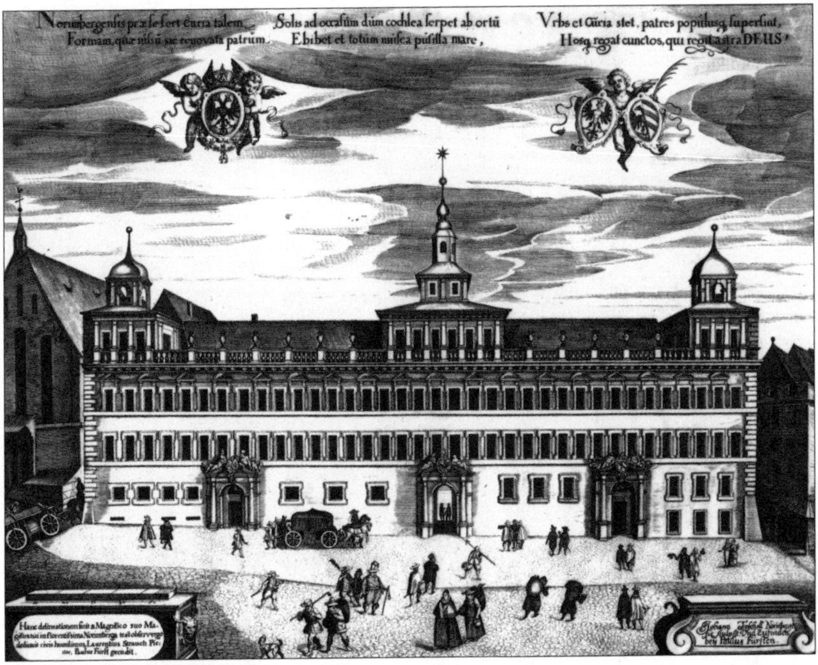

此圖是從西邊角度呈現紐倫堡壯觀的市政廳。重罪犯關在市政廳下方的「洞穴」（地洞），直到最終「審判」開庭，才會被帶到一樓的法庭。紐倫堡最大的市集就在此圖的右側（南邊，約一六五〇年）。

法蘭茲這位新上任的劊子手，一開始合約一簽就是五年。至於薪資，以當時的標準而言甚為可觀。週薪為兩塊半金盾（一年約一百三十佛羅林），另外享有免費的寬敞宿舍（宿舍可洗熱水浴）、固定的葡萄酒與柴火配給、差旅費，其他公務支出可核銷，而且終身免稅。此外，每一次刑訊能讓他額外賺進一銀幣（〇・八五佛羅林）。同時，法蘭茲得以到外地兼差擔任訪問劊子手（須獲得上司同意）和醫療顧問，後者讓他賺進可觀的外快。法蘭茲光靠基本薪資就足以擠進紐倫堡前百分之五的高收入戶，也比慕尼黑的同業薪資遠高出六成。放眼神聖羅馬帝國，他可能是薪資最優的劊子手，經濟上至少可和醫學或法律等專業人士平起平坐。根據法蘭茲的私人筆記，他每年的薪水是他父親的三倍。[10]

到底一個二十四歲的實習劊子手（撇開他傲人的合格證書不說）怎能有如此斐然的成績？當然，時機、個性、人脈等均是關鍵。紐倫堡的長官顯然對他的專業經驗與過人功夫留下深刻印象，姊夫李伯特的力薦也功不可沒。但真正讓他拿到這個肥差的原因，其實是他沉著穩重、踏實可靠，加上年紀輕。在十六世紀，劊子手往往做不久，原因不外乎性格暴戾或是體力無法負荷。法蘭茲到紐倫堡任職之前，幾個前輩都沒好下場：其中一個因叛國罪被自己的助理處死；另一個因薪資和助理起爭執而誤殺了助理，隨即被開除；第三個慘遭埋伏遇害；第四個差點刺死一個屠夫的太太而被革職；還有另外兩個（其中一個是李伯特）因年歲已高、病痛纏身被迫退休。[11]反觀法蘭茲，年輕、有為、虔誠、專業、穩定、認真，正是之前歷任劊子手不及之處。法蘭茲家族的人脈確實幫他成功跨出第一步，不過他在紐倫堡短暫代勞期間，善用每一次機會，展現高超技巧與沉穩性情，讓旁觀者留下深刻印象，也成功討好了紐倫堡執法當局。

師字輩的工匠鮮少單身，法蘭茲也不敢拖延，努力克服這方面的缺憾。實習生法蘭茲第一次拜訪紐倫堡之後約一年半，認識了大他九歲的女子瑪麗亞・貝肯（Maria Beckin）。瑪麗亞的父親約各・貝肯（Jorg Beckin）生前是倉庫工人，一五六一年過世，留下妻子與七個未滿十六歲的小孩。[12]在接下來二十年，法蘭茲到底是如何向瑪麗亞示愛與求婚，至今仍是個謎。當時不論是家世良好或出身低微的女子，鮮少願意嫁給劊子手，不過瑪麗亞已經三十四歲，拿不出嫁妝，家裡還有三個待嫁姊妹，實在沒有挑三揀四的餘地。法蘭茲與瑪麗亞也許真的是情投意合，也可能是基於現實考量，說穿了，結婚對彼此都有好處，畢竟法蘭茲薪水優渥又有寬敞的房舍。一五七九年十一月十五日，法蘭茲在聖塞巴德教堂公開向大眾宣布他與瑪麗亞的訂婚喜訊，這時他已在紐倫堡任職十八個月。三週後，紐倫堡市議會同意讓法蘭茲在新家舉行婚禮（劊子手別奢想舉行教堂婚禮）。十二月七日，他和瑪麗亞正式結為連理。[13]

法蘭茲新居為市府所有，當地人習慣叫它（現在仍是）「劊子手之家」（Henkerhaus）。日耳曼的城市多半不准劊子手住在城牆之內的市區，所以法蘭茲的新居地處偏遠，附近充斥大家避之唯恐不及的設施，包含屠宰場、豬市、監獄，但這對夫婦仍自覺幸運。這棟房舍興建於十四世紀，其實是一棟三層的塔樓，當地人慣稱「劊子手之塔」，坐落在佩格尼茲河南河口的一個小島上。一四五七年，紐倫堡市府在此興建一座木造行人橋（後稱「劊子手橋」），將塔樓與木橋合蓋。建商在塔樓側邊加蓋了一間半木造的長形屋子，地基直接架在橋上。這加蓋出來的屋子有六房與一間室內衛浴，占地一千六百平方英尺，對一個單身漢來說實在過大，對一個四口之家，僅需三分之一的大小即綽綽有餘。劊子手之家的位置離塵卻不離城，位在佩格尼茲河中央，河的一岸是惡名昭彰的監獄區，另一岸則是中產階級住宅區。法蘭茲每天前往市政府途中，都得經過臭氣熏天的豬市，不過回到家裡，從玻璃窗往外看，可一覽無遺市中心櫛比鱗次的建築物。14

法蘭茲一開始也許跟甫喪夫的姊姊和她的五個小孩住在一起，但是與瑪麗亞結婚後，這安排勢必重做調整，尤其是長子維特（Vitus）出生之後。維特生於一五八一年三月十四日，不同於其他劊子手的小孩，他一出生就在聖塞巴德教堂受洗，後來陸續出生的弟弟妹妹也是如此。為什麼法蘭茲沒有讓長子或其他兒子繼承父親的名諱？在當時，這是紀念家族長輩的普遍作法。難道是想討好他父親的雇主——班堡主教維特（Veit，譯註：德文拼法是Vitus），希望未來得到他的青睞？還是因為聖維特是治療病患的守護神，而法蘭茲的副業正是幫人治病療傷，儘管是虔誠的新教徒，仍被聖維特感動，因而將長子取名維特？答案至今仍是謎。反觀法蘭茲替老二與老三取名時，心思倒是沒有這麼複雜難解，老二瑪格麗塔（受洗於一五八二年八月二十五日）與老三約格（受洗於一五八四年六月二日）都是當時最普遍的女子名與男子名。

法蘭茲身為紐倫堡新任劊子手，收入優渥，又已是師字輩等級，這些都是奠定他的聲望與地位的社會基礎。不過若無之前的前輩爭取，逐漸改寫劊子手的工作性質與內容，他和上司再怎麼想替劊子手這行漂白，提高劊子手的公眾形象，恐怕只是白費工夫。原本劊子手得兼做一些非常不堪也令人不齒的工作，諸如監督公娼院（一五四三年因新教徒力抗而結束營業），所幸改革後，這些工作早已不歸劊子手管。很多雜役也外包出去，改由名譽掃地的人士接手，例如清掃街道、收集垃圾改由「清糞專家」（dung-masters，又叫「夜間行家」）負責，薪水非常優渥。15

紐倫堡慣叫劊子手的首席助手為「獅子」（Löwe，係因誤用lēvjan一詞而來，該詞是哥德方言，意味副司法官）。法蘭茲有朝一日能否受人愛戴，他的助手扮演關鍵性角色。過去，劊子手被迫獨自承擔各種汙名與醜化，現在則有獅子幫他承擔，但獅子也不是做白工，可以靠各式各樣的打雜賺取額外收入。一開始助手的工作只有押解被法院判刑的罪犯，但法蘭茲受雇於紐倫堡之後，「獅子」也開始執行其他任務，例如監督自殺遺體火化，搬運動物死屍，處理已變質的食物、油和葡萄酒（通常會直接倒入佩格尼茲河）。助手不但繼續負責傳喚押解犯人，也協助劊子手刑訊、鞭笞、處決犯人，有時候還要充當劊子手的代理人。[16]最重要的是充當劊子手與其他不入流粗工之間的擋土牆與緩衝者，包括屠夫、剝獸皮工人、挖墓者、獄卒、弓箭手，尤其是弓箭手；弓箭手殘暴、貪腐，毫無形象可言，卻是紐倫堡實質的巡警。

法蘭茲在紐倫堡服務四十年，期間只換過一次助手，可見他很滿意和助手合作無間。奧古斯丁・安曼（Augustin Amman）是這行的老手，法蘭茲到紐倫堡履新時，安曼已累積十三年的經驗。他一直擔任法蘭茲的助手，直到一五九〇年過世為止。後來由克勞斯・柯勒（Claus Kohler）接替安曼的位子，他不僅做到法蘭茲退休，甚至為繼任的劊子手又工作了三年，直到一六二一年過世。[17]工作之故，法蘭茲和助手建立了匪淺的關係，畢竟兩人每天共事時間長，除了家人，沒有人可超越。再者，行刑需要過人的體力，動不動招致社會非議，加上得公開進行，影響所及，劊子手與助手若想順利交差，必須合作無間、互相依賴。在法蘭茲的日記裡，有一次出現紐倫堡的「劊子手們」，可見他不覺得「獅子」是手下，反而更像他的合夥人。[18]法蘭茲明白，若缺少可靠與可信賴的「獅子」幫忙，他亟欲獲得社會肯定與尊敬的努力，打從一開始就注定失敗。

劊子手和助手在職場上互為親密戰友，但不代表兩人私交甚篤，經常聯誼。在班堡，老施密特的助手與施密特全家同住一個屋簷下。在紐倫堡，法蘭茲的助手卻住在附近另一棟官舍，未與法蘭茲同住。就算助手和法蘭茲一家互有聯誼，多半也在私下或密室中進行。法蘭茲第一次在紐倫堡市政廳宣誓就任劊子手（一任是五年）之後約莫兩年，多位新市民抱怨必須和名聲不佳的「獅子」一同宣誓，法蘭茲並未（或是不願）挺身為忠誠的「獅子」說話，迫使每年得宣誓一次的「獅子」到另一個廳，跟受人唾棄的弓箭手一起宣誓。[19]

不同於神聖羅馬帝國境內其他地區，紐倫堡當局免除了劊子手監管牢獄系統這個耗時又不堪的苦差。紐倫堡多數監獄（包括地洞）多半用來關押等待受審的嫌犯，其中一半嫌犯會在一週內獲釋，九成則在一個月內獲釋。[20]在皇帝堡的「魯金斯蘭塔」（Luginsland Tower，**譯註：意譯為守望土地的高塔**）與市政廳內的囚室，都是關押出身權貴的犯人。法蘭茲在紐倫堡任職期間，當地又興建了六個（編號A到F）各自獨立的營區，管束行為脫序的少年和輕罪犯。至於還不出錢、等著親朋好友「金援」的經濟罪犯，會關押在特別指定用途的男監或女監。市內其他囚塔則用於收容戰犯或是「地洞」塞不下的囚犯，僅極少的囚塔，如青蛙塔（the Frog Tower）和水塔（Water Tower），也權充精神病院。[21]（參見第九頁地圖。）

法蘭茲的直屬上司是刑事局，監獄或囚塔也各自有典獄長與專屬的警衛（又名鐵牢兵）。儘管受雇於監獄的員工不算官方正式認定的賤民，但多半出身卑賤、薪資微薄、廣被社會唾棄。監獄沿用中世紀設計的一套籌資機制，亦即囚犯若想在獄中「舒服」過日，必須付費打點，金額給的愈多，過得就愈舒服。影響所及，監獄由上而下蒙上貪腐、無能的惡名。獄中「安家費」高得離譜，一天起碼要價三十六芬尼（pfennig，一週超過二佛羅林），但這只保證有一碗湯、一片「不錯」的白麵包、一公升葡萄酒。若想要更多糧食或更好的待遇，例如多要一張毯子、枕頭、飲水或頻繁傾倒糞桶，每樣皆收取額外費用。想當然耳，一貧如洗的囚犯連基本費也付不出來，所以不管最後有罪還是清白，入獄期間的所有費用均由市府或民間慈善單位埋單。[22]

在紐倫堡工作的前二十年，法蘭茲與首席助手最常交手的對象是地洞的典獄長漢斯・歐勒（Hans Öhler）。按規定，典獄長必須已婚並住在監獄裡，所以歐勒與兩任妻子、一女、一兒、兩名女僕擠在一間小公寓裡。除了已婚的規定，外界對這份冷門工作其實期待不高。為了提高執法效能，刑事局頂多每年提醒典獄長及其妻子向新進人員說明工作內容。[23] 刑事局也經常為了歐勒手下凸槌連連訓斥他，但從未解雇他。畢竟監獄員工的出身背景和獄裡囚犯差不多，都來自不名譽的低下家庭。

法蘭茲上任沒多久便見識到監獄同仁既無能（也貪腐）。一五七八年六月二十日晚上，即將被法蘭茲送入冥府的第一個囚犯竟大膽從地洞逃了出去。根據當時的紀錄，越獄竊賊漢斯・萊茵坦（Hans Reintein）先灌醉看守他的年邁獄卒，趁他酣睡時，從連接皇帝堡的祕密地道成功兔脫，這條密道正是他當年幫忙興建，所以熟門熟路，僅憑一根鐵棍就能破壞上了鎖的門，將聖塞巴德教堂地下迴廊的天花板砸一個洞，爬出去重獲自由。[24] 該名失職獄卒雖挨了一頓罵，最後仍保住了飯碗，一如往例。兩年後，又一人成功越獄。他用計搶過典獄長的鐵棒，潛入地道成功逃脫，這次典獄長也僅僅被「痛斥」而已。[25] 法蘭茲任職期間，諸如此類的越獄事件頻頻發生，囚犯自殺或鬥毆也時有所聞。但議員習慣息事寧人，唯指示典獄長及獄卒更徹底地搜身新進來的囚犯，確保「他們身上沒有利刃、鐵釘，或能用於傷害自己或越獄的工具」。26

可以想見法蘭茲多麼不願與這些惡名纏身的人士或地點打交道，但出於職責，他常到地洞、偶爾也到囚塔照料囚犯的身體。此外，他必須審訊犯人，無論動用酷刑與否，一定得在市政廳底下的地洞進行，這裡狹小、骯髒、不見天日、讓人又怕又顫，總之符合我們對中世紀地牢的所有負面刻板印象。地洞有十三間囚室，每間約三十六平方英尺，放了一張窄木凳、一張稻草床、一個糞桶，幾乎容不下兩名囚犯，遑論容納由二至五人組成的審訊小組。法蘭茲等人只好退而求其次，在點了小盞油燈的昏黃走道上訊問囚犯。到了冬日，監獄靠簡單的燒煤取暖，但驅寒效果不彰。少數幾個狹窄通風井，對改善地底下腐霉而潮溼的空氣毫無幫助。唯有即將伏法的死囚，才能享受稍大的牢房，或是在世的最後三天，住進相對奢華的「劊子手之廳」（hangman's parlor），這是獄裡唯一有對外窗戶的房間。法蘭茲每天走進蜿蜒如迷宮的迴廊，無論是刑求頑抗不從的囚犯，還是照料體虛的囚犯，能夠在不為人見的情況下，進出充斥罪惡和苦難之地，已是法蘭茲最大的安慰。

清理維護刑場是法蘭茲無從逃避、也無法避人耳目的苦差。刑場主體包括絞架與烏鴉石，後者是一個高架的平台，主要用於斬首刑與輪刑前打斷犯人的四肢。從一四四一年起，絞架與烏鴉石就設於紐倫堡城牆內側靠近「聖母門」處，直到近四百年後紐倫堡歸巴伐利亞公國為止。法蘭茲受聘擔任紐倫堡劊子手時，原本非常陽春簡陋的絞架及旁邊的小土堆，已改建成兩個雄偉的磚造物，其中一個是牢固的四木柱絞刑台，另一個則是覆蓋草皮的高架平台。根據法律與習俗，刑場一定得讓人看了心生懼意。一、兩個竊賊的屍首掛在絞架上，任其在風中擺盪腐爛，直到數週

紐倫堡惡名昭彰的絞架（左）與烏鴉石（右）（一六四八年）。

後墜落到絞架下的白骨堆。不遠處豎著一整排削尖的木柱，上面掛著斷頭與殘肢，偶爾木柱旁看得見巨輪上綁著死囚骨肉不全的屍體。對於這個陰魂不散、飽受詛咒的刑場，社會眾說紛紜，充斥各種迷信。刑場安靜得讓人毛骨悚然，唯有飢腸轆轆的烏鴉發出的啞啞啼聲，以及呼呼作響的風聲劃破這片靜默。

法蘭茲擔任紐倫堡劊子手的第一場公開行刑是同時絞死三名囚犯，過了一週，他開始全面革新現有的刑具。在一五七八年六月底至七月初兩週的時間，法蘭茲的首席助手與其他助理開始動手拆解舊的絞架及烏鴉石。外界咸信，任何人碰了刑具（即使是尚未沾過任何血跡的全新刑具），可能一輩子擺脫不了不幸與汙穢。為了分散並稀釋可能遭逢不幸的風險，市府動員了市內所有石匠與木匠，參與刑場整建工程。七月十日早上，三百三十六位劊子手名師與實習生齊聚一堂，為一整天的「絞架節」活動主持開幕儀式。一開始，由鑼鼓喧天的隊伍打頭陣，隊伍裡有吹笛手、鼓手、市內權貴代表、工匠、不同位階的神職人員。隊伍莊嚴地繞行舊絞架三周後，工人用馬車載來一車車的石材與木材，開始動手。一如美國阿米希人（Amish）建造穀倉時發揮超高的效率及合作無間的精神，紐倫堡石匠與工匠在傍晚之前便完成絞架和烏鴉石的整建工程。接著與紐倫堡市民同歡，盡情吃吃喝喝。一整天的活動費、工匠的薪資、吃喝費用，均由市府財庫支付。二十年後，亦即一六〇五年，同樣的儀式再度上演，而且形成慣例，每隔三十年便舉行一次「絞架節」，一直持續了兩百年之久。[27]

節慶固然歡騰，但維護絞架絕非令人開心的差事。刑場總是充斥邪靈，也蒙上各種臭名，但無阻大家覬覦懸在絞架上的屍體。惡徒會趁著黑夜，砍掉屍體的手、大拇指，甚至男性的「那

法院公證人繪製的紐倫堡絞架（一五八三年）。

話兒」，因為大家相信這些各有魔法。有人會偷走掛在木柱上的斷頭，拿回家充作恐怖紀念品。還有人為了一些不足為奇的理由甘冒忌諱與禁忌。一五八八年秋，喬格・索倫（Georg Solen）的屍體在處決八天後，被人從絞架上卸下來；漢斯・施納伯（Hans Schnabel）的屍體也在受刑十四天後遭遇同樣的命運。這兩人屍首被作踐，都是因為偷兒看上他們穿的背心與長褲。萊恩哈特・巴德曼（Leinhard Bardtmann，綽號馬夫）在絞架掛了三天後，「被人砍斷脖子，只剩頭顱高掛在絞架上，屍體則掉在地上。」雖然偷兒是覬覦屍體的剩餘價值而作踐屍體，但上述例子是受刑人生前精心策畫的結果，目的是不希望屍首慘遭更多無情的踐踏，故意散布謠言：「一些惡徒得到消息，相信在他衣服的夾層內藏有大筆黃金，可以讓他們發一筆橫財。不過最後發現空歡喜一場。」[28]這位馬夫最後如其所願，得到合其身分的葬禮。

顯然法蘭茲與上司都看不慣絞刑犯屍體遭人作踐。索倫伏法後，只有下半身不翼而飛，「上半身仍掛在絞架上，因為過於恐怖，隔天屍體便被丟到絞架下的白骨堆。」竊賊馬蒂斯・藍傑（Matthes Lenger）伏法後次日，「坊間謠傳他全身上下除了襪子全被扒個精光」，結果吸引大批好奇群眾圍觀。據監獄牧師的說法，「厚顏無恥的女性」特別多，因此市議員指示法蘭茲「替藍傑穿上襯衫與燈籠褲」。[29]法蘭茲是否和其他同行一樣，把這讓人唾棄的苦差交由「獅子」代勞，今人無從得知，因為沒有任何紀錄。

好名聲

二十四歲的法蘭茲・施密特初到紐倫堡時，未婚、非本地居民，職業又備受唾棄。若說居民跟他保持距離，實在過於輕描淡寫。即使後來結了婚，也小有名氣，但他明白，若要得到紐倫堡市民與當權者認同，不僅言行必須得宜，符合社會規範，還得以漸進的方式塑造自己高尚的形象，進而鞏固地位。法律史學家威廉・米勒（William Miller）觀察道：「在看重榮譽的社會裡，自重來自於他人的尊重。」由此可見，每個人在與他人打交道時都如履薄冰，恐怕自己名譽掃地。[30]法蘭茲或許永遠無法克服當地居民對外來職業劊子手的敵意，但至少可以壓抑反彈聲浪，漂白父親蒙塵的名譽，讓那些想將他打回社會底層的人無話可說。這是浩大的工程，需要時間、耐心與毅力。這位來自霍夫的年輕劊子手，為這「事業」力爭上游之際，必須審慎而精準，一如他站在烏鴉石上的劍法，不容絲毫差池。

法蘭茲精心打造自己的名譽與口碑，得符合既有的社會秩序，同時又不斷對抗它。他並非造反者，言行謹守分寸，不敢超越失之褊狹的社會框架。他的日記卻透露，他和許多有抱負的人士一樣，想像自己能改變牢不可破的傳統，讓社會接納他獨特的際遇。對當年大多數人而言，一個人名譽好壞與身分高低有密不可分的關係，身分主要來自於繼承，包括出生地與家世地位。法蘭茲・施密特認為，家世固然重要，性格與行為這兩個操之在己的變項才是決定名譽的關鍵，而非出身。行為與出身的顯著分野雖尚未被社會普遍接受，卻給了法蘭茲一個拚搏的機會。

法蘭茲第一個要克服的障礙是外來身分。在近代初期，出生的小鎮或村落攸關一個人的身分。其實這點不無道理，畢竟在一個交通不便的時代，風情與習俗往往因地而異，加上自成一格的方言紛紛在現今所謂的德國境內蓬勃興起，方言之間差異之大，連和幾日腳程之外鄰近地區的居民都難以溝通。法蘭茲在日記裡首次提及罪犯時，一律標明罪犯的出生地，如「布爾格（Bürg）或安斯巴赫」。他自己在紐倫堡則以「霍夫的劊子手」或「班堡的劊子手」（即使他僅短暫住過班堡）的頭銜生活了好一陣子。一個人若無法明確交代自己來自何方，不僅不易讓人記住，也容易讓人起疑心。法蘭茲在日記裡偶爾會忘記或錯記人名，不過除了少數幾名四處為業的流浪娼妓，他從未忘記記錄任何一人的家鄉。

法蘭茲也發現，出生地有政治意涵。在紐倫堡或紐倫堡附近地區出生者，被歸為本地人，只要不是在紐倫堡出生，一律被視為「外地人」，這跟距離遠近、語言異同或現居地址都無關。因此海因茲・紐納（Heinz Neuner）即使定居紐倫堡市郊的古斯騰霍夫（Gostenhof），以製陶為業，仍是安斯巴赫侯爵的子民，與來自「薩佛伊馬許托（Marshtall in Savoy）的史帝芬・雷維勒（Steffan Rebweller），或是來自科卡（Kalk，距離科隆十四英里）的海因利希・豪斯曼（Heinrich Hausmann）」[31]等人一樣，都被歸類為外地人。法蘭茲頻繁提及出生地，在七百七十八個案例中有四十五人不僅來自紐倫堡，也兼具紐倫堡公民身分，僅少數特定居民被授予這個法律地位。公民享有諸多特權，其中比較引人矚目的是，公民若被判死刑，均以斬首處決（加百利・沃爾夫即為一例）；有時甚至從寬，減刑到只受鞭刑，如紐倫堡造假慣犯安德烈・派崔（Endres Petry）與犯下亂倫罪的芭芭拉・葛里閔（Barbara Grimmin，又名修莉・莫瑞〔Schory Mory〕）。[32]公民瑪格麗塔・波金因為用計殺人被判死刑，卻因特權可站著被砍頭，「斬首前她被燒紅的火鉗烙燙三次，死後頭顱被釘在木柱上，屍身則被埋在絞架下。」[33]

紐倫堡身為大都會，毋庸置疑是移民重鎮，有些人一住就是數十年。但出生地與身分之間的連結並不會隨時間而鬆綁，尤其是對地位較低的人士。法蘭茲的外地人身分是否進一步讓他受到孤立？他覺得哪裡才是他的家？我們無從得知。「來自霍夫的年輕劊子手」離開出生地多年，但面對祖籍在霍夫的罪犯（搞不好法蘭茲還認識他們），他下手毫不遲疑。但他也沒有偏袒聘雇他的紐倫堡及紐倫堡的罪犯。[34]直到他受雇於紐倫堡十年，才開始稱呼「我們的城」或「我們某市民的兒子」殺了人，甚至一直到他在紐倫堡安居樂業，日記裡仍鮮見他對紐倫堡心存認同與無二心。[35]轉型變為「紐倫堡的法蘭茲．施密特」仍需時間、耐心，也需要他與市府當家者互相接納。

社會地位奠基於家世與職業的現象，顯然成了法蘭茲更大的難題。法蘭茲對名譽與地位的詮釋，根據我們現代人的感受，可說是既陌生又熟悉。雖然法蘭茲本人被那位反覆無常親王的一道諭令擺弄，人生由白變黑，成了被社會唾棄的劊子手，但他似乎同意社會高層可享特權的看法，也深信這項特權的神聖性。他總是以畢恭畢敬的態度描寫他的上司，這麼做其實不只是習慣，也不只是因為謹慎（畢竟他知道雇主日後可能讀到他的文字）。舉例而言，法蘭茲每次提到社會下層人士加害了高高在上的權貴時，語氣總是義憤填膺，不齒這種跨階級的放肆之舉，他的反應這麼強烈，彷彿他本人就是受害者。金光黨沃爾夫斗膽行騙紐倫堡等多個城市的富人與權貴，讓法蘭茲怒火中燒。[36]在另一個例子中，他點出謀殺「懷森斯坦貴族艾勃尼爾斯（Albernius von Wisenstein）的凶手，他義憤填膺地稱凶手多明尼克斯．寇恩（Dominicus Korn）是某市民的兒子、為錢賣命的傭兵、酒店老闆的私生子」。37

對於大多數擁護法國大革命平等思想的我們，難以理解法蘭茲何以會深信富人及貴族天生高人一等。現代社會之所以出現嫉富妒貴的文化，係因眾人羨慕且不平財富及特權出自繼承，而非因為神的賦予。但是對法蘭茲及他那個年代的民眾而言，社會存在貴賤或地位高低，一如晴雨、瘟疫這些自然力，儘管善變、甚至具破壞力，卻無可避免。所以法蘭茲接受這樣的社會現狀，我們不必太過驚訝。他的角色正是捍衛這樣階級分明的架構，他也相信自己擁有足夠的智慧與決心，可在既定的框架內實現他的目標，但是代價極大。法蘭茲日日被人提醒他地位低下，有時被投以不屑與藐視的眼神，有時被指桑罵槐。此外，他不得參加慶典、舞會、遊行等公共集會，但跟他職業有直接關係的集會除外。就連和他共事的同仁，如市立醫生、法官、法庭公證人，也不得在街上自由自在地跟他交談，或表現出親如一家人的跡象。法蘭茲將這類侮辱視為他這種下層人士理應承受的命運，至於這些日復一日的鄙夷是否讓他動怒、羞愧、絕望，只有他自己知道。

法蘭茲的生涯中有一件事可看出他對權貴與高貴家世根深柢固的想法。一六〇五年十二月，樞密院議員尼可勞斯・馮・古爾辰（Niklaus von Gülchen，法蘭茲的拼法是Gilgen）因為詐欺、背信紐倫堡市府及當地重量級人士而被定罪，這也是百年來公家機關冒出的最大醜聞。古爾辰雖被判死刑，仍享有權貴的第一等級優遇：關在魯金斯蘭塔的舒適囚房而非地洞、特殊三餐、刑訊時免受酷刑、接受有尊嚴的斬首刑、葬在聖約翰墓園裡家族指定的墓地。38法蘭茲以大篇幅細數古爾辰五花八門的「惡行」，包括違背樞密院議員就任時的誓詞、為敵營通風報信、侵吞市府公款、挪用市府發放的啤酒與葡萄酒、與妻子的女僕暗通款曲生下五名私生子、性侵他身邊一名未

此圖係一位編年史家所繪。一六〇五年，紐倫堡樞密院議員尼可勞斯・馮・古爾辰被處決，罪名之一是侵吞公款（一六一六年）。不過實際上，古爾辰伏法時是坐在審判椅上，而非跪地。

成年女僕、性侵一個兒媳未遂、利誘另一個兒媳和他搞七捻三、詐騙多位貴族、偽造印章買博士學位。法蘭茲看不慣出身不錯的沃爾夫到處行騙，同理，他也不齒古爾辰自甘墮落、濫用權貴、讓家族名譽蒙羞，這些看在他眼裡，形同逆天。不過權貴與地位再一次占了上風。法蘭茲得親自出馬，到牢房和古爾辰協商他伏法時該穿什麼才符合他的身分。協商多日無果，法蘭茲的上司最後忍無可忍，決定讓他穿戴出自市府兵工廠的喪袍與帽子。古爾辰前往刑場的路上，展現了王者架式與冷靜態度，讓原本平淡無奇的衣飾增色不少。刑場的審判椅則鋪了一塊精緻的黑絲絨布。[39]

法蘭茲認為，除了貴族與皇親，一般普羅大眾的社會地位其實與一個人的名聲並無絕對關係。他非常擔心，某些技匠行會為了挽救轄下會員走下坡的地位與影響力，不惜惡言中傷從事「不體面高尚」行業（如劊子手）或毫無一技之長的人。打從一開始他就明白，一個人就算在所謂「體面高尚」的行業下拜師接受訓練或獨當一面執業，也不會因此變得高尚體面、受人尊敬。儘管他沿襲當年四海皆用的舊俗，在日記中以職業區分罪犯，如「毛皮商、農夫、纜線工」，卻不曾透露哪一種職業或行會是光彩的。事實上，他的日記裡，「光彩」一詞僅用於指涉貴族皇親，相反詞「不體面高尚」則完全消聲匿跡。在法蘭茲眼裡，工藝或職業就像家鄉或名字，僅標示一個人所在的地理位置，不代表一個人的品行或好壞，所以就連連續殺人犯尼克・施瓦格（Nickel Schwager）出現在日記時，也僅以「石匠」稱之。[40]

法蘭茲強調社會地位與個人名聲並無絕對關係的常用手段，是結合一個人的職業與犯罪身分，例如「雜貨商／殺人犯；馬夫／小偷；攤販／小偷」；讓人印象更深的敘述為「磚瓦工／小偷／詐賭犯／娶了三個老婆」。法蘭茲在紐倫堡初期，這類敘述在日記裡頻繁出現。不過他偶爾會前後不一致，例如對罪犯喬格・高茲（Georg Götz）一開始的身分描述是「（受雇於市府的）弓箭手／小偷／嫖客」，後來他的身分僅剩「弓箭手」。由於日記畢竟是信手拈來的隨筆之作，這樣的小缺漏不難理解。[41]（何況高茲最後被斬首，可見定罪判刑前，他並未轉性，戒掉偷竊與買春。）法蘭茲愈來愈喜歡使用多重身分介紹罪犯，例如「麥可・簡伯萊恩（Michel Gemperlein）／屠夫、傭兵、殺人犯、強盜、小偷」，顯見日漸成熟的法蘭茲愈來愈明白，光憑職業確認身分高低，在道德層次上愈來愈不具意義。[42]

少數幾個例子裡，法蘭茲僅用罪行描述囚犯，進一步顯示他個人對道德和人品的見解：「殺害小孩的女性」（殺嬰罪）、「縱火犯」或「異端分子」（近親亂倫罪、人獸性交罪）。不同於通姦或是殺人，法蘭茲視上述犯罪窮凶極惡，用更多標籤描述罪犯的身分，根本是多此一舉。同理，法蘭茲將全職罪犯與其所選的歹路如「小偷」或「強盜」等身分劃上等號，由此可見他個人的價值判斷。

法蘭茲不願將社會地位和個人名聲混為一談，顯然和他自身處境息息相關。就連「名師法蘭茲」的頭銜（Meister Frantz）都可能將他打入冷宮，成了大家唾棄與避開的對象。不過整體而言，光從名字很難看出他是怎樣的一個人，遑論名譽。在法蘭茲的日記裡，貴族或在朝者的名字與身分當然是一目了然，何況名字前面還加了不容錯辨的尊稱，如「大人」或「閣下」。猶太人的名字也容易辨識，因為多半根據希伯來傳統命名（如摩西〔Mosche/Moses〕），姓氏則充當標籤，如朱特（Judt，猶太人之意）。除了上述兩個例子，頭銜本身並不代表什麼。一位篤信新教的女性可能依聖母馬利亞或某個天主教聖人命名；一個不起眼的鞋匠可能叫費雪（Fischer，意為漁夫）；在紐倫堡世居多年的家族，卻以「法蘭克福人」（Frankfurter）為家族姓氏。在現實生活中，某些家族名稱確實比其他家族名稱更有分量，不過不少紐倫堡貴族的姓氏竟被貧民、甚至罪犯挪用。

名字固然會造成混淆，犯人若有綽號或化名，這問題就不存在。並非每個有綽號的人都會參與不法活動，但大多數罪犯都有一個以上的綽號。法蘭茲接觸過的青少年竊賊中，幾乎每個人成為職業慣犯前後，都取了生動的綽號，例如青蛙強尼（Frog Johnny）、黑暗麵包師（Black Baker）、紅髮藍尼（Red Lenny）、軟木塞（Corky）、鉤子（Hook）、狡猾鬼（Shifty）。流行的綽號以職業為本，如雜貨商、石匠、烘焙小子；也有以出生地命名，如瑞典人、波馬斯布隆的孔茲（Cunz from Pommersbrun）；或依穿戴命名，如綠帽子、騎士強尼（Cavalier Johnny）、手套喬治（Glove George）；或是多重組合，如鞋匠小提琴手（Fiddling Cobbler）、來自勞夫的伐木人（Woodsman from Lauf）、拜爾斯道夫的黑小子（Baiersdorf Blacky）。綽號或許詼諧逗趣，如雞腿、野兔、蝸牛；或自貶身價，如大嘴巴（Gabby）、結巴巴特（Stuttering Bart）、小伙子（Laddy）；甚至到了醜化自己的地步，如：甲蟲、烏鴉飼料。那個年代並未過於強調政治正確，綽號往往著重於外表特徵，如尖頭、瘦高製磚人、紅髮彼得、瘦子喬治、小胖仔（Little Fatty）；有些綽號會在個人衛生習慣上大作文章，如髒鬼（Dusty）。[43]人們也可能戲弄他人的原名，如稱呼凱薩琳娜・施瓦金（Katherina Schwertzin，Schwertzin德文原意是黑色）為「煤炭女孩」。[44]不論這些綽號以何為本，都具備重要的實用價值：當社會大量使用少數幾個常見的名字（漢斯排名第一），綽號有助於減少張冠李戴的機率。

對經驗老到的法蘭茲而言，綽號透露這人是否來自地下黑社會，若否，至少也透露與「不檢點社群」的關係。不過，對大部分市井小民而言，綽號不見得暗含社會汙點，當然這得視綽號本身而定。舉例而言，人們對於綽號為「傭兵強尼」（Mercenary John）的男子，或叫「帶刀人」（Scabbard）的傢伙，難免會提高警覺，擔心他們可能有暴力傾向。同樣道理，初次見到綽號叫「狡猾製皮匠」（Tricky Tanner）或「三隻手」（Eight Fingers）的人，不免擔心錢包可能不翼而飛。至於女性，一旦被發現綽號叫「兔女郎」（Playbunny）、「貓女凱西」（Furry Kathy）、「磨刀女郎」（Grinder Girl），或最難聽的「交際花安妮」（Cunt Annie），[45]想當然耳，他們得到體面的工作或社交機會少之又少。劊子手法蘭茲應該清楚自己也被外界冠上了貶抑或不雅的封號，不過為了子孫著想，他拒絕和這些綽號掛鉤。

撇開一個人的出生地、職業（或綽號）不談，法蘭茲那個年代的人一致認為，判斷一個人的名聲好壞，最可靠的指標莫過於他來往的對象，而這正中法蘭茲下懷。他不能改變出生地，也不能決定和誰共事，但他大可選擇來往的朋友。不過，面對仍遍存於社會的種種禁忌與約束，他能在哪裡認識朋友？又有誰可被納入他的小圈子？法蘭茲肯定不會到酒館這個男性最常光顧的社交場所，一來酒館禁止劊子手入內，再者法蘭茲不喝酒也不賭博。節慶活動、婚宴或其他類似場合，也不容法蘭茲涉足；法蘭茲一些讀過書喝過墨水的同事或舊識，也不會冒險讓他進家門作客，否則一旦被人發現和劊子手交往，恐危及自身名譽。法蘭茲在紐倫堡的工作又穩又久，可見他至少和紐倫堡的法官、法學專家、醫生、民俗治療師維持良好的工作關係。此外，他和紐倫堡其他劊子手通信，甚至成為朋友。[46]相較之下，法蘭茲和監獄牧師的關係就沒那麼緊密。哈根朵恩牧師和穆勒牧師在工作日誌裡，鮮少用名字稱呼法蘭茲，而以「那個劊子手」或「絞刑吏」稱之。同理，法蘭茲在日記裡也直呼「那些牧師」。不論和法蘭茲走得最近的朋友是誰（我們期望他曾交過知心好友），他們最可能選擇到法蘭茲的住家私下與之聯誼或碰面，儘管這麼做對他們的名譽仍有風險。

遠離狐群狗黨在法蘭茲的認知裡，顯得順理成章，而實際上要做到，也並非難事。所幸有能幹的助理幫忙，讓他無須經常和市府雇用的弓箭手及其他低階執法人員直接打交道。這些低階官員明目張膽地收賄、謀財、傷民，諸多惡形惡狀讓老百姓怨聲載道，因此法蘭茲極力和他們劃清界線。法蘭茲這位新官一上任，毫不手軟，力懲藉職務之便嫖妓或性侵少女的法庭差役與弓箭手，就算他們苦苦哀求也不為所動，將他們施以鞭刑，甚至處死。[47]他曾不帶感情地記錄四名因謀殺與偷竊被處死的同仁，包括屠夫漢斯・海默（Hans Hammer，綽號皮革壓紋師、製鞋小子）。弓箭手卡爾・萊哈特（Carl Reichardt，綽號艾克連），手腳不乾淨，「走到哪兒就偷到哪兒，劊子手以及劊子手助理都曾是受害人。他曾在暫住屠夫家期間，趁機行竊。」因為劊子手的身分與職務，名聲難免被這些行為不檢的汙吏間接拖累，所以法蘭茲竭力和他們劃清界線。從行文之間，明顯看出他不會找理由幫這些惡棍脫罪，也不會自我催眠將他們歸為特例。不過有個案例倒是出乎他意料之外，這位因殺人被判死刑的法庭差役竟是「可敬之士」，因此當局從寬量刑，從輪刑改為斬首刑。[48]

對男性來說，與狐群狗黨為伍的定義非常廣泛，但大抵不脫和職業罪犯廝混，甚至一起作姦犯科。光是和惡名昭彰逃犯偶有牽扯，就足以讓自己受到酷刑懲罰。若坦承自己是大型竊盜集團的一分子，更是罪加一等。因此在法蘭茲的日記裡，僅用短短幾字便交代約阿希姆・瓦特（Joachim Waldt，綽號導師）的惡行，「心狠手辣到處偷竊，和三十多名同夥硬闖民宅」。漢薩・華特（Hennsa Walter，綽號起司刀）「和十四名同夥及兩名妓女過從甚密」。還有一些更短也更典型的記載，例如形容一位被定罪的強盜時僅提及「有很多共犯」，可見他一句話就將這些人歸類為「流氓」，被處決也是罪有應得。[49]

酗酒、賭博、打架、嫖妓是男性惡名遠播的主要原因，但是僅僅「粗言淫語」也足以被打入惡男之列。[50]不過，放眼整個社會，吃喝嫖賭、出口成髒的男性十之八九，只能暗指這些人有犯罪傾向，但不能據此將其定罪。儘管不能作為犯罪證據，法蘭茲認為另有他用。他將這些不檢點的言行融入罪犯的背景，層層堆疊，藉此凸顯罪犯的邪惡本性，同時證明他們罪有應得。例如，在日記中，漢斯・葛斯塔克（Hans Gerstacker，綽號紅毛）「是行竊慣犯，且在一次爭執中毆打一名女子」。袋子製造商兼收費員安德烈亞斯・威爾（Andreas Weyr）被鞭有理，「因為已婚的他和三名妓女有染；他也侵吞代收的公款。」[51]

法蘭茲對女性名譽的看法也相當傳統。和多數男性罪犯一樣，許多被法蘭茲鞭刑或處死的女罪犯，往往是因為和不三不四的人打交道而誤入歧途，例如某個江洋大盜的姘頭或妻子。若女犯直接參與偷竊或謀殺，刑罰會更重，從斷指到溺刑都有可能。瑪格麗塔・赫萊恩（Margaretha Hörnlein）助紂為虐，「在家裡協助凶手殺死數名新生兒，事後還送吃的給殺人凶手及小偷，以免他們告密揭發她。」在法蘭茲眼裡，這些女性無疑是自甘墮落，才會選擇和一群由小偷、強盜、殺人凶手構成的黑社會為伍。瑪麗亞・坎特林（Maria Canterin）曾是兩名伏法大盜的姘頭，數次為此遭受鞭刑，身體也因酷刑而變形。這兩名大盜分別是「俊男」（Handsome）和「手套喬治」（Glove George）。她現任的主子是「拜律特學者」（Scholar of Bayreuth），兩人因重操偷竊舊業而被處死。[52]

然而不管女性在偷竊或暴力犯罪中涉入的程度是高是低，社會將她們歸類為不檢點女人的最大依據，仍是性行為是否越軌（sexual deviancy）。女人只要和水性楊花沾上邊，法蘭茲及當時的人單用一個字就能讓她名譽掃地，這些詞殺傷力之大遠超過「流氓」（rogue）、「嫖客」（whoremonger）等對男性的殺傷力。職業妓女、「士兵的姘頭」、「傷風敗俗的女人」（多半是性侵或亂倫的受害者）等詞，相當於法蘭茲在日記裡所用的「阻街女郎」、「三隻手妓女」等複合字或是「婊子」等單詞。[53]若男人毆打自己的母親，或在法庭上粗言辱罵執法人員，當然是社會唾棄的對象。同樣道理，若女性和男人搞七捻三，鐵定遭到醜化，同時將她們和各種重罪掛鉤。因此法蘭茲的日記中有時會出現複合詞，例如「三個公民小孩兼婊子」、「水電工的女兒兼婊子」、「廚師兼婊子」，甚至是「弓箭手的妻子兼婊子」等字眼。不過在法蘭茲的腦海裡，這些女人除了婊子，沒有其他身分，有時搞不好連名字都付之闕如。[54]

宗教改革陣營是如此的看重性行為越軌與否，女性不論已婚、單身，還是守寡，愈來愈容易淪為水性楊花的攻擊箭靶，繼而面臨隨之而來的嚴重後果。最糟糕的莫過於被貼上行巫和殺嬰的指控，這也是近代初期女性被處決的兩大死因。一旦婚外性行為曝光，女性通常會受到鞭刑與驅逐出境等處分；若還被控行竊，恐被處以死刑，但這種案例少之又少。在法蘭茲的劊子手生涯中，伏法女性約占總處決人數的一成，不過因性犯罪而入獄、繼而被鞭刑逐出紐倫堡的罪犯中，女犯超過八成。[55]

法蘭茲十分清楚男女有別的雙重標準，甚至點出因性出軌（包括亂倫罪在內）而被定罪的男性，所受的懲處比女性輕。[56]儘管如此，他看到戴綠帽丈夫在教堂牆上胡亂寫下的洩忿之詞時，看好戲的心情大過同情心。例如一名有夫之婦在外搞七捻三而被處死……總計「和二十一位已婚男子與年輕人發生性關係，其中還包含一對父子」。她戴綠帽的丈夫心有不甘，在教堂牆上信筆寫下：「那對父子應該和她一樣被處死。居間拉皮條的老鴇也應該一併受罰。到了冥界，我勢必會向閻羅王上訴，因為正義尚未得到伸張。我這麼一個無辜的可憐人竟受此折磨。再會了，晚安。」[57]對法蘭茲而言，一個人的言行舉止等同他的身分，所以一個女人若「在五年前，被一名傭兵奪去名譽（如童貞）」，或是「育有三名非婚生子女」，那麼她就是「婊子」。[58]

在那個年代，不論是法蘭茲或其他虔誠的路德派劊子手，完全以客觀而中立的態度看待一個人的宗教身分，所以評估一個人的名聲與人品時，並不受其宗教身分的影響，這點頗讓人意外。法蘭茲從未對天主教死囚公開表現出敵意或不敬，在日記中也從不用輕蔑的詞彙稱呼天主教徒（如papist〔教皇制信奉者〕），只會記錄死囚對最後一次祈禱及最後一餐的特殊要求。[59]漢斯・史蘭克（Hans Schrenker，綽號攀壁高手）曾在伏法前，厚臉皮地假借天主教之名，延後被處死的時間。他在絞刑台上要求死前允許他來「一趟朝聖之旅，到神父面前告解，之後便會乖乖回來受死（他的要求被駁回）」。法蘭茲使用「異教徒」或「無神論」等字眼時，指涉的是罪犯的特殊要求與行為，而非他們的信仰教派。[60]

法蘭茲幼年住在霍夫時，每一年的耶穌受難日，猶太人就會在聚會上被羞辱。此外，一四九八年以來，猶太人也禁止進入紐倫堡市區。儘管如此，在法蘭茲的日記裡，猶太人通常不是為非作歹的罪犯，而是被竊賊與強盜欺負的可憐受害人。[61]法蘭茲曾奉命當眾絞死（出於仁慈的判決）名為摩西的猶太男子，他來自歐登佛斯（Otenfoss），罪名是小偷兼間諜。對於此案，法蘭茲詳細寫道：「這是猶太人安索（Ambsel）被處決後，五十四年來首見猶太人被處死。」在海伊・裘德（Hay Jud）的案例中，法蘭茲寫下：「他從背後偷襲多名女基督徒，厚顏無恥地強騎在她們身上，直到滿足自己的性慾。」這人固然十惡不赦，但通篇敘述裡，不見「血統不潔」等現代反猶太陣營慣用的指控，也未暗示裘德所受的鞭刑過輕，應受更重的處罰才是。猶太人朱利亞斯・昆拉德（Julius Kunrad）後來改信基督教，誇口背後有多位顯赫人士撐腰，包括烏茲堡大主教在內。儘管犯下重婚和通姦罪，「在受洗前，和某個基督徒妓女生下一個私生子」，但他一樣未受到重罰，只被判了鞭刑和流放外地。同年，他（已改名為來自萊興薩克森的昆拉德）因搶劫、多次偷竊、謀殺而被處死。在法蘭茲的紀錄裡，並未對康拉德的宗教信仰發表評論，只不過客觀寫下所見所聞：伏法前夕「罪犯請求以天主教聖禮取代路德派儀式」。[62]

法蘭茲費盡心思建立自己的名聲，因此對捏造身分與聲望的罪行格外反感。碰上假冒身分或佯裝貴族的騙子，法蘭茲更是火冒三丈。當時並無驗證身分的標準作業方式，因此冒充他人身分可謂易如反掌。[63]不論是令近代學者佩服的「自我形塑」（self-fashioning），還是律師所謂的「冒名詐欺」（fraudulent imposture），對身為紐倫堡劊子手的法蘭茲而言，都是極其嚴重、不可原諒的犯罪行為。法蘭茲對連哈特・狄辛格（Lienhard Dischinger）一案動了肝火，因為狄辛格憑著「幾封偽造信件及印章，假冒成教師或牧師在其他地方招搖撞騙」，卻僅被判鞭刑。至於昆拉德・卡拉夫（Kunrad Krafft）受到的懲罰，則讓法蘭茲放心不少。卡拉夫冒名犯下多起詐欺案，「自稱福希海姆（Forchheim）的公民，兼庫姆茲（Colmutz）的議員。」最後他因為連篇謊言而被斬首。[64]相較於偷錢或偷財，假冒他人清譽或身分更嚴重動搖法蘭茲的世界觀賴以維繫的基石；惡名昭彰的騙子加百利・沃爾夫就是一例。法蘭茲描述紡織廠老闆的女兒瑪麗亞・柯杜拉・胡納林（Maria Cordula Hunnerin）因種種惡行被斬首，但他並未將重點放在她偷盜得手的鉅額之財，而是恬不知恥、丟臉之至的冒名之舉：

> 胡納林冒名拜魯特黑熊客棧老闆的女兒，雇了一輛馬車從阿爾特多夫（Altdorf）出發，

同行者包括什文福特（Schweinfurt）製衣廠老闆的兒子（即她的未婚夫）和一名士兵的妻子。抵達黑熊客棧後，她點了菜與酒，指著一名老頭謊稱是她的父親，隨後一個人離開，聲稱得去找她的姊妹。最後，那名可憐的士兵太太付了三十二佛羅林幣。65

職業竊賊往往擁有一個以上的身分，這種惡習更加鞏固他們低賤的地位，永不得翻身。法蘭茲在劊子手生涯中碰到的罪犯，幾乎每人都有一個以上的化名。既是盜匪又是傭兵的連哈特・凱斯維特（Lienhard Kiesswetter）名字變來變去，包括「連哈特・魯冰（Lienhard Lubing）、來自孔史塔特的連哈特（Lienhard of Kornstatt）、摩瑟・藍尼（Mosel Lenny）、病態藍尼（Sick Lenny）」。另一名年輕小偷，早在十六歲前就有多達五個身分。相較之下，正人君子往往只有一個真實身分。因此，費里茲・穆斯特（Fritz Musterer，又叫小費里茲、蝸牛）直到「坐上囚車被送上絞架前，才首次透露本名，在此之前，他以巴赫豪森（Bachhaussen）的喬格・史坦傑（Georg Stengel）之名到處行搶偷竊」，吐實之舉被法蘭茲視為誠心悔改的徵兆。與小偷或其他職業罪犯有染的女性，同樣有一個以上的身分，往往換一個男姘頭就改名一次。扒手妓女安娜・葛洛斯林（Anna Gröschlin，綽號快捷女）向法蘭茲坦承，三年前她化名「瑪格麗塔・修伯林」（Margaretha Schoberin），挪用了當時男姘頭喬格・修伯（Georg Schober）的姓，同時一併改了名字。66

毀謗乃是另一種形式的「偷名盜譽」。由於對地位非常在意的法蘭茲曾飽受他人的流言蜚語與既定偏見之苦，因此惡意造謠之舉往往更易讓他動怒。和他同年代的人士也有同感，認為相較於傷害一個人的身體，破壞他人的名聲更為可惡。巴斯提安・葛魯伯（Bastian Grübel，綽號礦渣）「偷竊無數，還坦承謀殺了二十人」，但在法蘭茲日記裡，內容仍以葛魯伯惡言誹謗敵人為主，誣陷對方是共犯，讓這人平白無故被逮捕、受酷刑折磨。前任劊子手的助理費德里希・史提格勒（Friedrich Stigler）顯然更讓法蘭茲惱火，「史提格勒誣陷當地一些公民的妻子是女巫，導致這些人面臨指控……其實他是蓄意陷害她們。」最後，史提格勒因此被判重罪，被唾棄他的法蘭茲砍下腦袋。法蘭茲深知不實抹黑造成的心理煎熬，對性侵未遂罪犯瓦倫丁・蘇德曼（Valentin Sundermann）的作為提出苛刻的批判。蘇德曼性侵女主人不成，惡意謊稱目睹女主人「和多位職工有染」。法蘭茲格外同情職業小偷喬格・莫澤拉（Georg Mötzela），看著他「關在牢房裡的九個月期間，日漸憔悴，因為情婦九歲的弟弟控告他殺了五個人……事實上是不實指控」。[67]

一個人的名譽掌握在有權有勢者的手上，這些當權者可能反覆無常，甚至殘酷不仁，既可以榮耀一個人，也能讓人一夕之間身敗名裂。誠信以及靠誠信累積的名譽可謂自由意志的產物。不同於其他人聽天由命接受階級制度的安排，法蘭茲決定開闢新途，勇往直前，期望這輩子能出人頭地，爬升到更體面的社會地位。他在誤打誤撞下，剛好體現了近代社會標榜的個體差異觀（individual identity）。雖然只是學識粗淺的自學自修者，法蘭茲卻貫徹了人文主義的態度與立場。其表達粗糙零碎，但他對人性和自由意志的假說與看法，和當今最傑出的學者的精闢見解不謀而合。不過對法蘭茲而言，他念茲在茲的首要務實目標是建立誠信與名譽，至於形而上的哲學思維則遙遙落在其後。

替受害人討公道的復仇者

社會各階層普遍知道博得好名聲的基本要件有哪些。狡猾、不擇手段的年輕人可能靠操控他人觀感，輕易打響名聲；亦即表面上奉公守法，但私底下不見得擁抱社會奉行的原則。法蘭茲目睹過多的殘酷暴力與欺騙惡行，對於刑事司法以及刑事司法模稜兩可的道德線，可能已然麻木，甚至悲觀。畢竟並非所有惡徒都會被繩之以法，也並非所有受害者慘遭不幸時均無過失。此外，工作表現稱職不代表法蘭茲必須對正義熱情相挺，也不表示他必須深信自己每天的例行工作係在伸張正義。一開始，他說不定打定主意，只關注於他個人的升遷，以及劊子手這個身分的外在表現是否符合社會期待。

不過法蘭茲寫了一輩子的日記證明，他不僅心甘情願投入劊子手這行，同時也對這一行充滿熱情。對搶匪與縱火犯的惡行惡舉，他的憤怒與不平係出於真心。同理，他也打心底希望能盡一己之力恢復社會秩序，而非出於算計或勉強做做樣子。他對受害者（尤其是「財物被洗劫一空」的可憐人）深表同情。他不會壓抑或否認這些情緒，反而為這些情緒找到了出口，以他唯一可用的方式（法律懲罰）幫受害人討回公道。

法蘭茲個人對於正義的看法非常傳統，截然不同於他理應奉行的神聖羅馬帝國法律。[68] 十六世紀的法律專家與宗教改革人士各自代表帝國轄下的當朝者，為了制定概念統一的刑法，援引了「古老習俗」及「神聖命令」（divine commands）。根據新制定的刑法，主要的受害方不再是暴行的受害者或受害者的家屬，而是上帝本人的司法主權（legal sovereign）。不過法蘭茲認為，所有犯罪的本質不外乎背叛另一人或另一團體。罪犯打破的是人與人之間更可貴的信任感，而非壞了對上帝或政府百依百順的承諾。法蘭茲認為，若信任感被破壞的程度愈大，罪犯的名聲愈臭。

十六世紀，法學專家擴大對叛國罪的定義範圍，不僅背叛上司是叛國，就連各式各樣牴觸神授之君權的踰矩行為，也一律視為叛國。不過對法蘭茲及當時多數人而言，仍以個人是否受到傷害來看待政治背叛，而非權力是否受損這樣的抽象概念。在紐倫堡市與安斯巴赫侯國冷戰期間，雙方你來我往，派騎兵、間諜、傭兵到對方境內收集情資或逮捕特務。[69] 法蘭茲日記裡對於這些五花八門的「叛國」之舉，不帶絲毫情緒，直到提及叛國賊漢斯・藍斯伯格（Hans Ramsperger）時才稍見激動。

他背叛多位紐倫堡公民及盜獵者，其中約有十人在查無罪證（證明他們有罪）的情況下遭到處決。他也背叛了紐倫堡市，向安斯巴赫侯爵透露紐市城牆防禦最弱也最容易攻陷的地點，並主動提議會善盡其力，助對方達陣。他也背叛了漢斯・雅各・哈勒（Hans Jacob Haller）、施密特（Schmitter）與名師魏爾曼（Master Weyermann），害他們入獄。

雖然藍斯伯格最後在當權者網開一面下，被斬首伏法，但他的劊子手稍後以明顯可見的滿意語氣寫道：「他的屍體被分屍，四肢分別掛在絞架的四根樑木上，頭顱被釘在木柱上，公開示眾。」[70]

根據法院公證人的繪圖，漢斯・藍斯伯格伏法後，四肢與頭顱被懸掛在刑場公開展示（一五八八年）。

鑄造偽幣在卡洛林那法典裡被「升級」為背叛國家與政府的死罪（必須被活活燒死），但是法蘭茲再次以個人有無受到傷害評量該罪的輕重。他認為此罪雖讓紐倫堡官員面子掛不住，但不覺得這種非暴力犯罪有何令人不平或憤怒之處，所以記錄時不帶任何感情，一如他對偷竊罪的描述。就連紐倫堡當朝者有時也對法律明文規定的處罰（活活燒死）放水，將放火活焚改為斬首後再焚屍。[71]

破壞主僕關係也被法學專家納入擴大解釋的叛國罪之一。不同於前者，這種叛國罪讓法蘭茲起了情緒反應，不過激動並非因為這種犯罪會嚴重威脅社會秩序。他在日記裡提到一位殺害貴族女主人的女僕，該女僕「前往刑場時，在囚車上兩臂分別被火燙的鉗子剝下皮肉」。斬首之後，「屍體被丟入絞架下的白骨堆，頭顱則懸掛在絞架旁的鐵柱上示眾。」[72]行文間，看得出法蘭茲認同這樣的處罰。不過最讓法蘭茲動怒之處，在於她趁夜將年邁的女主人刺死在床上，等於背叛了對她信任有加的雇主。不難預料，紐倫堡司法當局也會重罰偷竊主人大筆金錢的僕役，而法蘭茲似乎也不假思索就將這罪行和「叛徒」劃上等號。瑪麗亞・柯杜拉・胡納林「不僅自主人的保險箱偷了一枚銀幣（thaler）與三個十字幣（kreuzer），總價約八百佛羅林，同時也背叛了她服務半年的主人」。另一個例子更匪夷所思：漢斯・默克（Hans Merckel，綽號鹿人約翰）「擔任僕役二十二年，將欺主當成一生志業，他會在一個地點待上一、兩年再轉移陣地，離開時順手偷走主人的緊身褲、緊身衣、靴子、羊毛襯衫等任何他拿得走的東西」。[73]

弒父就跟弒君一樣，是父權社會裡最嚴重的一種背叛，因此該怎麼懲處罪犯，法蘭茲和法學專家完全站在同一陣線。他對彼得・柯霍（Peter Köchl）罪有應得的背叛之舉感到不可思議。後者「毆打自己的父親」，多年來一再痛揍生父，最後在街上埋伏偷襲他，「害他受身受七傷，任他自生自滅。」柯霍沒有被該罪應受的輪刑處死，僅因他父親未死在他最後一次的攻擊。但是弒父凶手法蘭茲・佐伊伯特就不像他這麼幸運了，他不但精心策畫，心腸又歹，一開始對父親下毒未果，最後竟躲在樹叢裡開槍打死父親。法蘭茲隻字未提上述兩案的做案動機，直到晚年，才公開對一位試圖毒死自己狠父的女子表達同情，所以日記裡點出這位狠父「粗暴又邪惡，凌虐自己女兒」。[74]

殺害親屬也讓法蘭茲氣餒，認為罪大惡極，僅次於最凶殘的暴行；由此再次印證，他對運作中的司法正義，抱持非常傳統的看法。罪犯烏利希・葛斯坦納克（Ulrich Gerstenacker）殺了自己的兄弟，「事前精心策畫，把他載到森林殺害」，再故布疑陣，稱他死於意外。法蘭茲對這樣的髮指行徑感到愕然。漢斯・穆爾納（Hans Müllner）更是囂張可惡，他在森林裡手刃懷了身孕的親姊妹，不僅造成一屍兩命，還姦淫作踐已斷氣的被害人。這類犯罪不勝枚舉：有人偷了表親的財物；有個年輕男子「威脅放火燒了親人與監護人的家，因為後者拒絕給他錢。親人之前不斷接濟他，他卻花天酒地，將錢揮霍一空」。[75]這些禽獸不如的罪犯最後都受到國法制裁，對此，法蘭茲心裡是否仍有一些疑慮？最讓人不齒的可惡罪犯是康茲・奈納（Cunz Nenner）——

> 他在伯恩高（Perngau）偷了一位親戚的財物，總價約六十佛羅林幣，親戚發現後毒打了他一頓，他卻反過頭來威脅對方，要放火燒了他家，親戚只好加碼，再給他五十佛羅林幣。他也威脅燒掉另一位親戚的家，後者基於同情，曾幫他撫養年幼的女兒達四年之

久。康茲卻恩將仇報，威脅親戚，若不給八歲女兒薪資，就放一把火燒了他的房子。接著，他又找住在羅克斯托克（Rockstock）親戚的麻煩（之前他偷了這家人一頭牛，人贓俱獲），勒索對方給他十五佛羅林，否則燒了他家。[76]

這類長時間無情踐踏神聖血緣關係的行為，正是法蘭茲描述勞倫茲・施羅普（Laurenz Schropp）時的核心與重點。「施羅普在里希騰瑙（Lichtenau）一位表親開的磨坊廠工作了二十二年之久，期間上下其手，偷偷將小麥拿出去變賣，根據他的計算，他『僅！』（多了強調語氣）賺了大約四百佛羅林。」這在當時可是一筆巨款，要二十多年才賺得到。[77]看不慣他這種行徑的法蘭茲只差沒問他：「那麼榮譽與正派值多少錢？」

法蘭茲永遠站在受害者這邊，當低層人士慘遭高高在上、備受信任權威人士凌虐時，他深表同情。若受害人是小孩，他可是義憤填膺、深惡痛絕。早期的日記行文雖然簡短，他仍鉅細靡遺交代漢斯・穆爾納（綽號模子）的犯罪經過。「他性侵一名十三歲女孩，將沙子塞滿她的嘴巴，以免她大哭大叫。」法蘭茲也對安德烈・福耶斯坦（Endres Feuerstein）背叛兒童信任感的犯罪感到不可思議，遂一一列出五名受害女孩的年紀，這五人均就讀於他父親所建的私校，年紀分別為六歲、七歲、八歲、九歲與十二歲，「其中兩個被（嚴重）蹂躪，一個再也無法不『漏水』，另一個靠助產婆照顧好一陣子才倖存下來。」法蘭茲的怒火愈旺，對受害人年紀的描述愈仔細。舉例而言，一位農場工人「打算性侵一個三歲半女孩，（但）女孩母親及時出現，讓他行凶未果」。[78]法蘭茲也生動描述他一再用火紅的鉗子烙燙強盜喬格・陶希爾（Georg Taucher）的肉，後者強行闖入某人的家，「殺害酒館主人的兒子……割斷他的脖子與喉嚨，偷了櫃子裡的錢，揚長而去。」數年後，法蘭茲也在喬格・穆爾納（Georg Müllner，綽號瘦子喬治）身上施以同樣的酷刑。他和同夥趁夜闖入一個農夫的家，割了他的喉嚨，「再對付他的兒子（原本被他父親藏在爐灶裡），拿刀猛刺他的大腿，然後偷了錢逃之夭夭。兒子八天之後不治死亡。」[79]

背叛小孩對社會的信任、同時剝奪孩子的赤子之心，讓法蘭茲難掩不平，此外，他也對加害者與受害人之間顯著的年齡差，感到不安與不忍。他一開始對加百利・赫羅德（Gabriel Heroldt）的敘述是：「裁縫師、紐倫堡公民、青蛙塔典獄長、上了年紀」，接著細數他的罪狀，包括「暴力性侵凱瑟琳娜・雷克林（Katherina Reichlin），後者關押在他管轄的監獄，只能任其淫威予取予求。在前一年，他曾經多次欲以蠻力逼迫一位十三歲女孩就範，幸好她年輕有力，才未被他奪去清白」。[80]金光黨與造假慣犯昆拉德・卡拉夫讓法蘭茲忍無可忍之處在於，他竟然連關在監獄裡的小孩子都騙。同理，法蘭茲對木工喬格・艾格洛夫（Georg Egloff）被處死感到大快人心，「後者蓄意殺害一位欠了他九佛羅林的學徒，並在做案的山毛櫸林子裡留下木工用的銼刀。」[81]

對小孩暴力相向，不論是何種形式，法蘭茲都覺得難以原諒；傷害他人的血肉之軀，也讓他難以理解並原諒。冗長的劊子手生涯裡，他總共處決二十名弒嬰女子；每起案例都可看出他對這種違逆人性的駭然行徑特別敏感與痛心，所以用字也比較重，例如他提到母親「死掐小孩細小的脖子，壓碎小小的頭顱，用刀猛刺小男孩的左胸，非置他於死地不可」。[82]當法蘭茲描述十惡不赦的搶匪時，一再點出無辜受害者與凶殘加害者之間的對比。有次他生動而逼真地寫道，桃樂希雅・穆林（Dorothea Meüllin）「用泥巴塞滿嬰兒的嘴，徒手挖了一個墓，將掙扎不已的小孩活埋」。其他喪心病狂的母親也一樣殘忍：瑪格麗塔・馬藍提（Margaretha Marranti）晚間在佩格尼茲河畔一間小屋產下一子，小孩一開始動來動去，她竟把他丟到河裡溺斃。其他棄嬰方式也讓人不敢苟同，包括埋在穀倉裡，鎖於行李箱，丟到垃圾堆，更嚇人的是活生生丟進糞坑裡。[83]法蘭茲參與了每一位弒嬰女犯的刑訊過程，也揚言對其中一些人動用酷刑。他知道許多女子在情緒與精神上都有問題，尤其是殺害較大年紀小孩的婦女，如安娜・史托林（Anna Strölin）與安娜・佛瑞因（Anna Freyin）都是如此。法蘭茲雖不掩他對醫療與法律能力不足之慮，但也對史托林不敢令人恭維的殺嬰之舉充滿憤怒。她「精心策畫殺害自己六歲大的兒子，凶器是一把斧頭」，最後良心發現，未對另外四個小孩下毒手。[84]

除了小孩，攻擊老人與病患也讓法蘭茲及社會大眾火大，認為這違背了基本的社會信任。不難理解他何以對兩個喝醉的實習生欲性侵一位八十歲老婦，感到不可思議。這類對老人施暴的例子，一再讓他動怒。[85]罪犯漢斯・霍夫曼（Hans Hoffman）被繩之以法，讓法蘭茲既驚又喜。霍夫曼已被紐倫堡流放到外地六次，這次「因為偷竊拉撒路救濟院病患的衣服而被捕……議會下令法庭差役在救濟院前面宣讀判決，之後他被押著走出救濟院，在紐倫堡刑場被處以絞刑」。法蘭茲為了強調，還加註道，這可是「前所未見與未聞之舉」。一週之後，在一五八五年十月二十一日，四名小偷因為分別闖入喪家偷竊而被絞死。之後幾年，類似的犯罪不勝枚舉，但只有一人被送入冥府。[86]這麼嚴重的代價並未降臨在又偷財又偷人的海因茲・圖爾拉（Heinz Teurla）身上，但法蘭茲在日記裡難掩不屑，稱他「搞大一個缺腿可憐女僕的肚子，讓她生下一個小孩」。[87]

單面全版報紙的一張插圖裡，一個男子勒死自己的妻子與兩個幼子後上吊自殺（右圖）。他的屍體在夏夫豪森（Schaffhausen）街上被拖行示眾，然後被綁在刑場裡的輪子上（左圖，一五六一年）。

法蘭茲對於背叛及弒親反應強烈，所以讀到他對罪犯喬格・普萊西格（Georg Preisigel）輕描淡寫的描述，覺得有些矛盾。普萊西格「殺了他的老婆，然後故布疑陣，讓外人以為她上吊自殺而死」。對於罪犯漢斯・杜普佛（Hans Dopffer，綽號先令）的描述更簡短，「他用烤肉叉殺死一名男子，之後又預謀刺死大腹便便的妻子。」這次的描述更短。描述雖短，不代表法蘭茲原諒殺夫或殺妻的行為，但他的確對於家庭勃谿或夫妻失和興趣缺缺（在這段生涯期更是如此），所以這類犯罪多半以簡短文字帶過，一如其他司空見慣的小偷小竊案。比較轟動的案子只有瑪格麗塔・布萊希林（Margaretha Brechtlin），「她在米粥、雞蛋、豬油裡添加殺蟲劑，打算毒死丈夫漢斯・普雷特（Hans Prechtel，在古斯騰霍夫擔任木匠），但他並未立刻斃命。」[88] 密謀、出軌、貪婪等犯罪元素成了當時主流新聞及劇院的戲碼；可以想見，得到觀眾熱烈迴響。[89]

只要生命無虞，受害人也未缺手斷腳，法蘭茲對於夫妻失和或爭執興趣缺缺。但出軌倒是會升高法蘭茲的怒火，畢竟這牽涉到背叛另一個人。在十六世紀，出軌或紅杏出牆會被處以鞭刑或流放外地。根據卡洛林那法典與日耳曼地區的法規，重婚罪可判處死刑。在紐倫堡，重婚罪與出軌罪的處罰相同。法蘭茲對這類玩弄感情的叛徒顯得漠不關心，所以日記的記載非常精簡，往往一、兩句話就打發了，例如「史坦布赫（Steinbühl）的彼得・李特勒（Peter Rittler）娶了兩個老婆，被棍棒鞭打、接著被趕出城」。有些例子則僅僅記載「娶了三個老婆；娶了四個老婆，弄大其中兩個的肚子；和五個女人傳出姦情」。[90] 明明是令人震驚的踰矩行為，卻短短一、兩句便交代過去，不僅未提各方的名字，遑論背景。唯有牽涉到小孩，法蘭茲才會多加一句話。[91] 偶爾他似乎是突然想起，才又加了重婚這條罪狀。例如，他長篇累牘細數某死囚的罪狀時，直到結尾才補充：「最後附帶一提，他在元配尚未過世前，娶了第二個老婆；在第二個老婆尚未過世前，娶了第三個老婆，這時元配已經過世。」法蘭茲甚至記不得「一個農場助手」的名字，「他被控偷竊史塔特・希爾波斯坦（Statt Hilpoltstein）刑場的一條鐵鏈，並娶了兩個老婆。」[92]

我們能把法蘭茲對出軌或偷情無動於衷解讀成他和老婆瑪麗亞的婚姻出了問題嗎？或者用以暗示他本身對婚姻不忠？以法蘭茲對形象呵護備至的作法研判，後者的揣測不太可能成立，何況露水姻緣可能讓他多年來建立形象的努力功虧一簣。至於他和瑪麗亞的婚姻幸福與否，今人難以論斷。法蘭茲從未在日記裡透露家庭生活，我們只能參考其他資料與文獻，發現他和瑪麗亞生了七個孩子，兩人婚姻維持了二十二年，直到瑪麗亞五十五歲過世為止。不管他自己的婚姻幸福與否，法蘭茲的想法和當時大部分的人差不多，堅信屋簷下的家事屬於私領域，除非鬧出人命或惡化成可能奪命的暴力行為，否則無須對外公開。法蘭茲認為，不管戴綠帽的丈夫一再接納紅杏出牆的妻子，還是狠心把她送入大牢，都是他們兩人的私事。除非造成社會動盪，無須政府插手。[93]

成為紐倫堡人

紐倫堡當地人對於劊子手心存忌諱，因此建立信譽是法蘭茲一生戮力的目標。至於改善家族的經濟條件，相形之下輕鬆甚多。一五七九年十二月，他獲得第一份聘書不到兩年，法蘭茲向當局請領年終獎金——他從姊夫那裡得知有此慣例，所以斗膽向上司開口，上司也大方應允。隔年冬天他再次開口，希望大幅調升週薪〇．五佛羅林。雖被駁回，但上司允諾加發一年的年終獎金，後來又改成饋贈六佛羅林的禮金。[94] 四年後，法蘭茲再次提出永久性加薪的要求，可惜又被駁回，不過上司改贈他十二佛羅林的獎金，相當於一個多月的薪水。法蘭茲不氣餒，繼續在一五八四年九月二十五日要求加薪，這次終於實踐生涯一大目標：獲得終身聘雇保證，薪水不但高於之前，還享有起碼的退休年金。根據聘雇合約，法蘭茲承諾：

> 這一生，日日對慈悲親民的主人忠誠、服從、盡職，滿足他們的需求，盡我所能保護他

> 們不受傷害……若無尊貴的議會同意，絕不服務紐倫堡以外的城市，不管地點是遠是近皆然。交換條件是主人允諾每週支付我三佛羅林，每年年終獎金為六佛羅林……直到我年老體衰、無法再勝任職務為止。[95]

上司則是鬆了一口氣，因為法蘭茲這位擁有雄心抱負的劊子手同時發誓「絕不再要求加薪」，並信守承諾三十四年。

除了法蘭茲精湛的談判技巧，還有其他因素讓法蘭茲的上司慷慨讓步。法蘭茲到紐倫堡任職前，該市多年來一直找不到兼具功夫、誠實、可靠等特質的合格劊子手。法蘭茲以實力證明自己具備這三項條件，而且年僅三十歲。此外，市議會也沒忽略「班堡的海因利希」年高體衰，他傑出的兒子應該會繼承其衣缽。[96]當時紐倫堡法院平均每年判十多人死刑，受體刑的人數則超過二十人，該市領導人唯恐法蘭茲辭職不幹，到時若不另覓人選，可能出現大排長龍等待伏法的罪犯，以及隨之而來令人頭痛的司法問題。到底班堡親王的總管（法蘭茲與他熟稔）是否提供法蘭茲另謀高就的機會，還是法蘭茲向上司暗示班堡總管想挖角，我們不得而知，但他的確得償夙願，成功加薪。

法蘭茲獲得職涯中最大的事業成就，但接下來一年他過得非常辛苦。首先，他接手沒人羨慕的苦差——刑求並處決自己的姊夫費德里希・偉納（Friedrich Werner，綽號陶工佛雷迪）。根據他的紀錄，偉納「自小就是壞胚子」，不過他家世不錯，父親生前是紐倫堡知名的公民，繼父也是受人敬重的陶工。保存至今的文獻並未透露，這麼一個「十惡不赦的惡魔」怎麼會娶到法蘭茲寡居的姊姊，也不知兩人何時結成連理，不過這段不幸的婚姻凸顯身為劊子手女兒，擇偶對象嚴格受限的際遇。多年來，「強壯又英俊」的偉納在鄉下四處流浪，「和不良人士為伍，犯下多起竊案、夜盜、硬闖民宅、搶劫。」[97]更不容原諒的是，他坦承殺了三人，包括在菲施巴赫（Fishbach）的森林裡殺害「一個獨行的男孩」。此外，他多次謀殺他人未遂。最可惡的是在施瓦巴赫（Schwabach）森林裡搶劫「一名女子後，任其在林中自生自滅」。[98]

偉納終於被捕入獄，和小舅子法蘭茲在紐倫堡的審訊室面對面。偉納難以置信地嗆聲：「根本不知道自己何以被關。」官員不客氣地反駁，若他真的無辜，做案時何須用化名？不只此案，之前何以在赫斯布魯克（Hersbruck）以「喬格・施密特」之名犯案？法蘭茲對姊夫犯案有何反應，文獻並未記錄，但可以想見他一定是又怒又汗顏。由於偉納死不認罪，法蘭茲只好動用吊刑，而且事前未先警告便在他懸空的腳上「綁小石頭」，折磨他。經過一回合長度不詳的用刑後，偉納放棄虛張聲勢，俯首認了諸多罪行。

不難想見法蘭茲對名譽掃地的姊夫有何感受。偉納不僅作惡多端，他與施密特家族的姻親關係，也恐危及法蘭茲呵護備至的個人名譽。儘管多位目擊證人的說詞證實兩人之間的姻親關係，但法蘭茲的日記隻字未提偉納的處決案。也許是基於姊弟之情吧，法蘭茲開口向上司求情，希望不要對偉納動用「高達六次的鉗刑……兩次在市政廳之前，兩次在聖羅倫茲教堂前，兩次在聖瑪莎城門邊」。按照判決，鉗刑之後再換冗長折磨的輪刑登場。法蘭茲・施密特稱，六次不僅打破歷來紀錄，也可能讓罪犯抵達刑場前便斷氣，司法官因此同意將鉗刑由六次降為兩次，條件是法蘭茲務必讓偉納成為「讓人害怕到不敢造次的例子」。不過司法官「溫言」駁回偉納繼父與姊妹的請求，拒絕將輪刑改為斬首刑。司法官要求法蘭茲對待偉納必須像對待其他殺人盜匪一樣，不得有二心。用囚車載著偉納到烏鴉石的路上，法蘭茲必須切實執行兩次鉗刑，再以殘酷的輪刑將他送入冥府。

處決當天，法蘭茲備妥燒得通紅的鉗子，準備擰下偉納的皮肉，牧師則詢問偉納是否「還有更多惡行想要坦白」，一來安撫他的靈魂，讓他一路好走，二來不希望無辜者蒙受不白之冤。一位編年史作者寫道，偉納「在刑場說了好久的話，旁邊站著牧師及擔任劊子手的小舅子」。另一篇文獻則重建一些對話，稱「法蘭茲向姊夫偉納保證，願意幫他盡快結束一切折磨」，只要他坦承更多罪行。不過偉納僅重複已伏法的同夥名字，接著宣告他說夠了。他向站在旁邊、手持輪子的法蘭茲透露最後遺言，語焉不詳地拜託法蘭茲代他問候屠夫沃爾夫・克萊連（Wolf Kleinlein）的女兒。不管偉納此言有何目的，他的小舅子隨即高舉輪子痛擊偉納三十一下，藉此向所有圍觀群眾證明，他和這個作惡多端的殺人犯／強盜毫無瓜葛。法蘭茲・施密特這些年來辛苦往上爬，好不容易走到今天，完全不想被這麼一個惡人拖累，回到不堪的原點。[99]

偉納於一五八五年二月伏法，之後幾個月，法蘭茲本人深受喪親之痛。春天，他的父親海因利希過世，文獻並未精確記錄其死亡與下葬的時間，外界只知道他在二月二十二日之後、五月一日之前過世，因為二月二十二日這天是他最後一次公開執刑；而五月一日，他的家產正式分家，由住在庫爾姆巴赫的女兒和住紐倫堡的兒子繼承。海因利希長期合作的助手漢斯・雷恩施密特升格，接替海因利希成為班堡的劊子手。[100] 五月底前後，海因利希的遺孀也辭世，法蘭茲返回班堡，打理繼母的後事。[101]

根據編年史作家的繪圖，劊子手法蘭茲以輪刑處死自己的姊夫偉納（一六一六年）。

法蘭茲父親來不及實踐與兒子聯手恢復家族名譽與地位的美夢，便撒手人寰，不知對法蘭茲有何影響？至少海因利希在世時，看到兒子拿到大城紐倫堡的終身聘雇合約，也看到三個孫子陸續出世。可惜法蘭茲還來不及走出父親與繼母過世的低潮，緊接著又得面臨另一場災難。同年夏天，紐倫堡爆發黑死病疫情，在短短幾個月內奪走五千多條人命。[102]

法蘭茲四歲的長子維特與三歲長女瑪格麗塔也不幸病逝。在近代初期，歐洲兒童的死亡率遠高於今日，儘管家中幼兒過世在當時社會屢見不鮮，但父母痛心的程度古今皆然。維特與瑪格麗塔確實的死亡日期，因為疫情造成兵荒馬亂，已失佚不可考。不過，我們確實知道一五八五年的某一天，法蘭茲在聖洛克（Saint Rochus）買了一塊地作家族墓地。聖聖洛克就在紐倫堡城牆外側，是紐倫堡較高級的墓園。[103]也許他覺得將兒女葬於高級墓園，是他能為兒女所做的最大補償，因為兒女生前來不及看到他完成恢復家族地位與名譽的志業。除此之外，我們無法提出更多的解釋。

法蘭茲的工作量有增無減。光是一五八五年這一年，他處決了十一人，鞭刑了十九人，同時參與數不清的審訊。他擔任紐倫堡劊子手的第一個十年，總計鞭刑一百九十一人、絞死七十一人、斬首四十八人、輪刑十一人、斷指五人、割耳三人。他最忙碌的一年是一五八八年（處死十三人、體刑二十七人）；最清閒的一年是一五七八年（僅處死四人、鞭刑十三人）。平均而言，這段期間，他每年處死十三・四人，體刑二十人。處決多半在紐倫堡進行，但是一年平均會到偏鄉外地一、兩次（必須獲得上司正式應允），尤以希爾波斯坦與赫斯布魯克兩地最為頻繁。法蘭茲偶爾也會自由接案，到外地幫忙審訊或處決。[104]

幼子過世之痛逐漸被家裡快速增添的成員及其帶來的喜悅取代。一五八七年一月二十一日，瑪麗亞產下一女，命名為羅希娜（Rosina）。一五八八年六月八日，「羅希」與躲過黑死病一劫的哥哥喬格又多了一個妹妹瑪麗亞。一五九一年七月十六日，老六法蘭茲・史泰芬（Frantz Steffan）出世。一五九六年十二月十三日，老么約翰尼斯（Johannes）誕生，別名是法蘭森漢斯（Frantzenhans）。[105]這個快速膨脹、枝葉茂盛的家庭等於向鄰居證明，身為一家之主的法蘭茲財力愈來愈雄厚，地位愈來愈高。多數工匠家庭以及收入比工匠更低的家庭，平均只養得起兩、三個小孩，[106]因此家裡人丁數目遠不及法蘭茲。此外，年邁父母習慣跟子女同住，若法蘭茲與瑪麗亞的父母還在世，多養幾個人對法蘭茲絕對不成問題。

法蘭茲在紐倫堡二十年，社會地位終於更上一層樓。在一五九三年七月十四日，亦即距離家族被阿爾布雷希特侯爵打入地獄近四十載，他終於有機會洗刷家族汙名。在紐倫堡這個帝國直轄市，公民身分是人人稱羨的特權，申請人必須有傲人的財力與傑出的聲望。所以十六世紀期間，公民身分對紐倫堡多數居民（當然也包括大家公認的不光彩人士）是可望而不可及。法蘭茲慶祝自己在紐倫堡任職屆滿十五年後，大膽向市議會求情，希望成為紐倫堡的公民。議員對此請求感到不可思議，稱紐倫堡歷屆劊子手沒有一個是公民。但法蘭茲反駁，他要求公民身分為的不是眼前而是未來，希望將來子女「能夠從事其他行業」，而他本人退休後也能另謀出路，展開事業第二春。市議會最後宣布：「到目前為止，法蘭茲在自己份內的工作上，表現稱職，無可挑剔。」批准了他的公民身分，成為那年新增的一百零八位公民之一。由於仍被社會嫌棄，法蘭茲必須等到另外十三位公民宣誓之後，另擇他日單獨宣誓。法蘭茲不介意這樣的安排，畢竟相較於伴隨公民身分而來的各種法律保障，不僅有利於愈來愈自信且發達的他，也能廣澤於他的子女。[107]七年之後，四十五歲的法蘭茲以帝國轄下數一數二大城的公民身分迎接新世紀的到來，享有薪水優渥的終身職，和妻子及五個小孩（四歲至十五歲）住在免費的公舍。這已是劊子手之子非常了不起的成就，不過看在法蘭茲眼裡，最終目標仍遙遙無期。

第四章

潔身自愛的聖徒

斯多葛學派主張，罪惡於我們有利，有了惡才能凸顯價值與美德，讓我們說話多些理性，少些衝動；老天叫我們受苦，我們才懂得感恩舒適及無病無痛。

——蒙田，〈論經驗〉（On Experience, 1580）[1]

在我長久容忍的期間，施恩的日子裡
那些蔑視、嘲罵的，將得不到恩惠；
頑固的將更加頑固，盲目的將更加盲目，
他們必然失足，跌得更深；
慈悲必須排除這些人。

——約翰・米爾頓，《失樂園》，第三卷：一九八至二〇二行（*Paradise Lost*, 1667）

已是劊子手名師的法蘭茲沒多久就斷定外科理髮師漢斯・哈蘭特（Hans Haylandt）是「不折不扣的壞胚子」。一五九七年三月十五日哈蘭特被斬首之前沒多久，犯下冷血無情的謀財害命案。負責執刑的劊子手法蘭茲在日記中生動地詳述這件殺人案始末：

哈蘭特夥同共犯基連安・艾爾（Killian Ayrer），與另一名來自羅登菲爾（Rotenfels）的年輕人同行，後者是法蘭克福一位鄉紳的僕役。到了午夜，三人決定在艾匈堡（Eschenburg）附近的噴泉停下來休息喝水，艾爾開口向年輕人要了薑片，拿到薑片後，趁著這年輕人梳頭時，神不知鬼不覺在自己的食物中加了點東西，再分給年輕人。過了一會兒，年輕人體力不支，連站都站不起來，艾爾重擊他的頭部，年輕人大呼「哎喲」一聲後，倒地不起。哈蘭特接著動手，割斷他的喉嚨，並搶走他身上兩百佛羅林的巨款。這兩百佛羅林是法蘭克福鄉紳當著哈蘭特和艾爾的面交到年輕人的手上。哈蘭特和艾爾會和小伙子同行，也是受那位鄉紳所託，希望這兩人能安全護送身懷巨款的年輕人回到羅登菲爾。哈蘭特和艾爾分別來自漢堡與羅登菲爾。早在從法蘭克福出發之前，哈蘭特和艾爾便已共商謀財害命之策。在噴泉池旁殺了年輕人之後，兩人從葡萄園找了一塊石頭，將石頭綁在被害人的腰帶上，然後拖著屍體穿過草地，棄於美茵河（Main River）。至於行凶的棍棒則被埋在地底下。翌日，艾匈堡領主前往自家葡萄園途中，隨行的狗群挖出埋藏在地下、沾滿血跡的凶器。領主也發現花園的圍籬少了一塊石頭，便沿著小徑一路探查。途中可見血跡沿著草地一路滴到河邊，終於在河裡找到遇害屍首。兩名凶手瓜分了兩百佛羅林後，哈蘭特前往紐倫堡（他深信若擺出事不關己的樣子，加上遠離命案現場，應可瞞天過海，讓此案石沉大海）。但被害人的父親鍥而不捨、一路追查，終於讓哈蘭特在紐倫堡落網，繼而俯首認罪。[2]

這段描述包含了法蘭茲深惡痛絕的所有「惡行印記」：為了金錢冷血預謀殺人、背叛了年輕人及其主人的信任、偷偷摸摸暗襲、蓄意毀屍滅跡。此外，這段描述，明顯有別於法蘭茲年輕時簡潔的文風，呈現若干文學性建樹。已屆中年的法蘭茲一開始先交代犯罪場景，刻意呈現風雨前的平靜。夜半時分，同行的三人在噴泉池附近休息，吃些東西果腹。看似風平浪靜的背景，意在為緊接而來的暴力犯罪鋪路，強化讀者的意外與驚訝反應。為了凸顯凶手背信忘義之舉，法蘭茲選擇可明顯對比善惡的細節：例如受害年輕人大方地與凶手分享食物，不疑有他地梳整頭髮時，凶手艾爾卻心懷不軌，在年輕人的食物裡下毒。接著凶手重擊年輕人的頭、被害人驚喊、凶手手腳俐落地割喉奪命，這些生動描繪重現慘不忍睹的那一刻，彷彿一切歷歷在目。想當然耳，名師劊子手法蘭茲並非文學天才，例如「哎喲」過於口語化，可再下些工夫。不過法蘭茲後半生的日記透露，他愈來愈習慣發揮想像力，記錄他接觸的罪犯與罪行。最顯著的是，年過中年，法蘭茲開始探究各種犯罪背後的動機，在此之前，他只會簡單歸咎於凶手天生的劣根性，或是根本略而不提。

人類為何會對他人痛下毒手？上帝又為何眼睜睜任其發生？法蘭茲無須是神學專家，無須精通神學教義與天意，也不禁反覆思索人世看似無常的苦難與生死，以及人類正義力有未逮的缺憾。身為落實正義的推手，法蘭茲或多或少能從懲處惡徒的過程中得到慰藉，甚至救贖。但他早已看清，不論是對受害人或遇害者的親友，處罰罪犯的慰藉效果，往往曇花一現、杯水車薪，甚至無濟於事。到了四十六歲左右，法蘭茲已有近三十年終日與人世的黑暗面為伍。在刑訊與懲處被捕嫌犯時，法蘭茲本人被迫動用暴力，說出違心之論。由於逃不開沒完沒了的酷刑與苦痛，法蘭茲和其他執法官員一樣，被迫嚴守公私分明，將自我抽離出工作；或是秉持個人的信仰與信念，才挺得過這漫長的劊子手生涯。然而除了恢復家族名聲的初衷，究竟還有什麼力量支撐著他？這點仍是法蘭茲最讓人摸不著頭緒的部分。

年紀漸長之後，除了摧殘靈魂的劊子手工作，還有其他因素讓法蘭茲愈來愈悲觀、痛苦，甚至憤世嫉俗。就算已經成功獲得終身的經濟保障及紐倫堡的公民身分，他和家人仍受到各種明來或暗來的排擠，無法打入優雅體面的中產階級圈子。更不幸的是，十六、十七世紀交替之際，法蘭茲遭受接二連三的打擊。一六〇〇年二月十五日，紐倫堡遭遇史上最寒冷的冬天，再次爆發的黑死病疫情奪走了法蘭茲十六歲次子約格一命。五天之後，法蘭茲一家人哀傷逾恆地跟著送葬隊伍，前往位於聖洛克墓園的家族之墓；約格就讀聖艾格丁安拉丁學校（Saint Egidien Latin School）的同班同學負責抬棺。喪禮過後不到三週，法蘭茲結縭甫二十載的妻子瑪麗亞也病逝，享年五十五歲，死因可能與擊倒約格以及當地兩千五百多人的病因一樣。不過這次「（法蘭茲）一些鄰居出於善意主動幫忙」，協助抬著瑪麗亞的棺槨至墓地安葬，表達最後的敬意，不在乎可能招致貶抑的眼光。也許就是街坊鄰居這份善意與接納，減輕了法蘭茲所受的接二連三打擊。一六〇〇年三月十二日，四十六歲的法蘭茲‧施密特陸續完成次子與妻子的喪禮，墳上黃土未乾，甫成鰥夫的他，和四個挺過瘟疫的孩子（四至十三歲）相依為命。[3]

痛失妻兒想必令法蘭茲悲慟萬分，不過這位喪子又喪妻的劊子手並未留下任何傷心的紀錄；

日記裡完全未提及他個人的傷心事。不管法蘭茲內心有多煎熬，宗教信仰受到多大衝擊，六個星期後，他仍重返工作崗位，斬首了兩名小偷。在法蘭茲那個年代，鰥夫多半在喪偶的一年內續弦，家中若尚有稚子，更是如此。不過可能是尚未走出喪妻之痛（或是根本找不到女人願意嫁給他），法蘭茲終身未再娶，家中大小事及兩名年幼的兒子多委由十三歲的羅希娜、十二歲的瑪麗亞和一名女僕打理。與外人鮮少來往的一家人，儘管傷心、儘管人丁漸少，仍頑強地挺了過來。

面臨風刀霜劍的惡劣環境以及不公不義的社會，信仰與救贖究竟有何意義？天意與個人選擇又扮演了什麼角色？痛失妻兒之後，法蘭茲愈來愈熱中於探討人類行為背後的成因與理由，因此日記逐漸被這些內容取代。希冀從看似失序的世道中找出秩序與意義的企圖心愈來愈強烈，因此他的日記愈加頻繁地借用當時流行的犯罪小說寫作手法（想必他相當熟悉）。[4]一些看似隨機發生、毫無關聯的案件，成了環環相扣的故事，喚起大眾對被害人的憐憫之情及嚴懲罪犯的決心。法蘭茲筆下的惡棍以嗜血的強盜及陰險的親友為主，與當時小報報導的罪犯差不多。不過，不同於廉價小報與勸世文的寫法，法蘭茲既不說教也不概化犯罪動機。他認為傷風敗俗或為非作歹（sin and crime）全是個人因素使然，亦即個性及自由選擇的結果，不能以外在因素推托。由於職業使然，法蘭茲接觸大量罪犯及被害人，自然而然更重具體事項而非抽象的概念。此外，已屆中年的他對宗教定義的罪孽（sin）與救贖有了更深的感受。法蘭茲篤信路德教派教義的救贖論，所以面對可憐的罪人時，不僅有更清楚的是非判斷，也較昔日更有悲憫之心。因為堅信上帝仁慈悲憫，讓許多改信耶穌基督的死囚在伏法前得到了慰藉，而這信念是否也安撫了法蘭茲本人，協助他度過人生的諸多低潮及一路上單槍匹馬的奮鬥過程？

兩名盜匪偷襲一位旅人，凶手的竊喜之情與被害人的滿臉恐懼形成強烈對比（一五四三年）。

偶的學徒，異物跑進了鞋子，趁他低頭細瞧時，以棍棒重擊他的頭部，再用匕首猛刺他的頸部，然後草草埋了屍體」。另一名惡徒漢斯・克魯格（Hans Krug）也以相同手法「假意要同伴賽門（Simon）看一下他身上的襯衫款式，然後趁賽門不注意，拿出暗藏的刀子刺入他的脖子」。[5] 如此背信忘義的行為往往與再尋常不過的背景形成強烈對比：一名男子「在收工回家慣走的路上」，突然轉身攻擊身懷六甲的親姊妹；「駕著雪橇穿過森林時」，一個森林居民殺了自己的兄弟；一女子「佯裝要替朋友抓頭蝨、梳頭髮」，卻拿了斧頭從後重擊朋友的頭。

一如單張報紙對凶殺案的報導，法蘭茲的日記也涵蓋形形色色的細節，讓犯罪現場歷歷在目，同時襯托殺人凶手的冷血無情。一名信差奉命向農夫連哈特・陶勒（Lienhard Taller，綽號吐痰連尼）討債，陶勒不僅立刻還債，還力邀這位信差「留宿一晚，睡在客廳的長椅。兩人坐著聊天時，陶勒不動聲色取下掛在牆上的斧頭，朝信差的頭砍了兩下。信差當場死亡，陶勒拿回剛還的欠款」。另一個更冷血的傭兵史蒂芬・史代納（Steffan Stayner）面不改色地「揮劍刺死同伴，劍刃自左而右貫穿被害人的身軀，並在被害人倒下前，神色自若地將劍擦拭乾淨」。[6] 法蘭茲描述另一件偷襲殺人案時，詳細點出凶狠而殘暴的做案手法，並呼應凶手伏法時所受的各種殘酷處罰，凸顯「以暴制暴」（equilibrium in cruelty）正是法蘭茲賴以維繫的精神支柱：

> 祖籍波本洛伊特（Poppenreuth）的軍人喬格・法蘭克（Georg Franck）是鐵匠之子，說服安娜拉女士（Fair Annala），讓他和同伴護送她到匈牙利魯斯河畔的布魯克（Bruck），和她的未婚夫馬丁・熊賀林（Martin Schönherlin）會合。法蘭克與另一名傭兵克里斯多福・費里希（Christoph Frisch）將安娜拉帶到森林後，隨即按照事先預謀的計畫行凶。喬克里斯多福用木棍從安娜拉身後重敲她的頭，安娜拉倒地後，克里斯多福補了兩棒。喬格也上前補了一、兩拳，再割斷她的喉嚨。兩名惡棍將她全身財物搜刮一空，只剩一件直筒連衣裙，再棄屍荒野。兩名盜匪在德安漢巴赫（Durn Hembach）賣掉死者的衣服，得手五佛羅林……兩名凶手最後在紐倫堡伏法，根據法院判決，以輪刑處死，先被

> 輪子重擊雙臂，第三下則輾碎胸膛。[7]

記錄這些大大小小的突襲凶殺案時，法蘭茲再三強調凶手都是事前心懷不軌，早有「預謀」，這一點也是當時法典與法官判刑輕重的一大依據。[8] 一如今日多數社會的執法當局，法蘭茲與執法人員也認為預謀殺人比一般殺人來得更罪大惡極，因此懲處也該更重。法蘭茲擔任實習劊子手期間，顯然對小偷喬格・陶希爾的所作所為感到詫異。陶希爾「凌晨三點硬闖入一家客棧，殺死店主的兒子……砍斷他的脖子與喉嚨」。更令人髮指的是，此案「早有預謀，凶手有備而來，隨身帶著一把刀」。另外兩件殺人案也是出於預謀。安娜・史托林「用斧頭砍死六歲稚子」，漢斯・杜普佛「刺死即將臨盆的妻子」。記錄這些駭人聽聞的殺人案時，法蘭茲認為非得強調凶嫌早有「預謀」不可。[9]

名師法蘭茲認為，正人君子必須誠實、虔誠、忠心、受人敬重、勇敢。工於心計的預謀殺人犯，包括法蘭茲・佐伊伯特的弒父逆倫案，完全與正人君子的標準背道而馳。犯下惡行的佐伊伯特「對父親又恨又妒，不僅預謀弒父」，手法也鬼鬼祟祟，毫不磊落：

> 佐伊伯特埋伏在父親會出現的獵鳥地，躲在大石之後，並以草叢為掩護，等待父親現身。他的父親是歐斯坦諾赫（Osternohe）城堡的管家，他趁著父親爬上大家慣稱的襲鳥樹（沒想到螳螂捕蟬黃雀在後）取下誘鳥的假道具時，向父親開了四槍。老佐伊伯特次日傷重而亡。一開始大家毫無頭緒，不知道誰是凶嫌，不過佐伊伯特逃離犯罪現場

時，掉了一隻手套。一名女子撿到後，葛拉芬堡（Gräfenberg）的裁縫師指證這正是案發前夕他補過的手套，案情因此水落石出。

佐伊伯特違逆人性的惡行，儘管事前精心策畫，最後還是露出馬腳。多虧他一時大意掉了手套，加上近代初期尚不成熟的犯罪偵查，再來可能是天意吧，佐伊伯特的逆行才得以破案。他落網後全盤招供（包括「一年前他已對父親下毒兩次，不過皆告失敗」），被定罪後，「他被帶上囚車，被燒紅的火鉗烙撕燙了三次，接著雙腳被輪刑的輪子打碎，最後伏法於輪子上。」如前所述，法蘭茲鉅細靡遺描述行刑過程，藉此傳達正義終於伸張的心情。[10]（參見第二章七十七頁插圖。）

根據名師法蘭茲的標準，突襲殺人全然罔顧社會常規，故案件發生的時間與地點非常重要，會進一步反映凶嫌冷血無情的一面。若犯罪現場在森林，法蘭茲譴責對象多半是凶嫌的冷血暴行，較少著墨於被害人措手不及的程度，可能是他認定森林本來就是暗藏各種危險的是非地。相形之下，武裝盜匪強闖入民宅的刑案，更易觸動法蘭茲的愁腸。寫到這類案件時，法蘭茲悲憤的程度不輸描述小孩慘遭殺害所流露的心情。法蘭茲認為，暗夜硬闖民宅，犯罪程度比一般偷竊來得嚴重，畢竟暗夜闖民宅的強盜多半會加害飽受驚嚇的屋主。在路燈發明之前，有句諺語叫「暗夜勿行」（the night is no friend），凸顯夜幕降臨後危機四伏的現況。在紐倫堡城內，太陽下山後實施全面宵禁，小偷若在這時出沒，哪怕只是偷了一件行人的外袍，也可能被處以死刑。趁人熟睡攻擊或殺害無辜者，在法蘭茲眼裡甚為卑劣，在在顯示凶手既窩囊又卑鄙。[11]

有別於激烈吵架時，衝動動粗致意外死亡的過失殺人犯，心懷不軌的預謀殺人犯殘暴的程度往往令人髮指。同樣道理，法蘭茲透過鉅細靡遺的描述，反映這類凶殺案冷血的一面。伊莉莎白・羅森林（Elisabeth Rossnerin）「靠打零工、乞討維生。她在豌豆田裡勒住同伴（女性）的脖子，再用刀刃刺死她。被害人也在蓋貝斯多夫（Gebersdorf）的農地工作」。凶嫌不過為了區區四鎊九芬尼（約一個佛羅林幣）便痛下殺手。彼得・科霍「以施肥的鏟子痛擊自己的父親」，[12]後來以殺人未遂罪起訴。另一名犯人麥可・科勒（Michel Köller）手法更凶殘，他「蓄意朝被害人的頭丟擲石頭。被害人在韋爾（Wehr）擔任車夫……被石頭擊中後，摔倒在地，科勒趁機搜刮被害人身上錢財。不過因為石頭丟偏了，只砸到被害人的肩膀，所以被害人重新起身欲反抗時，科勒用小刀猛刺被害人的頭部三十二刀」。[13]法蘭茲成為劊子手名師後，習慣記錄被害人身上的傷口數，以此為指標反映罪犯的暴行：伊莉莎白・帕芬（Elisabeth Püffin）「曾在維爾登（Velden）一位執法官的家擔任僕役十六週。某天夜裡，她潛入執法官的屋子，來到被害人戴佐（Detzel）的房間。戴佐上了年紀，患有痛風，並戴著助聽器，與執法官有姻親關係。帕芬用鐵棒重擊老人的頭部，造成十一處傷口」。麥可・塞特爾（Michel Seitel）也犯下類似背叛親友的暴行。塞特爾是鞋匠之子，有一位叔公從事木工。有一天他「闖入叔公的家，趁叔公熟睡時以一塊有稜角的石頭攻擊他，被害人頭上共計有三十八處大大小小的傷口，脖子也有一道被製鞋刀割傷的血痕。意在割喉後，搜刮他的錢財」。[14]

專門報導聳動新聞的報紙，對這類暴行當然是大肆報導，法蘭茲的日記也不會遺漏這些犯罪。他以老套的字句、戲劇化的風格，描述被害人多麼驚恐無助，凶手多麼心狠手辣。被害人烏蘇拉・馮・普洛賓（Ursula von Ploben）是一名終身未嫁的女貴族，她的女僕在三更半夜偷偷放了一對男女進屋，三人裡應外合。法蘭茲彷若不知大難臨頭的被害人，簡單扼要地重現她看到凶嫌突然闖入閨房時驚恐的表情。「這群罪犯慢慢靠近普洛賓，用兩個枕頭悶住她的口鼻，還狠心地用刀捅她，行凶時間長達三十分鐘。普洛賓不斷掙扎，嫌犯總計使力了三次才悶死她。」[15]

法蘭茲有兩個正值青春期的女兒，所以面對以下兩起無情的性侵未遂犯時，可以想見他駭然的心情與反應。漢斯・休斯特（Hans Schuster）是實習理髮師——

時值聖週（Holy Week），他在村子前遇到一名來自呂克斯多夫（Rückersdorf）的已婚婦女。他上前接近這名婦女，欲對其不軌。她力抗不肯就範，休斯特拿出斧頭重擊她的頭兩下，把她推倒在地。被害人放聲尖叫，休斯特猛摀住她的嘴，還在她的嘴裡塞了滿嘴的沙土。所幸有人路過見義勇為，否則休斯特可能得逞獸慾。

十五歲的漢斯・瓦德（Hans Wadl）與休斯特一樣禽獸不如，並與休斯特同一天落網——

歐斯登福斯（Ostenfoos）後方一片小森林裡，瓦德上前靠近正在撿柴的四個女孩，然後對其中體型最大的女孩（年僅十一歲）伸出魔爪……將她用力推倒在地欲一逞獸慾。這名女孩放聲尖叫，哀求瓦德放自己一馬，因為她年紀還太小，瓦德答道：「我向天主發誓，妳的陰道緊得好。」由於女孩不停放聲尖叫，瓦德只好摀住她的嘴巴，並拿出刀子

> 威脅她若再不住口，便一刀刺死她。瓦德不斷痛毆被害人，其他兩名理髮師也過來幫忙壓制。完事之後，瓦德逼被害人發誓絕不對任何人提起這件事，連惡魔也不能說。[16]

儘管卡洛林那法典規定性侵害乃是砍頭的死罪，但這類案件發生後，被害人往往隱匿不報，加害人也往往受到輕判而已。根據神聖羅馬帝國的官方統計，十七世紀期間，紐倫堡僅處決了六名強暴犯。[17] 執法人員念在加害人「年紀尚輕故從寬量刑」，僅判罪犯鞭刑了事，多數性侵害犯遂像瓦德一樣逃過一死。但在法蘭茲眼裡，性侵害犯凶殘野蠻、粗俗下流、陰狠惡毒，就像謀財害命的強盜一樣，令他不齒之至。

法蘭茲年紀尚輕時，認為蓄意犯罪與非蓄意犯罪絕不可混為一談。年紀漸長後，這位經驗老到的劊子手對不幸落網罪犯背後糾葛的動機，表現出濃厚的興趣，所以執筆分析探究。日記顯示，預謀凶殺案及其他暴力攻擊（尤以職業性搶匪為首）往往是為了錢鋌而走險。不過法蘭茲不厭其煩地指出，就算歹徒成功得手，實質所得往往微不足道，有時甚至白忙一場。藉由這樣的反差，進一步凸顯罪犯卑鄙的惡行。裁縫師麥可・迪特梅爾（Michael Dietmayr）「與一位當農夫的舊識一起散步，卻從背後重擊友人頭部，被害人倒地後，他又重擊了兩下」，為了區區三佛羅林又三芬尼，葬送一條人命。另外兩名慣竊則專挑馬車夫、送麵包的女人與小販下手，不過「收穫有限」。另一名罪犯為了一・二五佛羅林以及幾個不知裝了什麼的包裹（事後發現值不了多少錢），殺害一名信差。壓花工人漢斯・雷姆（Hans Raim）冷血殺死一名女子，結果也只搜刮到微不足道的金額，讓他大失所望。[18]

法蘭茲發現，無前科紀錄的非專業罪犯，多是因為私人恩怨訴諸有計畫的報復行動。喬格・普朗（Georg Praun，綽號大頭針喬治）「和一名農夫有過節，刻意在路上埋伏等待」。屠夫漢斯・康普勒（Hans Kumpler）「由於與村裡巡守員就村內公園起了爭執，晚上他到巡守員的家，假意言和，但進屋後，康普勒便拿出預備的『爭議鎚』（dispute hammer），殺了巡守員」。罪犯安德烈・賽仁（Andreas Seytzen）與共事的理髮實習生長期不睦，「威脅該生總有一天要他好看」，便在兩人工作的公共浴場「將剃刀捅入一顆洋蔥裡，並煮了豆子（不加任何調味料），然後對著剃刀吹氣」。賽仁的本意僅在嚇唬與他不和的實習生，沒想到卻讓公共浴場「其他七十多人遭到波及，有的受傷，有的感染梅毒，還有不少人當場昏了過去」。法蘭茲並未在日記裡透露兩人結怨的來龍去脈，但他特別點出：「滿腦子復仇心的賽仁也感染梅毒，在家足足躺了八週。」似乎想告訴大家，賽仁惡有惡報、自業自得。[19]

根據劊子手名師法蘭茲的經驗，點燃罪犯復仇之心的導火線往往是微不足道的不滿和委屈，一如前述為了區區小錢而起殺意。女僕烏蘇拉・貝奇林（Ursula Becherin）「受雇於馬瑞斯坦（Marelstein）一個農家時，燒了雇主的馬廄，因為那家人對她非常嚴厲苛刻。一五八二年，受雇於海瑟霍夫（Haselhof）另一農家時，也因為雇主對她挑三揀四，老是看她不滿，放火燒了雇主的馬廄」。安娜・畢修芬（Anna Bischoffin）「因為將錢包放錯了位置，被主人懷疑手腳不乾淨。畢修芬滿懷委屈，一怒之下燒了克澤（Kützen）農家主人的馬廄」。孔茲・奈納（Cunz Nenner）也揚言要放火，因為「有人偷了他幾隻鴿子」。其他諸多不可原諒的罪行，也都是為了雞毛蒜皮的小事。法蘭茲順帶提到，預謀攻擊可能也是因為一些微不足道的原因而起，例如「為

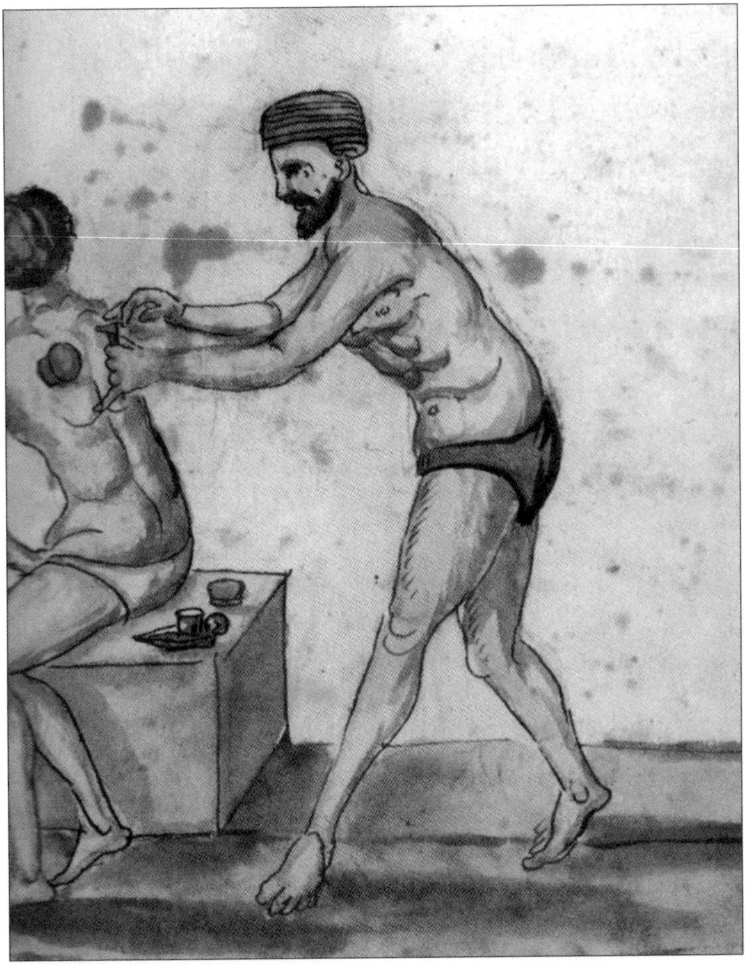

公共浴池除了可以從事各種社交活動，包括性交易在內，也提供各式各樣醫療行為（約一五七〇年）。

了一支火把吵架、因為找不到湯匙而發飆、在林裡為了一枚胸針大吵」。此時法蘭茲是否在嘲弄人性的癡愚，以及小題大作的暴行？[20]

金錢、復仇、愛情讓昆拉德・茨維克斯伯格（Kunrad Zwickelsperger）和人妻芭芭拉・華格納林（Barbara Wagnerin）起了殺機，聯手謀害華格納林丈夫：

> 華格納林的丈夫從事木工，茨維克斯伯格成功慫恿華格納林三度在丈夫的食物裡下毒。她把殺蟲劑加入粥裡，自己先嘗了三口，才讓丈夫吃。飯後華格納林吐了兩次，丈夫則吐了六次，除此之外並無大礙。因為茨維克斯伯格事前提醒華格納林，一次加太多殺蟲劑會讓丈夫暴斃，一次加一點點，只會造成嘔吐。茨維克斯伯格也向華格納林承諾，他會上教堂、絕不與其他女性有染，並向華格納林提出相同條件。茨維克斯伯格也找了老女巫幫忙，給了她兩個佛羅林幣，要她詛咒華格納林的丈夫遇刺、遇襲或溺斃。[21]

不管這對共謀犯案的男女對彼此多麼情真意切，最後還是不免一死，而僥倖逃過死劫的被害人，則親眼目睹法蘭茲處死這對奪命鴛鴦。命案也可能因愛慾而起。殺人犯喬格・維格里斯（Georg Wigliss）在紐倫堡的森林裡對一名小販痛下殺手，不僅「偷走他身上八枚金幣，事後還看上他住在萊因堡（Leinburg）的妻子，最後娶她為妻」。[22]究竟娶她是因為維格里斯與受害人妻子裡應外合、早有預謀，還是事後想贖罪，抑或不符常理地深受這位人妻吸引？法蘭茲並未在日記裡對這件凶手變丈夫的案件表達個人看法，只記載維格里斯是前科累累的殺人犯（共三次），最後被「輪刑處死」，旁邊是兩名被絞死的小偷。

黑幫盜匪與公路流寇堪稱將無法無天、殘酷冷血發揮到了極致。儘管名師法蘭茲處決的罪犯當中，這類謀財害命的惡徒比例不到一成，卻在他日記裡占了極大篇幅，人物特質也刻畫得最逼真生動。[23]他們沿路打劫、硬闖民宅，不太像事前做了通盤計畫，反倒更像藉此滿足虐人的衝動——將被害人五花大綁，再用熱火或燙油虐待其身體；一再性侵以滿足其獸慾；或是手段凶殘地殺害倖存者。法蘭茲早見識過各種違逆人性的暴行，但是看到十六名盜匪趁夜攻擊百姓的暴行，依舊覺得震撼。據載，十六名盜匪「趁夜攻擊良民，將他們綁起來施暴虐待，搶走他們身上的錢財，扒光他們的衣服」。[24]法蘭茲的文字明顯透露對其中兩名女性被害人的同情與不捨。一名女子「被毆、被刺，全身共有十七處傷口，十三週後傷重死亡；另一名女子一手被砍斷，三天後不治死亡」。[25]在法蘭茲的紀錄裡，惡棍沒完沒了的野蠻行徑往往行文於被竊的財物之前，可見前者才是重點，後者是事後增補的花絮。這類惡徒樂得踐踏社會常規，一個比一個膽大妄為。最讓法蘭茲・施密特覺得不容原諒的惡行首推冷血虐殺孕婦，歹徒開腸剖肚取出胎兒，再當著孕婦的面殺死胎兒。再一次，透過這些暴行，我們應能理解法蘭茲何以要合理化自己殘酷的刑訊以及處決罪犯的心情。儘管他在有意或無意間誇大歹徒施暴的過程，但是他描繪的暴行、受害人驚恐的反應，確實是實情而非憑空杜撰。

暴行並未隨被害人氣絕而落幕。根據法蘭茲的說法，職業盜匪可說是最常褻瀆屍體的一群人。像法蘭茲這樣專業的劊子手竟會在意瀆屍問題，實在出乎我們意料之外，畢竟劊子手偶爾得做同樣的事。但這也反映，法蘭茲和當時民眾對隆重基督葬禮看重的程度。對堅信死後有來生、

十八世紀法國版畫栩栩如生描繪出歹徒硬闖偏遠鄉間民宅打劫時，無助被害人的驚恐反應（一七六九年）。

肉身會復活的民眾而言，看到屍體被暴露於絞架或輪子，或被燒得只剩灰燼，莫不深感不安。同樣道理，蓄意凌辱、棄屍體不顧等行為也應受到譴責。前述提到的盜匪克勞斯・廉卡，在殺害磨坊主人後，強迫其妻子煎蛋，然後把死者的屍體當成餐桌，在上面吃吃喝喝。囂張的程度無人能出其右，卻反映這類惡棍早已泯滅基本的人性，完全不把羞恥心當回事。[26]有些殺人犯扒光死者身上衣物後，棄屍於路邊、藏在灌木叢裡或扔進附近水池。碰到這些惡形惡狀，法蘭茲難掩心寒與沮喪。不過從法蘭茲描述連哈特・陶勒（綽號吐痰連尼）處理受害人遺體的方式，我們看不出他的心情，不知他到底是鬆了一口氣，還是深感不安。陶勒先將死者藏在「馬廄裡的稻草堆下，隔天晚上再和妻子合力將死者抬到小林子裡，挖土埋了他」。27

法蘭茲認為，這類惡徒棄社會常規如敝屣，最好的明證莫過於彼此相待的方式。他們截然不同於與文人筆下的義賊或俠盜。根據法蘭茲的說法，這些法外惡徒不知潔身自愛，沒有忠誠可言，而且經常自相殘殺。有時候，因為新仇舊恨而起殺機。例如盜匪漢斯・裴爾（Hans Paier）「被另一個流放到外地的盜匪亞當・席勒（Adam Schiller）出賣而落網。（裴爾宣稱他記不得兩人曾在新林（New Forest）有過節。總而言之，裴爾因為被對方出賣而落網，沒多久就伏法）」。更多的內鬨與衝突係因貪婪而起，尤其在分贓時表露無遺。漢斯・喬格・史瓦茲曼（Hans Georg Schwartzmann，綽號肥兵、黑農）「在菲施巴赫（Fischbach）與同夥瓜分搶來的戰利品時，雙方一言不合發生爭執，史瓦茲曼不但被同夥痛揍，幫忙他的妓女也慘遭分屍。」麥可・佛格（Michel Vogl）同樣和合作多年的同夥為了「剛搶來的戰利品起爭執，對方企圖刺殺他洩憤，這時佛格立刻搶來對方的槍，並朝他開槍，對方當場斃命」。為了凸顯盜匪之間完全不講誠信與道義，法蘭茲描述了佛格如何對待生前同夥的屍體。佛格「扒光死者衣服，搜刮他身上財物，共得手四十佛羅林」。在另一起案件中，雖然搶匪克里斯多福・霍夫曼（Christoph Hoffman）的同夥係因槍枝誤射而死，而非霍夫曼蓄意殺害，但霍夫曼對待屍體的方式同樣令人搖頭，他不僅將死者財物搜刮一空，還棄屍於水塘。

盜匪之間的內鬥也非常凶殘不仁。喬格・維修托（Georg Weyssheubtel）「砍斷同夥一隻手，也差點將另一隻手臂砍成兩截，然後重傷對方頭部，導致他傷重死亡」。心狠手辣的喬格・穆爾納（綽號瘦子喬治）不僅殺害同夥，將對方財物搜刮一空，翌日又在不遠處的林子對死者妻子痛下毒手。穆爾納先「用她的方巾將其勒斃，再扒光她的衣服，搶走財物」。漢斯・柯伯（Hans Kolb，綽號高大燒磚人）更是罪大惡極，無人能出其右。他「兩年前在布赫（Büch）刺斃自己的妻子，之後又在法蘭科尼亞的路上刺死一名同謀……此外，他在田裡砍下另一名同謀女姘頭的耳朵」。28

對於這些毫無道德感的盜寇，法蘭茲及其他執法官員都有強烈的無力感與不平，因為無法有效防範並懲處其惡行。所以，當這些惡徒落網伏法，不難理解法蘭茲的痛快心情。他會竭盡所能列出所有同謀犯的名字，尤其是已經被捕或伏法的罪犯。敘述漢斯・海默（Hans Hammer，綽號皮革壓紋師、製鞋小子）犯下的罪狀時，不難看出，他因為親自處決所有和海默硬闖民宅搶劫的共犯，流露出得意之情。此外，法蘭茲的苦惱表露無遺，他寫道：「皮革壓紋師的同謀罪犯仍有不少人逍遙法外。」當他提到漢斯・喬格・史瓦茲曼和「他的姘婦」安娜・品茲林寧（Anna Pintzrinin）的共犯，包括煙囪麥可、拜魯特學者、湯匙凱斯帕、捲髮男、保路斯學者、菜鳥、老六、橡皮奶頭等人終於「也悉數伏法」，其快意之情溢於言表。描述盜寇海因利希・豪斯曼（Heinrich Hausmann）、喬格・穆爾納的罪狀與處決過程時，法蘭茲不厭其煩一一列出四十九名共犯的全名與綽號。法蘭茲為何鉅細靡遺彙整這一長串名單（畢竟僅剩四名共犯在逃），仍是無解的謎。或許他希冀有朝一日能將這些惡棍繩之以法，這不僅是他自己的希望清單，也是執法同仁共同的願望。不管怎麼說，這種共犯清單成了法蘭茲日記獨樹一幟的特色。29

激情犯罪

在法蘭茲的眼裡，前述惡意違逆基本人性的暴行，截然不同於因敵不過人性弱點而鑄下的錯。由是之故，法蘭茲日記裡甚少著墨分析不涉人命與暴力的犯罪。除非罪行涉及蓄意傷人，否則法蘭茲鮮少花篇幅或心思描述財產糾紛或不當的男女關係。儘管這兩類犯罪比例之高，約占他職涯經手罪犯的四分之三。[30]法蘭茲當然繼續扮演替大眾復仇的角色，但處決前述殘酷不仁盜寇時、行文裡明顯可見的由衷之喜，此時顯然已不復見。換言之，處死或懲處罪犯時，法蘭茲多半能壓抑怒火與不平，不動聲色。由此看來，法蘭茲已接近理想劊子手的標準，彷若司法工具，能夠冷靜沉著、波瀾不興地替國家行使暴力。

法蘭茲對於非出於惡意而行凶的罪犯多所同情。在他眼裡，因一時情緒衝動而犯罪最是情有可原。所謂激情犯罪（crime of passion）意指事前並無預謀或歹念，而是在盛怒下爆發不可收拾的暴行。在當年紛亂的時代，幾乎人人（包括法蘭茲本人）都會隨身攜帶刀械或其他武器。不難想像一群男子聚在一起，一旦喝醉或是為男性尊嚴吵得不可開交，往往會演變成拳腳相向，甚至不惜拔刀械鬥，鬧出人命。卡洛林那法典與部分刑法典雖限縮了自衛與「為榮譽殺人」（honorable killing）的適用範圍，不過一如美國當年中西部（或是當今美國部分地區）的作風，遭受言語或肢體暴力的男子拒絕忍氣吞聲，反而視自力救濟為王道。[31]根據行之多年的習俗，受傷的被害人可向加害人要求金錢賠償（又名贖罪賠償金〔wergild〕）。[32]一旦口角鬧出人命，法蘭茲承認的確應為死者伸張正義。若加害人在盛怒下失手殺人，他則認為此事雖不幸，卻是可理解的人生真相。

法蘭茲開始寫日記之初，談到以下案件時，僅以三言兩語簡短帶過。例如一名農夫「刺傷一樵夫」；一毛皮商「刺傷條頓騎士團（Teutonic Knights）某團員的兒子」。法蘭茲偶爾會點出加害人被惡言侮辱為叛徒、小偷、流氓，描述傷人的凶器（如刀子、斧頭、榔頭、弓箭等）或口角的導火線，但事由多半微不足道：「為了搶替一名娼妓支付飲料錢；為了區區○．○二佛羅林；或是因為朋友咒罵他是叛徒。」[33]這些案例就像路上交通廣播般平淡無奇，讓人提不起興致。[34]法蘭茲暗示，若男人處於時時得捍衛自身名譽的社會，意外傷人在所難免。紐倫堡市弓箭手漢斯・海克（Hans Hacker）因過失致死入獄。海克「不滿一位弓箭手同仁的兒子對他出言不遜，和這位同仁之子值勤時，雙方發生口角。海克奪走對方的兵器時，榔頭不小心一揮打到對方的頭，對方傷重身亡」。[35]案發後，海克僅被輕判鞭刑。不過相形之下，彼得・普朗克（Peter Planck）與一名娼妓逐漸升溫的爭執與纏鬥讓兩人最後以悲劇收場。法蘭茲寫道，喝得醉醺醺的普朗克在回家路上，碰上一連串的不幸與遺憾：

> 普朗克在史匹勒城門（the Spitler Gate）附近，走向養豬場時，看到前方有一名娼妓沿著桑德史普赫街（Sunderspühl Street）而行，普朗克趕緊追上她。根據普朗克的口供，這名娼妓開口要他跟她一起回家，但普朗克拒絕了。她隨後要求普朗克他對上帝起重誓。普朗克坐下後，她搶走了他的帽子，謊稱普朗克自己把帽子藏了起來，擺明就是要愚弄他。普朗克想奪回自己的帽子，結果和她扭打成一團。普朗克對著她的臉揍了一

拳，該女也拿出兩把刀作勢要刺他。當妓女逼近普朗克，他便抓起一把沙子丟她，她也如法炮製。由於娼妓不斷揮舞刀子攻擊他，普朗克抽出自己的刀子，朝她猛刺。她被刺傷一隻眼睛後，跌坐在地上，普朗克的刀子應聲折斷，只剩刀柄握在手裡。普朗克蹲下來想奪走娼妓手上的兩把刀，卻不慎被刀鋒砍到手，一怒之下搶下她的刀，刺入她的左胸。36

暴怒因酒精以及受傷而起（傷的可能是名譽，也可能是身體），繼而引爆衝突與暴力相向，這種「怒火」截然不同於罔顧道義的冷血預謀。

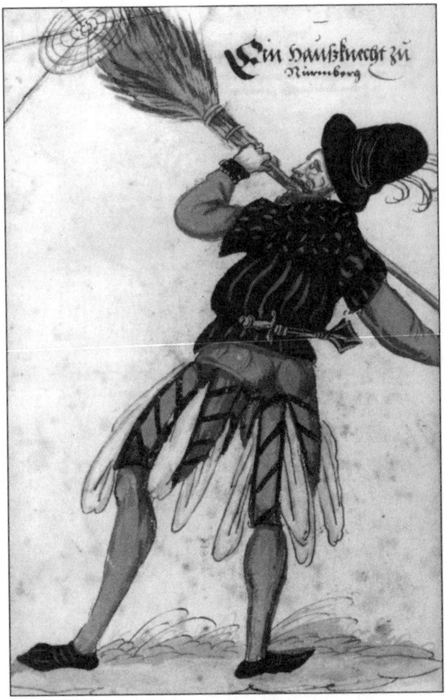

隨身佩帶刀械是當年社會遍存的風氣，就連打掃屋子的僕役也會隨身攜帶短劍防身。

法蘭茲這位資深紐倫堡劊子手認為，向怒火之外的其他激情低頭（尤其是慾火），繼而犯罪，這種事既無法避免，也沒那麼罪大惡極。在法蘭茲經手的三百八十四件體刑中，因通姦、出軌或賣春而被判鞭刑的比例，占了近四分之一。但這些犯罪也許太頻繁、太司空見慣，在法蘭茲日記裡的篇幅最短。這類罪犯身處法蘭茲敬謝不敏的世界，以職業妓女為主。不同於其他執法的教士同仁，法蘭茲提及「淫穢」（英文lewdness，德文Unzucht，譯註：文學用語，意為不知檢點）一詞時，不安與彆扭的程度不及其他丟人現眼的醜聞（public scandal）。信仰虔誠的法蘭茲不可能贊成婚外情無罪論，但在他的日記裡嗅不出強烈不屑，若當事人彼此兩情相悅，他更不會說三道四。寫到這類姦情時，法蘭茲的用詞原汁原味、就事論事，堪稱日記裡最短的篇幅。他甚至還會露一手「喬叟式」（Chaucerian）的筆法：

> 莎拉（Sara）是法赫（Fach）的烘焙師，父親在海爾布羅內霍夫（Heilbronner Hof）經營一家酒館。她找了皮毛商，讓侍女和他偷情雲雨。後來又唆使一名鐵匠和侍女發生關係，甚至要他拔一撮侍女的陰毛回來，當作「證物」。當侍女放聲尖叫，莎拉一屁股坐在她的臉上，悶住她的嘴巴。事後還往她嘴巴灌一杯冰水。[37]

另一段談到過去的緩刑案例，施密特稍稍離題，寫出以下這段文字，簡直是薄伽丘《十日談》裡描述酒後亂性、醉態百出的翻版：

> 一名來自赫斯布魯克的農夫在酒館與另一名農夫喝完酒後，起身到外面小解，卻陰錯陽差走到那位農夫老婆的臥室，彷若她老公似地躺到床上，與她雲雨一番，完事後，他起身欲走，婦人這才發現他不是老公。[38]

由於法蘭茲長年和罪犯及出身低賤的警衛打交道，這種露骨粗俗的幽默筆調倒也不令大家意外。但我們也別忘了，法蘭茲雖是虔誠的基督徒，絕非過分拘謹的假道學。此外，和法蘭茲共事的司法牧師對於男女性關係有一絲不苟的標準與潔癖，卻不見得廣受社會支持，甚至連信仰虔誠的民眾也不一定認同。

注重身分地位的法蘭茲認為，丟大家臉的醜聞（public scandal）遠較個人敗德之舉嚴重。他秉信名聲乃最珍貴的資產，因此唯有出軌或敗德行為讓家族及鄰里蒙羞，法蘭茲才會對這類性犯罪流露無法苟同與憤怒之情。喬格・史奈克（Georg Schneck）不但出軌，「還在新林（New Woods）和妓女『染工芭比』（Dyer Barbie）公開舉行婚禮。」小偷彼得・霍夫曼（Peter Hoffman）「拋棄元配後，勾搭上另一名女姘頭。女姘頭死後，霍夫曼另結新歡，還在勞夫張貼婚訊；但結婚一事被打回票，他又換了個女友布莉吉塔（Brigita）」。[39]

現代讀者可能很難想像，在法蘭茲的時代，沒有牧師或神父的見證，結婚誓言一樣具法律約束力。只要男女雙方私底下（或是有若干人觀禮見證）互換簡單誓言，接著圓房，便算是正式夫妻。不難想像許多男人為了將年輕女子騙上床，假情假意許下山盟海誓，得逞後便棄她而去。在當時，未婚懷孕的女子面臨三種淒涼的下場：一，生下孩子，讓自己、家族及孩子蒙羞；二，想辦法墮胎，但這不僅不合法也往往賠上兩命；三，隱瞞懷孕的事實，偷偷生下孩子後再遺棄。選擇第三條路的女人，多半年輕、貧困、無娘家可求助，只能單獨一個人生下孩子，再絕望地殺死小孩。殺嬰罪行一旦曝光，只有死刑一途。[40]

面對這類假發誓、真誘騙的犯罪，只要未涉及殺嬰，法蘭茲對受辱的年輕女性及其家族同情多過指責，尤其是醜聞曝光鬧得人盡皆知時。抄寫員尼可勞斯・赫佐格（Niklaus Hertzog）的行徑令法蘭茲深感不齒。據載，赫佐格「在沃格蘭區的霍夫鎮（法蘭茲的老家）搞大了一名少女的肚子後，向少女保證會娶她，並公開婚訊，最後卻棄少女而去」。他也在「韋爾搞大了一名女僕的肚子，承諾與之成親，最後一樣不告而別」。農民喬格・施密特（Georg Schmiedt）的說詞反覆，讓法蘭茲耐心盡失。施密特「坦承追過一名農夫的女兒，和她上床偷情二十次，有意娶她，事後卻反悔」。[41]一如其他犯罪，罪犯若是招搖撞騙、事後又敢做不敢當，都會挑起法蘭茲的怒火。所以當這些愛情惡棍罪有應得、於法蘭茲的樺木鞭子之下受罰時，他忍不住在行文間透露快意，不過這些薄情浪子被繩之以法的例子少之又少。

其他事涉男女關係的犯罪記載可看出法蘭茲一貫的憂慮，顯見他重視得宜舉止勝於道德教條，讓眾人蒙羞的醜聞遠比私德不檢點來得嚴重。所以房門內的個人私生活就算不檢點，法蘭茲頂多覺得不屑。裁縫實習生維特・海曼（Veit Heymann）和他的新娘瑪格麗塔・葛洛辛（Margaretha Grossin）受到法蘭茲鞭刑，罪名是「兩人在一群未婚少女面前上演活春宮」。但寫到艾蜜麗・蘇津（Ameley Schützin）和瑪格麗塔・普希費德林（Margaretha Puchfelderin）各自將親生女兒推入火坑賣淫；海羅尼穆斯・拜爾斯坦（Hieronimus Beyhlstein）幫下海的妻子拉客，法蘭茲的反應是反感之至。[42]教堂執事漢斯・布魯諾爾（Hans Brunnauer）的行徑更是囂張可恥：

> 已婚的布魯諾爾與另一已婚婦人芭芭拉・凱特納林（Barbara Kettnerin）偷情，兩人雖各自有妻有夫，卻發展不倫的婚外情達三年之久。期間布魯諾爾不僅保證會娶她，還陪

她周遊各地玩了半年，甚至育有一子。此外，布魯諾爾勾搭凱特納林的姊姊，兩人發生兩次不當性關係，還曾與兩姊妹的繼母偷歡數次。他更纏上木匠杜馬（Thoma）的妻子，兩人同居了半年，保證娶她為妻。不只如此，他背著妻子和一名侍女生下一對雙胞胎。[43]

就連看透人世、處變不驚的法蘭茲也對艾波隆妮亞・葛洛秦（Apollonia Groschin）的行徑感到駭然。據載，「葛洛秦力邀糕點師伊莉莎白・梅希林躺在她的新婚床上，之後一名綽號行家（Angelhead）的理髮實習生加入躺在兩女中間，三人一起廝混，同享魚水之歡。」[44]

根據基督教教義，最嚴重的性犯罪首推亂倫與雞姦，兩者自古以來被視為冒犯與僭越上帝，違者將被活活燒死。大家擔心，令人反感的亂倫之舉，若任罪犯逍遙法外，恐招致上帝報復，危及全村安危。相關案件當中，唯有十七歲少女葛崔特・史密汀（Gertraut Schmidtin）「與自己的父親和哥哥亂倫了四年」，讓法蘭茲打心底受到震撼，進而罕見地替她冠上「異教徒」之名。儘管罪不可赦，法蘭茲基於同情的立場（可能體認到她也是受害人），當她獲得減刑、由火刑改成斬首刑時，他並未提出異議。法蘭茲另外交代，她的父親與哥哥八天後在鄰近的蘭根岑（Langenzenn）伏法，由安斯巴赫的劊子手執刑，將兩人活活燒死。[45]法蘭茲親自出馬審訊調查史密汀的罪狀，所以非常清楚這段亂倫關係的始末，但他很克制，並未在日記裡加油添醋。

法蘭茲異於平常的反應乃因這是他職業生涯中唯一經手的近親亂倫案。近代初期，這類家醜多半祕而不宣，一旦曝光，往往對社會投下震撼彈。亂倫罪的當事人通常是繼父與繼女；或是亂倫對象有親戚關係（舉例來說，一女與兩兄弟；或是一男子與一女子、其姊妹、繼母偷歡）。[46]當年的社會不解亂倫何以發生，尤其是第二種亂倫，簡直是罪大惡極，形同褻瀆上帝，罪犯通常被判死刑。不過紐倫堡往往對亂倫犯網開一面，以斬首刑甚至鞭刑取代火刑。

犯下亂倫罪而被定罪者，唯有男性能逃脫嚴懲，改以被流放到外地了事。法蘭茲無疑注意到男女有別的雙重標準（幾乎所有性犯罪案皆如此），說不定還認同這樣的差別待遇，有時會以「共犯程度」（level of complicity）為這種男女有別的處罰提出辯護。舉例來說，一對父子和家中的女僕上床，這對父子最後僅被判鞭刑，女僕卻難逃一死，原因在於「父子兩人被蒙在鼓裡，不知對方和女僕做了什麼」。反之，康妮根達・庫普林（Kunigunda Küplin）則完全知道「第二任丈夫和女兒之間的不軌行徑，她本人甚至居間牽線，安排兩人歡好」。所以庫普林最後被判處死刑罪有應得，斬首後屍首被火焚。淫蕩無節的醜事，所受的懲處同樣嚴重。法蘭茲記載了伊莉莎白・梅希林「在肉販攤位（絕對是藏汙納垢之地）與一對名字都叫漢斯・史耐德（Hans Schneider）的親兄弟野合」。人妻安娜・裴耶史坦尼（Anna Peyelstainin，綽號交際花安妮）不僅「與有家室的柯卓恩（Cauldrons）父子性交易，還在丈夫幫忙拉客下，共和二十一名已婚男子及少男共赴雲雨」。[47]

在近代初期，雞姦罪（sodomy）涵蓋了同性、人獸及其他各種「有違自然」（unnatural）的性行為，就連異端思想也算在內。[48]一五九四年，法蘭茲對罪犯漢斯・韋伯（Hans Weber）動用火刑，這是他第一次對雞姦犯執刑：

韋伯綽號「胖子水果商」，和克里斯多福・梅爾（Christopher Mayer）男男肛交了三年。一日，兩人躲在托恩鎮（Thon）街尾的一道樹籬後翻雲覆雨，被一名製作鉤子的學徒撞見，兩人姦情因此曝光。韋伯與男人發生性行為已有二十年，對象包括廚師安德烈（Andreas）、亞歷山大（Alexander）、軍人喬格（Georg）、勞夫的烘焙師露齒克里斯（Chris），以及許多他已記不得名字的烘焙店僕役。梅爾先被斬首，屍首接著被火焚，旁邊同時伏法的韋伯則是被活活燒死。49

兩年後（一五九六年），商人漢斯・沃夫・馬提（Hans Wolff Marti）雞姦的同性伴侶人數遠超過韋伯，還被控殺害其中一個情夫的妻子。儘管罪重如山，馬提最後仍逃過被活活燒死的命運（當局為何對馬提如此仁慈，我們不得而知）。

法蘭茲對盜寇及他們見不得光的世界，處處流露擔心與憂慮，面對同性戀的地下世界，卻不見任何不安。老實說，他受到好奇心驅策，加上有意呈現無藥可救的人是什麼模樣，因此不厭其煩列出可能與雞姦罪犯有染的長串名單，其中馬提的花名冊最長：

雞姦上述石匠及另一個木匠……還在各地鄉間打野戰，包括伊比斯（Ibis）的船夫、布洛因根（Brauningen）的船夫、法蘭克福的船夫、密騰布魯克（Mittenbrück）的農夫、烏茲堡的馬車夫、什文福特（Schweinfurt）的鎖匠、溫茲海姆（Windsheim）的農夫、法爾茲（Pfaltza）的馬車夫、諾德林根（Nördlingen）一名男子、薩爾茲堡（Salzburg）

一名割稻工人……最後在韋爾和一名叫漢斯的守衛有染。[50]

招供性伴侶的身分時，馬提支吾閃爍，不是為了保護他們，就是根本不其名。法蘭茲並未對馬提動用酷刑，逼他吐出共犯的名字（這招常用於獵殺女巫）。記錄韋伯和馬提的案件時，法蘭茲口吻超然，不帶個人價值判斷，也沒有任何嘲笑性字眼。但談到喬格・修普夫（Georg Schörpff），他則是大搖其頭，反感之至。「這異端與四隻母牛、兩隻小犢和一隻綿羊獸交」，後來「在維恩（Velln）伏法，腦袋落地，罪名是姦淫母牛的變態狂，屍首後來和被他姦汙的一隻母牛一起火化」。[51]法蘭茲寫到一名農夫「被控攻擊數人，並試圖硬上這些被害人」，但最後僅被判鞭刑。之所以從寬課刑，係因案發時他「醉到不省人事」。[52]面對男男雞姦的行為，法蘭茲反應淡定節制，但我們不可據此論斷當年的同性戀非常普遍，或見容於紐倫堡的社會。當時的教會嚴格反對這些「令人深惡痛絕的行為」及其普遍的影響，只是這些反應在法蘭茲的日記裡顯然付之闕如。

就算法蘭茲的確視亂倫和雞姦為褻瀆上帝之罪，也沒有證據顯示他和當時多數人一樣，相信這類行為會讓整個區域遭到天譴（Landstraffe），受瘟疫、饑荒或其他浩劫等苦難荼毒。不過若是明目張膽褻瀆上帝，那又另當別論。一如近代初期的男子會極力捍衛名譽與面子，所以天父之名遭人直接踐踏時，就難逃天譴了，諸如「出賣肉體的娼妓」大開上帝的玩笑；弓箭手之子與人爭執時，咆哮怒罵上帝；尖酸刻薄的玻璃工人「在雷電交加的暴雨日，對著天上的祂（神呀，原諒我寫出您的名諱）大爆粗口，斥其為老賊，數落這個老蠢蛋賭牌賭輸了，現在想靠擲骰子把錢贏回來」。信仰虔誠的法蘭茲在個人的日記裡甚至想盡點力平息上帝的怒火，所以寫到那位褻瀆上帝的玻璃工人被處以輕刑時，他的語氣有些忐忑：他「僅被套上枷鎖公開受辱十五分鐘，之後被拖到肉橋，割掉一部分舌尖」。[53]

在天主教的觀念裡，偷竊教堂和修道院形同褻瀆上帝，應遭天譴，但身為新教徒的法蘭茲倒不覺得有這麼嚴重。他在日記中提到教堂賊漢斯・克勞斯（Hans Krauss，綽號鎖匠約翰）「闖入安特曼斯堡（Endtmannsberg）的教堂，偷走聖餐杯，還撬開四個大皮箱，竊走教袍」。被捕後，克勞斯以往的犯罪也跟著曝光。據載，他曾「在夜間夥同其他盜寇闖入民宅，協助偷襲與攻擊」。儘管數案纏身，克勞斯的下場和一般小偷沒兩樣，僅被判處絞刑。而在談到犯案累累的教堂慣竊漢斯・博伊特勒（Hans Beütler，綽號瘦皮猴）及漢斯・喬格・史瓦茲曼（綽號肥兵），法蘭茲的筆調同樣不慍不火，保持一貫的冷淡。法蘭茲的日記從頭到尾一致地透露，小偷不是因為偷的東西多麼神聖而被送上絞架，而是因為偷竊的頻率（「到處頻繁做案」）之故。[54]

習慣犯罪

被法蘭茲處決或體刑的罪犯當中，因惡意或一時激憤鑄下大錯者少之又少。根據他的經驗，多數慣犯（尤其是小偷）並非大家所認為的，因為貪婪而犯案。不同於暴力型盜寇或一時衝動做案的一次犯，非暴力型竊賊偷東西時，往往波瀾不興，不動任何感情。正因為如此，法蘭茲也以公事公辦、不帶感情的筆調在日記裡簡短交代竊案，卻鉅細靡遺記錄被害人損失的財物。贓物種類五花八門，有些價值連城，值數百金幣，有些卻不值幾個錢。此外，衣服、床墊、戒指、家用品、武器、雞，乃至沒有任何保護的蜂巢內的蜂蜜，都是被偷竊的對象。馬和牛最有利可圖；變賣偷來的衣物則最常見。小偷的犯案情節不因贓物貴重而有輕重之別，一律判處死刑，這點看在現代人眼裡實感不解。法蘭茲既然篤信基督新教，怎能坐視非暴力竊賊受到這樣的重罰？怎能為自己是那個親自操刀的執刑人自圓其說呢？

再一次，我們必須顧及這是因為法蘭茲對受害人之苦感同身受，所以反應強烈。在物資普遍缺乏的貧窮社會，經濟拮据的家庭就算只被偷了幾件斗篷或一小筆現金，就足以讓辛苦生活的一家人陷入絕境。若遭竊的損失在五十佛羅林（大約是校長的年薪）以下，法蘭茲不僅更精準交代失竊的項目與金額，也打心底感到難過與吃驚，畢竟這筆損失對某些受害者影響甚鉅。顯然法蘭茲認為竊案確有輕重之別，被竊的金額愈大，罪也應該愈重。不過日記側重受害人遭竊後的辛酸，讓日記出現一些值得玩味的對比。若損失是一筆小數目，法蘭茲會一五一十詳實記載，連尾數的一便士（pence）也不放過，反映出即便是小錢，對手頭拮据的受害人影響也很大。反觀若損失是一筆鉅額，法蘭茲會四捨五入個位數和十位數，一律只記錄到百位數。在一六〇九年，法蘭茲記錄竊賊漢斯・佛拉森（Hans Fratzen）「大約在十八週前，偷了十件床毯，並闖入班堡一個茅草屋工人的休息站，竊走價值二十六佛羅林的衣服」。緊接其後的篇章卻記錄了惡名在外的竊貓賊「偷了價值約三百佛羅林的銀飾」，這麼一大筆金額僅計算到百位數。同理，長篇描述瑪麗亞・柯杜拉・胡納林的罪行時，法蘭茲詳載她如何冒名賴掉三十二佛羅林幣的酒館帳單，卻草草交代她後來又從主人的保險箱偷了價值「八百佛羅林的塔勒銀幣和三枚十字銀幣」。[55]

在另一篇記載，法蘭茲難以克制地一一列出某竊賊的罪狀，除了凸顯他天性本惡，也強調受害人不在少數。「賽門・史塔克（Simon Starck）……覬覦某個僕役的錢包，前後偷了六次之多，還從監獄偷了一・五佛羅林，並把交給農夫的二十九佛羅林又偷了回來。他在史威諾（Schweinau）偷了小販五佛羅林、馬車夫兩個佛羅林、一個義大利人約一佛羅林。」[56]法蘭茲能感受受害人之苦，這份同理心驅策他記下這段文字：「某晚，賽巴斯森・佛賽茲里希（Sebastian Fürsetzlich）趁著一群馬車夫在酒館休息時，分別偷走了八十佛羅林又六先令（schilling）、四十五佛羅林、三十七佛羅林、三十五佛羅林、三十佛羅林、三十佛羅林、二十佛羅林、十八佛羅林、十七佛羅林、八佛羅林、八佛羅林、七佛羅林、六佛羅林、三佛羅林和二佛羅林。」[57]上述表達方式看在現代人眼裡的確奇怪。一，法蘭茲並未將遭竊金額加起來，簡單給個總數就算了；二，他也未按照罪犯行竊的先後順序，一一將金額列出來。反之，他按照損失金額的大小，仔細地以遞減方式記載。此作法不僅能凸顯被竊金額對各個馬車夫的影響，也讓處罰佛賽茲里希在道德上站得住腳，但不得不說他這種方式極具個人特色。

根據法蘭茲的道德觀，小偷和其他不涉暴力的罪犯如娼妓、皮條客，都是罪該受罰，但其犯罪並非因為天性本惡，而是軟弱才走上歹途。此立場截然不同於法官及司法神職人員一般的想法。儘管法蘭茲對於受害人蒙受的損失與痛苦心有戚戚焉，他對自己親自絞死的一百七十二名小偷的感受，與其說是憤怒，不如說是無力。法蘭茲認為，這些竊賊因為自私的選擇淪落到今天的下場，所以他從不找藉口替這些人開脫。不難想像生來注定從事低賤行業的法蘭茲，在刑訊室聽到的多舛故事不勝枚舉，早已不會同情心氾濫。他在敘述絞死這些小偷小搶的二流累犯時，筆調流露的情緒既非得意洋洋也非罪惡感，而是搖頭感嘆。按照現代的觀點，我們可能會問：「不過是偷個蜂蜜，怎麼判那麼重的絞刑？」但法蘭茲納悶的是：「為什麼有人會一再甘冒被絞死的風險去偷蜂蜜？」

兩個問題的答案都在於偷東西已成積習，難以擺脫。眼看這些小偷屢犯不改，法蘭茲的上司忍無可忍，決定祭出重刑。量刑時，關鍵依據不是他們偷了什麼，而是偷竊的頻率。幾乎所有被判死刑的小偷都是一犯再犯的慣犯，被判死刑前，曾有多次被捕、入獄、流放外地的紀錄。換言之，被法蘭茲用繩套絞死的竊賊，已從只偷一、兩次的業餘小偷，淪為「習於偷竊」的專業賊仔。[58]紐倫堡的司法官與治安官最普遍的交集是「死硬、頑固」，只會一味追求奉公守法、循規蹈矩的社會。反觀法蘭茲，分析慣竊與累犯時，強迫症這樣的現代用語似乎更貼近他的看法。據法蘭茲的觀察，家境富裕的農家女瑪德蓮娜・蓋肯霍夫林（Magdalena Geckenhofferin）「一再借用別人的斗篷、胸衣等衣物不還；有時也在聖餐和婚禮的場合，扒竊這些衣物」，顯然是心理出了問題，而非外在因素的刺激。農夫海因茲・佛魯格（Heinz Pflügel）和妻子瑪格麗塔（Margaretha）「擁有的家產高達一千佛羅林，卻到處行竊」，顯見他們並非因為山窮水盡才鋌而走險。[59]

在資深劊子手法蘭茲眼裡，做不做小偷是個人的選擇，但是對很多人而言，之所以變成小偷是因為難以自拔的上癮症（今名古用）。偷東西的惡習往往自小養成。慣犯巴達薩・普萊斯（Balthasar Preiss）的「父親是紐倫堡公民……他被關進地洞達十一次之多，且多次淪為鏈鎖囚犯，也曾在青蛙塔蹲過半年牢，在皇帝堡的鐵牢內關了一年，但仍不改偷竊惡習。就算有機會學藝，次次落跑，再度回到偷竊老本行」。法蘭茲本人一而再再而三鞭刑、懲戒素行不良的前同事，其中市府雇用的弓箭手喬格・高茲（Georg Götz）和連哈特・賀特（Lienhard Hertl），兩人淪為鏈鎖犯後，皆曾被外借到威尼斯排槳船服船役數年。歷經數次擒縱，兩人仍不改偷竊惡習，最後在絞架上結束一生。縱然一些職業偷兒有心改過向善、重新做人，但往往身不由己，再度過著與犯罪為伍的生活。「老賊」賽門・格雷佐特（Simon Gretzelt）四十年前「誓言金盆洗手」；安德烈・史代伯（Andreas Stayber，綽號吟遊詩人）是打滾多年的老賊，「雖曾想改頭換面（字面意思是『變成虔誠信徒』），也確曾有五年時間不偷不搶，但之後故態復萌，四處偷了不少東西。」這兩個有心重新做人的竊盜慣犯，最後還是擺脫不了過去而重操舊業。至此，完全看不出法蘭茲喜形於色。格雷佐特繼續過著為非作歹的生活，吟遊詩人則因犯罪夥伴（亦即那位惡名在外、專門打劫旅客的公路盜寇漢斯・柯伯）的口供鐵證如山，讓他無法脫罪，最後被判絞刑。[60]

慣性偷竊絕不能和高明偷竊劃上等號。許多竊案純粹是因為機不可失。例如街上小販剛好轉身背對攤子、掛在曬衣繩上的衣服沒人看顧、參加婚宴整棟房子空蕩蕩。漢斯・默克（Hans Merckel，綽號鹿人約翰）「當了二十二年的僕役」——

> 慣於在一個地點停留半年到兩年，離開時會順手偷走主人的緊身褲、緊身上衣、靴子、羊毛襯衫，以及任何拿得走的錢財。他替主人把羊趕到奧格斯堡販賣，交易後入帳三十五佛羅林，結果捲款而逃。默克也對安堡的主人做了同樣的事。主人給了他二十一佛羅林、一匹馬和一輛馬車，派他到波希米亞採買白啤酒，他卻中途丟下馬，捲款溜

走。此外，他還偷走了一件緊身褲與緊身上衣，後來竟在衣服的口袋裡發現一筆意外之財，共十五佛羅林。[61]

還有人更直截了當。綽號「甘藍菜農」的信差受人之託，「將一套銀製刀具和價值兩百佛羅林的格羅申銀幣（Groshen）送到諾伊斯達特（Neustadt），他卻擅自打開包裹，將裡頭的銀器賣給富特（Fürth）的猶太人，得手現金一百佛羅林。」拿到白花花的鈔票後，他將錢全揮霍在吃喝賭博上。[62]

硬闖民宅行竊不僅要破門而入，還可能和屋內人碰個正著，對受害人是更大的生命威脅。進入中年後期，法蘭茲這位資深劊子手已對五花八門的闖空門案見怪不怪，少有什麼神乎其技、不露破綻的闖空門傳奇。某些業餘竊賊笨手笨腳的模樣，連法蘭茲看了也覺得逗趣。「在聖羅倫茲（教堂）附近，竊賊安娜・佩格曼寧（Anna Pergmennin）偷偷潛入一名校長的住家打算行竊，卻被逮個正著，鋃鐺入獄。就在八天前，她才因行竊被關押在漢斯派爾（Hans Payr）的地窖。某夜，艾哈特・羅斯納（Erhard Rössner）破壞十二家店的門鎖，卻怎麼都進不去。過去兩年來，鎖匠連哈特・雷特納（Lienhard Leydtner）利用他打造的鑰匙，成功闖入四十二家店面，本想撈一筆錢，卻沒有偷到特別貴重的物品。」[63]真要比丟人現眼，當推牧羊人孔茲・普特納（Cunz Pütner），他——

兩度藏於師傅佛勒（Master Fürer）家中，等著潛入他的辦公室搜刮財物。第一次，普特納在門上鑿了七個洞，入內後什麼也沒偷到。第二次再次闖入，先躲在起居室，但師傅聽到聲響，馬上放聲大叫。一夥人在屋內搜索，發現起居室有雙鞋子。原來普特納不想製造聲響才脫了鞋，被逮時還躲在起居室。64

就連專業竊賊連哈特・高斯溫（Lienhard Gösswein）也有馬失前蹄的時候。高斯溫的「行竊工具一應俱全，潛入客棧老闆華茲拉（Wastla）位於水果市場的宅內偷竊，卻在地窖內被逮個正著」。65

笨賊入屋偷竊也可能釀成嚴重後果。根據劊子手名師法蘭茲的記載，羅倫茲・修伯（Lorenz Schober）「偷了十二條麵包、六塊起司、一件襯衫、一件男士緊身上衣等小東西」——

> 他闖入葛倫連（Gründlein）一個窮女子的家行竊，但被女子逮個正著。她緊抓著修伯不放，高聲呼救。修伯用刀刺了她三下，第一刀刺入頭部，第二刀刺進左胸，第三刀刺入頭部。行凶後，修伯逃之夭夭，任她自生自滅。66

頻繁闖宅偷竊的大盜漢斯・史蘭克（Hans Schrenker，綽號攀壁高手）似乎獲得法蘭茲暨拇指稱讚，不過仍難掩一絲嘲諷：

> 史蘭克從倚著牛棚的梯子爬進法蘭弗（Freienfels）的城堡內，接著沿著塔樓的梯子爬到

屋頂，之後又用另一道梯子從窗戶爬到屋內的起居室。他用刀子撬開保險箱，偷走市值三百佛羅林的銀製珠寶。事成後，他沿著剛才爬過的梯子而下，走出城堡，將珠寶藏在山丘另一側的石頭下。藏好珠寶，又沿著剛剛的梯子再度入內行竊，這次則是撬開桌子抽屜，偷走一個提袋，裡面裝了四十佛羅林。當時提袋旁還有一個裝了五百佛羅林的麻布袋，但史蘭克正要伸手拿錢時，突然心生恐懼落荒而逃，心想一定有人在後面窮追不捨。[67]

大概是平凡的蠢賊過於乏味，為了增添一些趣味性，法蘭茲特別撥出篇幅描述別出心裁或「鍥而不捨」的偷兒。一名金屬線捲工（wire-drawer）在「長達一年半時間，用特別打造的鑰匙夜闖五金行，每週光顧一、兩次，共偷了約二十一艾爾〔Ell，長度測量單位，二十一艾爾約十五・八公尺〕的金屬線、十四艾爾〔約一〇・六公尺〕的鋼條和四萬顆釘子」。不屈不撓的安娜・瑞比林（Anna Rebbelin）「闖空門四十多次，每次都爬兩、三層的樓梯進入樓上房裡行竊，不法所得甚為可觀」。[68]

三流小賊是惡棍文學（picaresque literature）偏愛的題材，同時也挑起法蘭茲的興趣，可能是他們膽大囂張之故吧。克里斯多福・施密特（Christoph Schmiedt，綽號木桶製匠克里斯）是偷竊慣犯，最近一次犯案地點在「公共浴場，他先後在八個浴間行竊，先穿舊衣進入浴間，出來已換上別人最好的衣服，至於舊衣就扔在原地」。瑪格麗塔・克萊寧（Margaretha Kleinin）也是非法侵宅偷竊的慣犯，她「將玻璃片裝在小提袋裡，走動時袋子發出噹啷噹啷的聲音，讓人誤以為袋裡裝的是錢，藉以取信於人，再藉機偷竊」。喬格・普朗「從一名年輕人的袋子裡偷走十三個塔勒銀幣〔約十一佛羅林〕，再把石頭塞進袋裡權充錢幣。被害人來自葛拉芬堡，一路上和他同行」。漢斯・維克勒（Hans Weckler）也用類似手法。「他和一名裁縫師同行，兩人投宿於哥德克羅納赫（Goldkronach）的客棧，他趁對方熟睡時，摸走了馬鞍包裡的兩百佛羅林，再從馬鞍包的開口倒入與現金等重的沙子。」法蘭茲接著補充，維克勒「隨即把錢輸個精光，因為碰到兩個詐賭老千，這兩人都是屋頂工人，分別叫牢騷先生（Grumbly）和羅西（Rosie）。維克勒遂對兩人提告，兩人被判鞭刑，遭杖打驅逐出城」。但事情並未就此落幕，兩名詐賭老千反過來向執法當局告發維克勒偷錢。[69]不難看出法蘭茲偏好從小偷之間爾虞我詐這類惡棍文學取材——某賊剛得手一筆非法之財，過沒多久又被其他小偷偷走，這樣的情節反覆出現在他的日記裡。[70]他發現，不難矇騙不疑有他、輕信他人的人，所以不需什麼高明伎倆，只要夠冷漠，不在乎他人痛苦即可。

到處行騙的詐騙高手讓法蘭茲心寒、心驚，尤其是他們竟斗膽到連貴族都敢騙。其中造假惡徒加百利・沃爾夫和金光黨伊莉莎白・奧霍丁更是惡名在外的「佼佼者」。儘管小心翼翼，避免施暴讓對方受傷，但他們工於算計，歹意更勝小偷一籌。此外，他們也是冷血的說謊高手，在法蘭茲眼裡，他們罪加一等。安娜・多米里林（Anna Domiririn）「雖患傳染病住院，卻靠算命、幫人致富等手法蓄意騙人騙財」，被判全身鞭刑，即使她「無法行走，必須由兩名差役攙扶出病院」。瑪格麗塔・施瑞奈林（Margaretha Schreinerin）「六十歲上下，貌似乾癟老巫婆，稱自己繼承了大筆遺產，四處招搖撞騙」。她常向鎮上顯貴行騙，宣稱她願把遺產留給他們，藉此換得糧食、飲料，也向他們借點小錢，保證迅速歸還。儘管年事已高、身體孱弱，她仍逃不過懲處，被判「火烙雙頰，留下『騙子』的印記」。而罪犯昆拉德・卡拉夫長期擔任法庭書記，多年來利用職務偽造文件、挪用公款，被判死刑，賠上一命，顯見法蘭茲和執法上司對此秉公處理，絕不寬貸。[71]

仁慈開恩與救贖

不管犯罪的動機或本質是什麼，根據法蘭茲的正義觀，每一個罪犯都還有救。身為信仰虔誠的路德派教徒，法蘭茲承認，俗世是充滿邪惡的淵藪，只要是人，一定會向罪惡低頭，一再與罪孽掛鉤。不過有些人踰矩與犯罪的程度的確比他人來得嚴重，但是法蘭茲認為，基督教的核心教義是福音，只要有心向之，人人皆可得到神的原諒（divine forgiveness）。但這點不能和現代俗世觀標榜的「改過自新」（rehabilitation）混為一談。十六世紀的路德派教徒認為，人類擺脫不了原罪讓人墮落的強大影響，就連虔誠教徒也難以倖免。在被定罪的罪犯身上，法蘭茲和執法同事、神職人員樂見他們坦承犯錯，誠心臣服於上帝與帝國之下。這麼一來，他們一定可從俗世法官及天上的判官得到赦免與救贖的承諾。

因此近代初期的正義觀認為，「仁慈開恩」（mercy）與責罰（punishment）本是一體兩面，相輔相成。法蘭茲對此深有同感，因此日記裡提到「仁慈開恩」一詞共九十三次，遠超過「上帝」（十六次）、「正義」（兩次）、「法律」（從未提過）。日記裡，仁慈開恩幾乎次次指涉從寬量刑，但是信仰虔誠的法蘭茲顯然下定決心，要幫助可憐的罪人同時獲得生前及生後的救贖機會。要得到這兩種救贖，先決條件是犯人必須打從心底誠意悔過。

因此，對法蘭茲而言，清楚表露悔意是獲得救贖的關鍵。他語帶嘉許地指出殺人犯麥可・弗格特（Michel Vogt）「已逃到了森林，卻選擇折回來」。而弒嬰犯安娜・佛瑞因（Anna Freyin）、小偷漢斯・海梅特（Hans Helmet）和殺人犯馬希亞斯・史特茲（Matthias Stertz）都主動向當局投案（史特茲臨刑前「從天主教改信路德派」）。法蘭茲在日記裡一再肯定那些「以基督徒身分離開人世」的靈魂，尤其是愈近晚年，這類敘述愈是頻繁。[72]看著竊賊漢斯・德瑞斯勒（Hans Drechsler，綽號登山客、傭兵約翰）幡然悔悟，法蘭茲和監獄牧師甚感欣慰。據載，德瑞斯勒「在伏法前的三天裡，從神職人員與獄方人員學到的東西，遠比一生領悟的更多」。他伏法前的表現也足作大眾表率。臨刑前，他站在行刑台上對台下圍觀的群眾說道：「願上帝保佑你們每個人、這裡的一花、一草和一切！請各位為我念一篇主禱文（Paternoster）。從今之後，我將在天上為你們禱告。」[73]

一些憤世的囚犯（特別是暴力強盜犯）「堅持不肯向上帝祈禱」，讓牧師與法蘭茲搖頭、不屑。[74]監獄牧師哈根朵恩毫不留情地寫道，一名死不認錯的小偷「帶著（高燒）登上絞刑台，病情一直未見好轉，直到法蘭茲在他脖子套上絞索才治癒了他」。[75]牧師和法蘭茲都很清楚，死囚往往會利用他們的惻隱之心，做困獸之鬥。哈根朵恩多次探訪二十五歲的珠寶大盜雅各・費伯（Jakob Faber），但無論他怎麼開導都是枉然，哈根朵恩只能感嘆地寫道：

我去探望費伯時，他已備妥所有老招數等著。他提到他高尚的家族，尤其是年邁無助母親的懇求。他端出各式各樣的藉口，力陳何以他應免於死刑，繼續活在這世上。他重視外在皮囊的程度甚於靈魂。在議會和我們面前，他是麻煩人物。雖然不是為了說教或求心安，畢竟他年少時曾讀過教義問答書，熟悉詩篇的一些章節（特別是第六章與第二十三章），也知道其他祈禱文，但他執迷不悟，一意孤行，堅持舊有方式。我們好說歹說，他還是不改初衷，一心只想活命。[76]

碰到拒絕認清現況，不肯安分認罪的囚犯，法蘭茲也會忍無可忍。惡名在外的喬格・梅爾（Georg Mayer，綽號金頭腦）——

老是以癲癇為由。每次要被刑求拷問時，他就癲癇發作，假裝痛苦萬分。三天前，他就是用這招躲過拷問，之後還教其他夥伴如法炮製。不過納烏（Knau）嘗試這招時，由於演技不佳，破綻百出，被識破後只好全盤吐實。[77]

也許法蘭茲看慣了這類裝病伎倆，因此面對患有心理疾病的可憐死囚，他也鮮少露出同情心，即便他已看出明顯的反常徵兆，諸如臨刑前口中念念有詞，或是當場精神病發作。[78]若被定罪的囚犯嘗試玩弄司法，爭取從寬量刑或是拖延執法，均會激怒法蘭茲。強盜凱薩琳娜・巴克林（Katherina Bücklin，綽號結巴凱西、外地人）「原本應在十二週前伏法，但她稱自己懷了身孕，所以暫緩執刑，結果證明是子虛烏有」。伊莉莎白・帕芬則是因為搶劫及殺人未遂被定罪，「她也稱自己懷孕，得以延緩執刑三十二週。最後伏法被斬首之前，結拜姊妹淘共探望了她十八次。」[79]

有時候乖乖接受神的審判，反而能得到法官的同情與開恩，這也是法蘭茲日記裡常提及的「司法慈悲」（judicial mercy）。由於小偷漢斯・迪亞茲（Hans Dietz）「苦苦哀求、誠心禱告、加上刑求吃盡了苦頭」，法官決定將處罰由絞刑改為斬首刑。[80]紐倫堡的執法官不看重囚犯是否改變信仰，也不在意他們所受的苦痛，除非減刑或施恩能拉抬自己的社會地位，否則他們不會輕易對罪犯開恩。市議員召開晨會，討論究竟該「按照規則」，還是「發揮慈悲」？能夠左右議員決定的關鍵在於囚犯的社會地位，而非囚犯的心靈與信仰。[81]囚犯漢斯・康梅爾（Hans Kornmeyer）「現年二十歲，相貌英挺……他的母親連同所生的五個小孩（其中兩個是他的親手足）紛紛為他求情。他的師傅（將他扭送法辦的人）及羅盤商行會的所有會員也加入聲援行列」。最後康梅爾被判斬首，取代被繩套絞死。[82]動員社群影響司法裁量的例子不只這個，在紐倫堡製造耳環的公民漢斯・馬格（Hans Mager）與金匠凱斯伯・蘭克（Caspar Lenker）均因殺人而被定罪，但在當地行會、奧格斯堡的金匠大師、洛林（Lorraine）派出的使者，以及眾多親朋好友的合力求情下，兩人得以全身而退。[83]

紐倫堡的刑事紀錄裡不乏靠關係（或是靠運氣）而獲減刑與開恩的例子。出面關說的有力人士包括赫赫有名的神學家菲利浦・梅蘭希通（Philipp Melanchthon）與巴伐利亞的公爵。[84]有個當公僕的父母，哪怕只是小小的公務員，子女也能受其庇蔭，獲得減刑機會。被控毒殺丈夫的瑪格麗塔．布萊希林應是靠公務員父親的關係，得以「蒙獲恩典，被判斬首」。她的父親在史匹特勒城門擔任稅務員。有兩名偷竊慣犯的父親分別擔任夜間獵人與法警，託父親之福，他們得以擺脫重刑，僅受鞭刑。喬格．克里斯多福（Georg Christoff，綽號快打）「竊案累累，被捕多次，當過鏈鎖囚犯」，因為父親擔任城市弓箭手，因而獲得庇蔭。[85]

執法官員偏袒後台硬、人脈廣的罪犯，導致出身清寒及外地人處於劣勢，畢竟他們少了公民或工匠擁有的社會資源。此外，神職人員力主向神悔過而得救贖的說法，也難以讓死囚接受並信服，後者心想，就算假裝改信基督，也得不到任何寬赦。地位與人脈會左右執法官的決定，但執法官漸漸瞭解到，對罪犯仁慈施恩有助於處決順利進行，久而久之冷硬心腸與立場也軟化了。年輕罪犯漢斯．康梅爾得知自己獲減刑、由絞刑改判為斬首刑後，整個人癱軟在法庭，一再跪地答謝法官。尼可拉斯．齊里安（Niklaus Kilian）獲減刑後、對法官讚不絕口。在離開法庭的路上，吟唱詩篇中的第三十三章，最後「欣然赴死」。死囚漢斯．迪亞茲從監獄牧師口中得知自己將被斬首而非絞死的消息後——

> 欣喜若狂，不斷親吻我、牧師、獄卒的手，連聲道謝。在法庭聆聽判決時，迪亞茲痛哭流涕，由衷感謝法官的仁慈判決。離開法庭時，他一路高歌，感動了旁邊的人群甚至劊子手，忍不住同情憐憫他。[86]

對罪犯施恩與否成了市議員專屬、外人嫉妒的特權。在宗教改革之前，修女和處女擁有拯救死囚、協助他們擺脫死亡命運的力量，如今已成過去式。在紐倫堡以外的日耳曼地區，孕婦若出面替罪犯求情，可能還是會影響法官的判決，讓法官網開一面，但這現象在紐倫堡已不復見。最後一次因孕婦求情而慈悲施恩的例子發生於一五五三年，一名犯了重婚罪的士兵被定罪後，在「懷孕的元配妻子和另外十六名女子的求情下」，士兵免於一死。[87] 雖然一六〇九年仍有一項因女人求情而改判的特例，但只是將絞刑改為斬首刑，而非無罪開釋。[88] 囚犯漢斯・法蘭茲（Hans Frantz）的兩個女兒向執法人員哀求，稱「若新郎官得眼睜睜看著岳父被絞死，可能讓她們的婚事吹了」。當時民間充斥女子願意委身嫁給死囚的故事，其中最特別的例子發生於施瓦比亞（Swabia）。據傳，一名小偷伏法前深情地看了獨眼未婚妻一眼，然後轉身登上絞刑台。不過從十六世紀中葉開始，政府當局拒絕將此赦罪權下放給一般民眾（包括劊子手在內）。早期，如一五二五年，紐倫堡的劊子手若肯娶死囚為妻，該女囚便可免於一死。[89]

身為劊子手的法蘭茲可能多少可影響執法人員的判刑，愈到晚年，說話也愈有分量。當然，年紀較長後，法蘭茲更能放手表現他對之前執法官氾濫施恩不能苟同之情。不過年輕時，他僅能中立地寫道：「十二年前，庫爾姆巴赫一名小偷躲過了絞刑。」[90] 多年下來，他親眼目睹多件氾濫施恩、縱放囚犯的案例，因此處決的對象愈來愈多是累犯，影響所及，他也愈來愈明白表露他對氾濫開恩的痛苦與不滿。一五九二年，法蘭茲嘆道，強盜史托佛・韋伯（Stoffel Weber）「命早該絕，斬首伏法，但臨刑當天，他一路苦苦哀求，最後在海關樓受罰了事」。接下來的段落，法蘭茲以冗長的篇幅詳實記載近年來紐倫堡當局欠缺周詳考慮的暫緩執法。一六〇六年，魏特曼（Widtmann）兄弟因一再偷竊最後被絞死，不過「他們早在兩年半前（那時我生病）就該伏法，卻得到緩刑」。談到加百利・沃爾夫，法蘭茲也甚為不悅，稱沃爾夫「一開始就該被斬斷右手，明明法官已下令，一切成定局，後來卻又放他一馬」。獲悉法庭開釋一名囚犯後，法蘭茲感到不可思議。這名囚犯「在格隆拉（Gründla）務農，他埋伏在暗處，伺機用斧頭砍死兩名農夫，結果靠哀求獲得原諒」。這樣氾濫施恩的行為，不僅敷衍了被害人，也無法防患於未然，讓更多無辜百姓暴露於危險之下，例如專業強盜麥可・簡伯萊恩「三年前早該被絞死，卻被當局開釋」。[91]

對年紀漸長、經驗老練的法蘭茲而言，除了罪犯誠心悔過，也可能念在罪犯年紀尚輕的分上而心軟。當時，被判死刑的竊賊平均年齡似有愈來愈年輕的趨勢。十六世紀下半葉，造成他人財物損失的刑罰愈來愈重，所以法蘭茲擔任劊子手期間，剛好也是日耳曼近代史初期少年賊會被處死的唯一時期。這段期間，未成年除了因謀殺、「冒犯上帝」（諸如亂倫、雞姦、施巫術）等罪被處死，也會因為偷竊等罪伏法。不涉暴力的入宅偷竊以及常見的偷盜案件，少不了未成年涉案。在某些地區，落網賊當中，十五至十七歲少年高達三分之一。有些青少年會加入竊盜集團，偷盜的金額相當可觀，不過多數少年賊偷的東西都不怎麼貴重，諸如手鐲、褲子或幾條麵包而已。[92]

卡洛林那法典大幅授權刑事法官裁量與斟酌死囚的最小年紀，但明文禁止處死十四歲以下的少年犯。話雖如此，若法官認為罪犯「成熟至足以為惡」，[93]則可不受此條例約束。以重法嚴懲少年賊讓當時民眾震驚、反感，因此紐倫堡和歐洲其他地區的領導人多半會念在罪犯年紀輕輕的分上，減輕處罰。[94]一六〇五年，年僅十七歲的小偷麥可・布朗貝克（Michel Brombecker）由死刑減為當鏈鎖犯勞動服務兩年。但這不是因為念在犯人年紀尚輕，而是因為布朗貝克的師傅和「整個屠夫同業行會」合力聲援之故——再一次印證四處遊蕩、一貧如洗的年輕人缺乏這種人脈與關係。[95]年輕學者朱利亞斯・特洛斯（Julius Tross）靠著公民之子的身分，躲過死刑，改受鞭刑。維克特（Wechter）的一對兄弟檔和另外兩名少年暴力性侵犯（死刑罪），也是靠著關係與後台逃過死刑。[96]反觀沒錢沒勢、缺乏在地有力人士庇護的馬車僮羅倫斯・史托曼（Laurenz Stollman），「還來不及花掉最近偷到的一百五十佛羅林」，就躲不過死刑了，儘管法官「出於仁慈，判他被斬首」。[97]

少了社會資本為後盾的未成年罪犯，被當局網開一面或從輕發落，已是常規與常態。十八歲的漢斯・貝海姆（Hans Beheim）的確因為「偷竊案情嚴重」而被法蘭茲的前任劊子手送上絞架，不過法蘭茲在一五七八年抵達紐倫堡擔任劊子手的前一年，年僅七歲至十六歲、分屬三個少年扒手幫派的旗下成員，被當局認為「年紀太小不該送上絞刑台」，最後從輕課刑，先被鏈鎖在一起從事勞動服務，繼而被鞭刑，再流放到外地。為了讓這些少年賊確實瞭解偷東西的嚴重性，並且展現當局寬大為懷的一面，執法人員讓其中一組少年（悉數不到十一歲）登上赴冥府的絞架階梯，直到獲得寬恕才可下來，然後強迫他們站在一旁，親眼看著帶頭的十八歲老大被處以絞刑。近二十年後，法蘭茲負責絞死已成年的史帝芬・凱威勒（Steffan Kebweller），罪名是指揮類似的少年扒竊集團。凱威勒每週付給子弟兵約一個銀幣（〇・八五佛羅林）的優渥薪資，還供吃住。一如往例，這些少年賊均重獲自由。[98]

在紐倫堡，最後因偷竊被處決的少年都是累犯，有些被捕繼而獲釋的次數不下二十次。本篤・費賓傑（Benedict Fellbinger，綽號惡魔的小廝）曾受罰「當鐵鏈犯從事勞動服務，也曾被關在地牢十五次，流放到外地十一次」。有一個特別活躍的少年扒竊集團，旗下成員被捕多次，關押在至少十個不同的地點，諸如專收乞丐的監獄或地牢，有時獲釋後還會被公開鞭刑。值得注意的是，最後逃不過死刑的少年賊，之前都曾被永久流放至少兩至三次，這也是僅次於死刑的第二種重罰。但是最後將這些少年賊送上絞架的裁決書寫道：「警告及溫和的處罰一再被罪犯唾棄與鄙視」，他們不斷違反流放令，返回紐倫堡繼續行竊。久而久之，執法當局心想，既然「讓他們改邪歸正的希望渺茫」，於是斷然取消看在年紀輕的分上從輕課刑的作法。[99]

因此，在法蘭茲為期甚長的職涯期間，他共親自操刀絞死至少二十三名十八歲以下的少年賊，其中一人年僅十三歲。[100]法蘭茲第一次站在紐倫堡的絞刑台處決罪犯，年紀還不到二十四歲；處決對象是一名少年扒竊犯，前一年才被仁慈的當局網開一面，據紐倫堡一位編年史家所記，是「非常英俊的少年郎，年僅十七歲」。[101]不知法蘭茲當時和之後處死這類少年賊的心情感受如何？他非常克制，鮮少在日記裡流露喜怒哀樂等情緒，但是我們確實可看出他一開始對這類處決心存不安，到後來因為逐漸瞭解人性、得以釋懷的轉折過程。

法蘭茲年紀尚輕時，從不透露處決對象的年紀，也不提他們的年華，若非紐倫堡的編年史記下這些被法蘭茲處死的少年賊年紀，我們根本不會知道他曾親手將少年犯送上絞架。有一次他負責絞死五男二女共七名少年賊，年紀介於十三歲至十八歲，分別在一五八四年二月十一日與十二日伏法。在此之前，這七人曾因破門搶劫，多次被流放到外地。其中一名少女瑪麗亞・庫許奈林（Maria Kürschnerin，綽號總管瑪麗）在伏法的前一年才被法蘭茲削去雙耳。這次的集體絞刑吸引了龐大群眾圍觀，也讓當地的編年史作家留下深刻印象，並仔細記下這些少年犯的年紀以及其他細節（詳見下頁插圖）。反觀時年二十九歲的法蘭茲・施密特只短短寫下這些少年賊「闖入公民的宅邸，偷走鉅額財物」。他接著補充一個顯然讓他忐忑不安的現象：在此之前，紐倫堡從未絞死過女子。至於另一項同樣明顯的細節──兩名女子的年紀，日記則是隻字未提。[102]

十年之後，法蘭茲大方透露兩名少年賊漢薩・克魯茲梅爾與漢薩・包爾（Hansa Baur）「均為十六歲上下」，也因為這點，「當局出於仁慈，判他們被斬首。」自此之後，法蘭茲習慣記錄所有伏法少年的年紀，也不再覺得除了「偷竊無數」這項罪名，得強迫自己補充更多理由合理化這類執刑。[103] 根據法蘭茲的記載，十六歲的巴達薩・普萊斯與十五歲的麥可・科尼（Michel König）伏法前都有數次重新做人的機會，但是「兩人不願放棄行竊，或是無法停止（偷東西）」。[104] 法蘭茲在一六一五年再次集體絞死一群人，這次伏法的五名小偷年紀稍大，介於十八、十九歲，他的語氣幾乎不見絲毫同情：

> 巨農（別名克勞斯・羅特勒〔Klaus Rodtler〕），夥同死囚惡魔小子（Devil's Lad）與孔茲農夫（Farmer Cunz）行竊無數，還有一群一起為非作歹的同夥。他曾是地洞的常客，但是每次都靠謊言重獲自由。布魯納（Bruner，別名垃圾俠）只扒錢包，從十四天前獲釋至今，已得手約五十佛羅林。上個月，上述三名扒手伏法時，他竟在行刑時偷了兩個錢包。里夫拉夫（Riffraff，別名約翰・包爾〔Johann Bauer〕）也屬於這個幫派，出入地洞數次，每次都因為信仰虔誠獲釋。五名小偷最後都被絞死。[105]

根據紐倫堡一位編年史作家的描述，一五八四年首見兩名年輕女子被送上絞架，隔天，另外五名少男也被絞死，這七人都是當地某行竊集團的成員（一六一六年）。

法蘭茲這時已屆而立之年，他針對刑求、處死少年賊的說法與理由，我們能從中看出什麼端倪？他大篇幅描述他們無藥可救的一面，難道是為了說服自己這些處罰符合公平正義，以撫慰自己不安的良心？或是他和其他執法官一樣，對這些少年賊一犯再犯的行徑感到莫可奈何？少年賊藐視議會，不把議會仁慈網開一面的決定當回事，讓他忍無可忍？所以他打心底認為，他們被絞死是罪有應得？這些難道足以佐證法蘭茲對人性不僅悲觀，甚至存疑？

法蘭茲跟許多人一樣，不確定孩童長大成人後淪為職業罪犯，是天性或是後天環境使然。顯而易見，他不認為剝奪小孩一技之長的訓練機會（他本人和他的小孩都是如此）是逼他們走上歪道的理由。對那些有機會接受一技之長訓練，卻虛擲這些機會、淪為盜匪為非作歹的年輕人，法蘭茲絕對不講情面。據法蘭茲記載，羅倫茲・費佛（Laurenz Pfeiffer）「是雜貨商／小偷，年紀輕輕，曾學過裁縫，但是學藝不精」，後來轉行開始偷東西。強盜潘葛拉茲・包姆加特納（Pangratz Paumgartner）「曾跟著師傅彼得・齊格勒（Peter Ziegler）學習製作指南針」。[106] 其實，大部分法蘭茲絞死的少年賊都受過技藝訓練，伏法的成年男子也是如此。不管就業機會是好是壞，至少都享有與劊子手絕對無緣的優勢。

此外，青年常因結交「損友」而誤入歧途，且往往在犯案前就惡名滿盈。法蘭茲認為損友固然有關係，但不足以替僕役漢斯・杜許（Hans Dorsch）脫罪。他在堂兄以及損友圈的慫恿煽動下，行竊服侍多年的主人，偷走大筆財富。[107] 和日夜喝酒、賭博、吵架的男子廝混，往往難以善終。年輕人想要過正直與正派的生活，必須有足夠的自律，避免和無德之輩為伍。這也是法蘭茲很早之前就做的選擇。入伍服役顯然是另一個精進犯罪的淵藪。紐倫堡在地之子漢斯・托姆

（Hans Taumb）與彼得・霍伯梅爾（Peter Haubmayr）多次在匈牙利打仗，最後淪為職業盜寇。儘管兩人多次被捕並獲緩刑，但並未改邪歸正，「還是和以前一樣，養了一批娼妓，讓她們出現在人多的地方，一旦有人上鉤，對她們露出興趣，或是和她們攀談，兩人就把這些女子拉出去，然後勒索這些潛在的顧客，將其錢財與衣物搜刮一空。」[108]

法蘭茲及他那個年代的人，往往將少年賊犯罪的根本原因歸於上樑不正下樑歪；有時則歸咎於教養不當；或是遺傳了犯罪基因，天生就有犯罪傾向。[109]若被法蘭茲鞭刑或處死的罪犯是某個之前受罰罪犯的親戚，法蘭茲一定會記載，但他會克制，不過度解釋這層關係。[110]他秉信自決與自主（self-determination），而且不少罪犯的父母信仰虔誠、奉公守法，有關犯罪是先天還是後天的論戰，他傾向支持後天論，雖然其中某些父母教養小孩不當，讓小孩走上歪路，但終究還是子女得負最大責任。他顯然不齒漢斯・艾蒙（Hans Ammon，綽號異地裁縫師）的作為，不僅搶教堂，「還教導女兒偷東西。」也唾棄柯杜拉・維特曼寧（Cordula Widtmenin）的行徑，「她指導兩個兒子行竊，然後將贓物據為己有。」父母將自己女兒推入火坑，或是拖小孩下水偽造文件，也同樣罪大惡極。[111]這些小孩可能因為不幸的家世以及不當教養而受害，值得大家同情，但是不能據此卸責，也不能仗著年紀輕就為自己脫罪。巴斯塔拉・霍克（Bastla Hauck）因為偷竊遭鞭刑，最後被判死刑。他曾親眼看著「父親與哥哥因為偷竊被絞死，另一個哥哥」也因為偷竊「被鞭刑，流放外地」，但是他並未因此改邪歸正。[112]金光黨伊莉莎白・奧霍丁小時候被精神失常的父親遺棄在冰天雪地的森林裡，在那之前，他先溺斃老婆、絞死兒子。[113]對於奧霍丁幼時的際遇，法蘭茲打心底同情，但眼前已是成年的她，罪證確鑿，不容否認，也蓋過法蘭茲原先對她的同情。

法蘭茲力主犯罪是個人的責任，但並未因此完全否認敗德是天性使然。強盜漢斯・魯爾（Hans Rühl）「數年前還只是個小男孩，用石頭砸死另一個十歲男孩，被判用鐵鏈和其他囚犯鎖在一起服勞動役，但獲釋後，他夥同一個廢獸屠夫為非作歹，直到被流放到外地」。[114]很多被判死刑的小偷受過多種技藝訓練，但是自小就偷個不停。犯罪累累的約格・邁爾現年「十七歲，自八年前開始行竊」。[115]其他少年犯對法蘭茲而言，似乎同樣無法駕馭行凶的天性，加上喝酒、損友、和不三不四的女人有染，讓這弱點變本加厲。這類絕對與善舉無緣的罪犯，自小個性定型，包括法蘭茲親自行刑的姊夫費德里希・偉納在內，據載，他「自小就是壞胚子，整天和損友廝混」。[116]

不管犯罪是天性還是後天使然，法蘭茲堅信自主與自決的基本原則，否則以他這樣受到詛咒的家世，怎麼能一路單打獨鬥擁有今天這樣的成就？顯見命運可以改變，而非注定（Fates were made, not inherited）。惡名滿貫的「嫖客與背信之徒」賽蒙・席勒（Simon Schiller）「跳到水裡，在水車下爬行」，躲過一群流氓丟石追殺，不過一年後，就在同一地點，他仍被石頭砸到斷氣。追根究柢，這是因為他肆無忌憚才惹上殺身之禍，而非多數死囚認定的天象或命運使然。路德教派相信原罪論及上帝的旨意，但這絕不代表罪犯只要接納（或拒絕）上帝恩典，就能將個人的責任推得一乾二淨。

法蘭茲最近遭逢的一連串悲劇打擊，可能削弱或加強他的宗教信仰；而他十多年來一天到晚和犯罪世界打交道，也同樣可能影響他的宗教觀。可惜我們無從得知這位自學型劊子手除了仰賴聖經之外，還會藉助哪些宗教或哲學作品，尋求啟蒙與慰藉。得悉他這階段信仰狀態的最露骨線索，是標記一六〇五年七月二十五日的一篇文字。日耳曼各大城市的名歌手圈（Meistersinger schools）遵照中世紀吟遊詩人、走唱歌手等同業行會的傳統，所以男性會員的層級分明，地位根據作曲能力，由下而上依序是學徒、實習生、名師。作曲人必須嚴守押韻、節拍、旋律等規定，最後還得在一群名師裁判面前，表演自己創作的無伴奏合唱曲（cappella）。紐倫堡名聲最響亮的名師級歌手漢斯・薩克斯（Hans Sachs, 1495-1576）過世近三十年後，紐倫堡的歌手行會每年仍繼續為非會員舉辦公開比賽。資深劊子手法蘭茲本人竟也遞件報名參加（當然有人從旁協助）。他的作品可能從未被演唱，但是該曲收錄於一六一七年名師歌手作品集，而該年也是法蘭茲劊子手職涯的最後一年。[117]

並非所有歷史學家一致認為這首歌是法蘭茲所作，因為該曲的作詞流暢優美，遠在他的日記行文之上，不過細讀之後發現，他應是貨真價實的作者。首先，作品署名「聖雅各的名師法蘭茲・施密特（Franz Schmidt）」。聖雅各正是法蘭茲住所附近的教堂。此外，施密特雖是當時非常普遍的姓氏，但是法蘭茲（Franz或是Frantz，Francis的德文拼法，係紀念阿西西〔Assisi〕的聖人方濟），在紐倫堡這樣的新教城市並不常見。再者，名師級歌手在作品上簽名時多半用「Magister」而非「Meister」當頭銜，而Meister是大家對法蘭茲的尊稱。最後，不容反駁的確鑿證據在於歌詞主題：圍繞以得撒（Edessa）的阿布加國王（Abgar）與耶穌基督之間通信的傳聞打轉，這段插曲特別能引起法蘭茲這個劊子手兼治療師的共鳴與迴響。

根據傳說，敘利亞地區的國王阿布加五世，和耶穌基督差不多同一個時代，他聽聞耶穌在加利利（Galilee）所行的神蹟，因此寫信給他，請他來一趟以得撒幫他治病。身染痲瘋病、痛風等重疾的阿布加五世，在信裡表明他相信耶穌是神的立場，並提議若他能親自來以得撒（位於今天土耳其的聖烏爾法〔Şanlıurfa〕）治癒他的病，他將接待這位彌賽亞。耶穌回信給阿布加，稱他無法親自到以得撒，但是他感謝阿布加國王對他的信任，他將派一名門徒達太（Thaddeus Thomas，當地語譯為Addai）前往。的確，就在耶穌升天之後，達太抵達以得撒，實踐耶穌的承諾，並奇蹟似地治癒阿布加，阿布加隨即受洗成為基督徒。這個傳說在古代流傳甚廣，而傳言中兩人往來的書信在第四世紀由該撒利亞的教會史學家優西比烏（Eusebius of Caesarea）出版問世。自此之後，耶穌在裹屍布上的聖像（「絕非出自人類之手」）成了傳說的一部分，也被羅馬帝國東部奉為聖物，直到今天杜林裹屍布依然有其重要的神聖地位。

近代學者多半認為阿布加與耶穌的故事是無中生有，而相較於羅馬帝國的東部，該傳說並未在帝國的西部地區引起廣大迴響，所以法蘭茲選它作為歌曲的主題，的確不尋常。但此事至少透露法蘭茲多少熟悉優西比烏的《教會史》（*Ecclesiastical History*，約在三二三年出版），歌曲除了標題，遣詞用字也亦步亦趨跟著兩封信的筆調。該曲以治療為主軸，「疾病」（illness）出現的頻率遠高於其他用字，不僅描述肉體生病，也涵蓋精神層面的疾病。「不潔的靈魂」、嚴重性不輸眼盲與癱瘓，「讓人們既痛苦又煎熬」。其實是「信仰」，而非「藥草或藥物」，治癒了染重疾的國王。「奇蹟」與「神力」也頻繁出現，再一次反映耶穌治病講究形而上的精神面。不管外人在風格或神學方面給予法蘭茲多大的協助，該曲的主題完全由他主導，也百分之百符合他其他方面的文字風格。若要說有什麼區別，他這一生接觸的盡是殘酷暴行、煎熬痛苦，更加確立基督新教主張靠恩典與信仰的救贖觀。墮落的人，免不了犯罪，但只要他們向神祈求，一定能得到神的寬赦。刑事處罰不僅提供罪犯改過向善的機會，也提供精神救贖，因此劊子手勉強也算牧師（只是法蘭茲身為路德派信徒，可能不敢越權，自稱為神的代理人，替神傳遞赦免之意）。[118]法蘭茲認為犯罪是個人選擇的結果，基於同樣道理，謙卑地向神祈求原諒也是個人選擇。

諸多以寬赦為主題的福音故事中，其中兩則特別能引起法蘭茲共鳴，在他的日記裡也看得到類似的翻版。第一則是路加福音十五章十一至三十二節的浪子故事（Prodigal Son），該浪子將父親分給他的家產揮霍一空，之後返家，慈悲的父親卻不計前嫌，再度接納他。在法蘭茲的日記裡，浪子成了偷竊慣犯喬格・史威格（Georg Schweiger），他做了多次讓人遺憾的選擇——

> 他年輕時，和自己哥哥聯手偷了親生父親四十佛羅林。後來有一次，父親叫他去催款，他收到了錢卻據為己有、花在賭桌上。最後，他發現父親將財庫埋在屋後的馬廄，便從裡面偷了六十佛羅林。他有個合法元配，卻拋妻不顧，和兩名妓女廝混，承諾會娶她們。

只是他的父親並未原諒這個誤入歧途的浪子，「反而大義滅親，讓兒子淪為階下囚，且要求並堅持行使他的權力，儘管他已找回被偷的錢，拿出兩佛羅林支付兒子坐牢的費用。」[119]顯然法蘭茲認為史威格的父親生氣有理，也認為史威格後來被斬首是罪有應得，但是史威格父親自始至終對兒子鐵石心腸，看在他眼裡，似不合常理也不夠厚道，形同犯了另外一種罪。

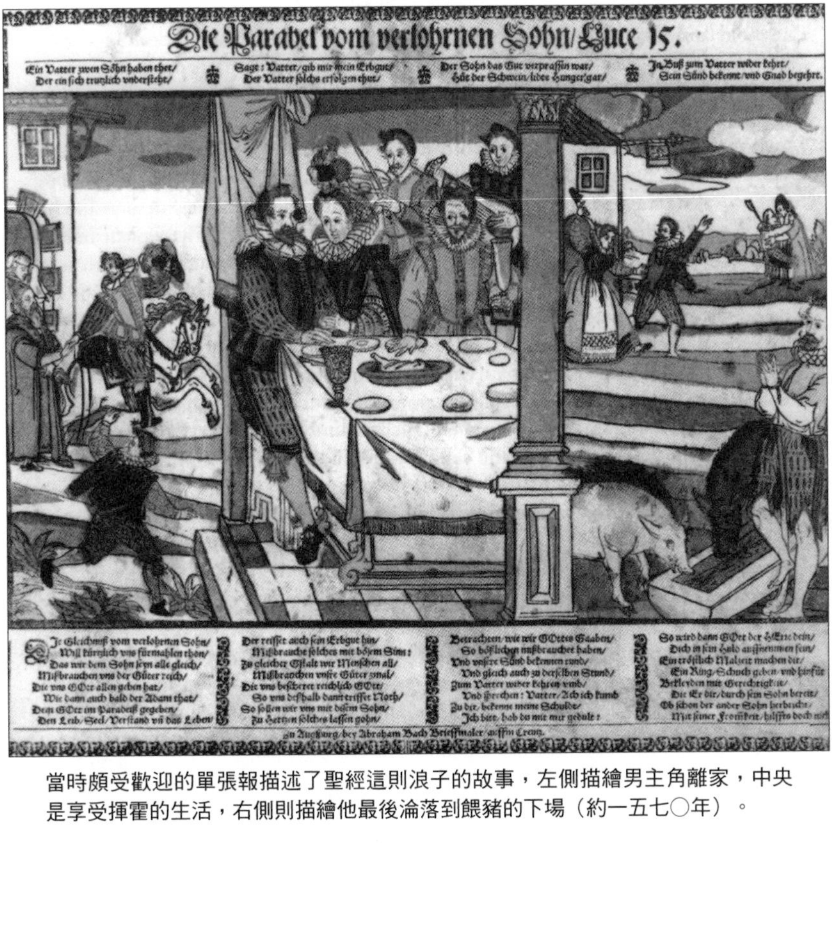

當時頗受歡迎的單張報描述了聖經這則浪子的故事，左側描繪男主角離家，中央是享受揮霍的生活，右側則描繪他最後淪落到餵豬的下場（約一五七〇年）。

畫家杜勒所繪的惡賊（左）與好賊（右），令人聯想到耶穌被釘十字架時，旁邊各有一名強盜（一五○五年）。

第二個例子發生在法蘭茲遞件參加名曲比賽的前一年，他剛同時處決了兩名小偷。兩名罪犯伏法時表現的悔意與信仰形成對比，顯然讓福音派的法蘭茲聯想到耶穌被釘在十字架時一旁同時伏法的兩名小偷（路加福音二十三章二十九至四十三節）。就像好賊狄思瑪斯（Dismas）要求旁邊的耶穌：「耶穌，當你來為王時，請你記念我。」被法蘭茲處死的牧羊人孔茲・普特納也展現了誠心悔過的一切必要表示，因此「以基督徒的身分進入另一個世界」。反觀和普特納一同在絞刑台伏法的竊賊漢斯・卓恩茲（Hans Drentz，綽號軟骨人），所作所為簡直是路加福音裡，和耶穌一起受刑、嘲諷並辱罵他是偽先知的惡賊蓋斯塔斯（Gestas）的翻版：

> 他拒絕祈禱，也不願稱天主上帝的名，或是基督救主的號。被問及上帝，他總是回道，他對祂一無所知，也無法複誦祈禱文。一名少女曾送他一件襯衫，自此他便無法禱告。法院牧師沒有為他舉行臨死前聖式，所以他帶著罪惡伏法，並從靠近絞架的伏法梯跌了下來，彷若被什麼突然附身折磨。他是個不信神的罪犯。120

法蘭茲似乎想說，這些罪犯都做了他們的選擇，也為接下來的命運定調。每個人注定都會犯錯，願不願意發揮憐憫或被憐憫，都是個人的選擇。一如這位喪妻、獨力扶養四個小孩的劊子手，儘管從事被大家唾棄、也非他所願的職業，但他選擇不屈不撓，靠著緩慢但不懈的努力，爬到他希冀的地位——可能也正是認定人生是個人選擇的想法，讓他從中得到一些肯定與慰藉。

第五章

治療者

尊老、敬老的政策讓我們在年輕盛世階段只能吃苦，不敢支配自己的財富，直到年紀大了，這些財富對我們也失去了用處。我開始覺得「老」是暴政，壓迫著我們，一種荒謬沒有道理的束縛；它支配我們，不是因為它有力量，而是我們允許被它支配。

——莎士比亞，《李爾王》第一幕，第二景：四十六至五十一行（1606）

德操必須有困難與吃苦陪襯，少了逆境，德操無法顯現。可能正因為如此，我們稱上帝良善、偉大、自由、公正，但不會稱祂是德操之輩。

——蒙田，《論殘酷》（*On Cruelty*, 1580）[1]

法蘭茲・施密特擔任劊子手近半個世紀，見識過五花八門、難以理解的惡與暴。不過在漫長的職涯裡，沒有一名惡徒引發的反感更甚於來自布魯克（Bruck）的喬格・赫萊恩（Georg Hörnlein）和班堡的約伯斯・納烏（Jobst Knau）。這兩名攔路打劫的盜寇，前者有反社會傾向，後者是跟他同進同出、一樣喪盡天良的惡棍。法蘭茲在日記中詳記他們的種種惡行，儘管僅記錄了他們罄竹難書惡行的一小部分，但所占篇幅之大，居日記中所有篇章之冠。赫萊恩和納烏與各路狐群狗黨為伍，過從甚密的一位是來自紐倫堡市郊古斯騰霍夫的喬格・梅爾（綽號金頭腦）。多年來，這群人在法蘭科尼亞的僻徑和森林為非作歹，攻擊、搶劫，甚至冷血殺害行經的小販、浪走各地的實習技匠、農夫、旅客等二十人，當中不乏女人和小孩。針對兩人的惡行，法蘭茲在日記中列舉十餘項之後，準備掩卷結束當日的紀錄，我們這時幾乎可以看見他搖頭露出惱怒的表情……接著改變心意，提筆繼續記錄兩人更多不堪的惡行劣徑，包括「攻擊那些坐在摩格朵佛（Mögeldorfer）草地上的人，在公民散步的各個地點下手……殺害走在赫洛茲堡（Heroldsberg）街上的八個人，導致一男一女重傷，一個馬車夫的一隻手被砍成兩半」。

文字裡清楚可見法蘭茲對兩人惡形惡狀反感之至。接下來，他逐一記錄最令他搖頭的倒行逆施：

六週前，赫萊恩、納烏和一夥道上兄弟廝混，並找來一名出賣肉體的妓女作伴，這名妓女在赫萊恩家中產下一名男嬰。納烏替男嬰施洗後，活生生砍斷他稚嫩的右手。過了一會兒，另一個綽號「黑皮」（Blacky）的共犯扮演男嬰的教父，把嬰兒拋到空中，任他摔到桌上，說道：「我的教子一定長得又高又壯！」接著興奮高喊：「看看這個小惡魔飛得多高！」然後割斷嬰兒的喉嚨，把他的屍體埋在自家小花園裡。八天後，納烏的女姘頭生下一名男嬰，他扭斷小男嬰的小脖子，赫萊恩接著砍斷他稚嫩的小右手，再把屍體埋在小屋裡。

法蘭茲的文字敘述完全凸顯兩起殺嬰案的駭人景象用「小男嬰、小脖子、小右手」這些字眼，對照醉鬼冷血嘲弄施洗禮與教父的角色，將兩名歹徒窮凶極惡、徹底墮落的一面，完全反映出來。因此當兩人落網被繩之以法，法蘭茲難掩悅色。他在日記裡寫道，兩罪犯在一五八八年一月二日被輪子「由下而上」凌遲處死之前，手臂與腿部分別被火燙的鉗子烙燙。九天後，法蘭茲也用輪刑處死他們的共犯「金頭腦」。又過了一週，法蘭茲將赫萊恩的妻子和共謀瑪格麗塔送入冥府，用的是照理已被禁止的「溺刑」（議會決定讓溺刑再復活一次，對此法蘭茲並無異議），藉此懲處這天理不容的惡行。[2]

到底他們為什麼要砍斷嬰兒的手呢？這並非凶嫌臨時起意。納烏接受法蘭茲審訊時，不斷被「吊刑」逼問，繼而吐實，新生男嬰的右手不僅能帶來好運，甚至能讓人藏蹤匿跡，對小偷慣犯可是非常實用的法寶。納烏稱，赫萊恩告訴他，浪跡外地期間，曾砍斷不少嬰兒的手，硬闖民宅的時候甚至將嬰兒「小指頭」充當蠟燭，「確保屋內的人不會被吵醒。」在英國，這就叫「榮耀之手」（Hand of Glory）。[3]赫萊恩被刑求逼供時也證實了這個說法，並進一步解釋，斷手必須先埋在地下八天，馬廄是首選地點，然後再挖出來隨身攜帶。他坦承教過納烏這招，還送了他一隻男嬰斷手。至於其他「神奇法寶」，他表示自己不過是略懂而已。被進一步施壓後，赫萊恩坦言一個老女人曾教他攜帶一小包鉛粉和火藥在身上，連續參加週日彌撒三次，即可獲得神奇的力量。此外，他招認自己曾在「光天化日之下」偷走附近城鎮絞架上的一小段繩套，當作諸多護身符之一隨身帶著，保護自己不被子彈打傷。訊問官員對他的說法存疑，赫萊恩怒言回嗆，他曾要求兩個弟兄互相開槍，測試該護身符是否真的厲害，結果兩人的確毫髮無傷，因此各給了赫萊恩五個金幣。[4]

法蘭茲．施密特所處的環境與時代，神奇法術和魔咒俯拾皆是。他的同仁及同行對這一類超自然力的本質、效力、來源，有著截然不同的看法，爭執不下。再怎麼說，大家一致同意自然界裹著一層神祕面紗，若通曉一些奧祕難解的訣竅，人類說不定能夠發揮法力。十八世紀之前有關法術與巫術的各種易變且互相矛盾的民間說法與信仰，讓法蘭茲陷入一種困境。法蘭茲的副業是行醫（a man of medicine），他大可善用民眾對劊子手及劊子手道具擁有「療癒力」的古老巫術思維，讓自己受益匪淺。但是當時歐洲如火如荼地獵殺女巫，劊子手哪怕只是和巫覡沾上一點邊，都可能深陷危險。法蘭茲的角色彷若高高在上的智者（wise man）與薩滿（shaman）的合體，讓人們又敬又畏。大家看在他醫術高明的分上，願意花錢（甚至是大錢）請他治病。不過吃香搶手的他也可能面臨醫術不精或對病患下蠱等指控，指控者不外乎不滿治療結果的病患或是眼紅的同行，畢竟巫療市場對手輩出，競爭激烈又無情。

劊子手既殺人又醫人，角色既矛盾又弔詭，吃力不討好，不過法蘭茲早已看清。他知道當局需要信仰虔誠、認真負責的國家執法者，因此善用這一點，化為對自己有利的優勢。同理，他也善用劊子手擁有醫術的光環，進一步拉抬地位，成為值得敬重的人士。同時，他高明地避開窮追不捨「獵女巫者」的報復之火，還有行醫同行的妒火。根據他年紀較長之後的記載，行醫對他而言，不只是達到目的的手段，也不只是賺外快貼補家用。法蘭茲面對劊子手一職，雖反感卻不得不接受，然而行醫才是他真正想從事的志業，他寫道：「幾乎每一個人都有持之以恆偏好的東西，並靠它來維持生計。」對他而言，「天性（Nature）在我體內種下渴望行醫的種子。」[5]身為劊子手，法蘭茲肩負處決罪犯的救贖性儀式，只是一輩子行醫治療病患的肉體更讓他有成就感、使命感，甚至有重生（restoration）的感覺。他辛苦建立並鞏固自己和兒子的專業身分，期間的點點滴滴形塑了他人生最後三十年的時光。法蘭茲費心建立、固若金湯的劊子手形象與口碑，對他最後的自我定位（self-fashioning）到底是利還是弊，是助力還是阻力，仍有待探討。

活人之軀

一般認為，近代初期的劊子手多少懂一些醫術。有些人之所以受雇成為劊子手，正因為他們善於治療人類或動物，其中以醫治牛、馬最為常見。比如說，紐倫堡的執法當局讓一位不到一年前才被解雇的劊子手重新回鍋，這位在法蘭茲到任前的前輩，因為素行不良、惡名在外，被忍無可忍的司法官解雇。這人放蕩不羈，但「他的醫術協助許多傷者與病患恢復健康，加上現任劊子手約格・恩格（Jörg Unger）對醫術一竅不通」，[6]所以不到一年又被回聘。海因利希・施密特在世期間，醫療諮詢服務費可為大部分劊子手稍稍貼補家用。法蘭茲當上忙碌的專業劊子手之後，醫療費外快幾乎占劊子手年收入的一半。[7]他於一六一八年正式退休，自此幾乎完全靠行醫維生，直到過世前，一直做得有聲有色。

在前近代，醫療或類醫療服務（quasimedical）形形色色，有些甚至蒙上難以捉摸的神祕色彩。這行的全盛期間，因無法律規範，所以高手輩出，競爭激烈。學院派出身的醫師，擁有最高等級的官方認證，但這些人鳳毛麟角，加上醫療費用高不可攀，多數民眾望之卻步。由同業行會訓練出來的「理髮師外科醫師」（barber-surgeon）、「傷口大夫」（wound doctor）、藥師（apothecary），和學院出身的醫師一樣在民間享有眾望。此外，在紐倫堡這樣的大城市，這些行會訓練的醫療人員是正規醫師人數的十倍。[8]這些專業人士歷經學徒、實習生等階段，受訓時間比大學醫科學生還多個幾年。到了十六世紀末，日耳曼地區幾乎每個侯國都有自己的官方醫師、理髮師外科醫師、藥師、產婆，讓這些專業多了合法性與公信力。

可想而知，這類學院與行會背書的專業醫者，無法阻止民眾向各式各樣不具執照的「庸醫」求助，諸如小販、巡迴藥師、眼科醫師、吉普賽人、靈療者，各有各的獨門藥粉、配方、藥膏、草藥。十七、十八世紀的正規醫師瞧不起這些「江湖郎中」或「庸醫」的醫術，但這些四處遊走的「執壺者」提供的妙方有時的確發揮了藥到病除之效：硫磺軟膏治癒了一些皮膚病；數種藥草調配而成的膏藥確實舒緩了背痛。當然，若四處兜攬生意的治療者天花亂墜吹噓自己的醫術，百分之百是胡扯。但話說回來，這些四處為家的蒙古大夫在標榜自家獨門妙方時，會搭配幽默的打油詩、有趣的演技，甚至來場耍蛇表演（用以叫賣某種藥水，保證塗抹後不被任何動物咬傷）。

法蘭茲・施密特沒有任何官方證件背書，也不會用耍雜技拉抬知名度，但是民間對猶如人間魔鬼的劊子手的看法，無疑讓他受益不少。民間相信，劊子手和遍存於每個村落的「江湖術士」（cunning people）一樣，精通一些治病的祕方與妙方，大至癌症、腎衰竭，小至牙痛、失眠等病痛都能醫。這些醫術與知識均以口授方式傳給身邊的年輕助手（acolyte）。備受爭議的帕拉賽瑟斯醫師（Paracelsus, 1493-1541）公開唾棄他在醫學院所受的正規教導，反而肯定非正規訓練，稱自己的療法與醫術多半是跟劊子手與江湖術士學來的。據傳，漢堡的名師劊子手瓦倫汀・馬茲（Meister Valentin Matz）「深諳草藥和各種療法，醫術比許多醫師還要高明」。[9]不論劊子手的療法有效與否，法蘭茲和同行人士憑著「邪惡魅力」，在當時高度競爭（且厚利可圖）的醫療市場，占了無與倫比的優勢。劊子手的第二代也常受到澤被，就算沒有繼承父親衣缽成為劊子手，仍能靠著行醫出人頭地。許多劊子手的妻子也從事醫療行為，有時還會和當地的產婆搶生意。[10]

但法蘭茲到底精通多少醫術，師承於誰？海因利希想必曾盡其所能傳授兒子醫術，但海因利希的父親從事裁縫，其醫術一定是當上劊子手之後，才開始實做實學。施密特父子獲准加入醫療行列後，其他劊子手同行可能也相授了一些祕訣，畢竟地理位置遙遠的同行不太可能和自己正面競爭。海因利希和法蘭茲因工作之故，頻繁和罪犯與無賴打交道，提供兩人不少醫療方面的知識，其中不乏神奇的咒術。但這類咒術療法可能讓他們陷入險境。

至於識字的劊子手，可參考十六世紀初以來大量印刷出版的醫學手冊與參考資料。[11]比法蘭茲晚好幾世代的大學醫學系學生，對他那個時代暢銷醫療手冊標榜的「自己動手做」方式，感到震驚與反感。更讓人訝異的是，推廣此類書籍的人士正是當時的醫界菁英。備受敬重的醫師約翰・維爾（Johann Weyer, 1515-88），因為挺身大力反對獵殺女巫而為今人熟悉。此外，他當年出版了一本醫書在醫界享有盛名，書名叫《醫療大全：各種過去未知的疾病》（*Doctoring Book: On Assorted Previously Unknown and Undescribed Illnesses*）。此書涵蓋斑疹傷寒、梅毒（時值一五八三年，梅毒幾乎是人盡皆知的性病）、夜間疾病發作（night attack）、腹瀉等疾病的療法。[12]維爾預設大部分讀者未受過專業醫療訓練（就算有，也僅是皮毛），所以書裡鮮少出現專業術語，而以清楚、明確的文字說明症狀和療法，並佐以插圖，包括相關的藥草、具療效的昆蟲與蟾蜍。另外，還可見到聖經的影子，這正是當時許多暢銷作家的寫作風格。比如說，書裡開宗明義點出，病痛和疾病源於亞當和夏娃的原罪與墮落。

漢斯・馮・葛斯多夫（Hans von Gersdorff）一五一七年出版《傷口治療筆記》（*Fieldbook of Wound-Healing*）。此書再版多次，極可能是法蘭茲習醫的參考資料。[13]葛斯多夫是隨軍醫師，專門治療傷口，這本厚二百二十四頁的醫療手冊形同醫學教科書，一開始便說明人有四種體液（humor），再解釋各個體液對健康的影響。接著談到元素、行星，繼而提供按部就班的教學，教人怎麼診斷症狀、治療病症。雖然葛斯多夫的重心在外傷，他也提到基本的人體構造，還附上幾張仔細繪製的插圖。一如維爾等暢銷作家，葛斯多夫在書中附上各式插圖，包括藥草的繪圖和一些略圖，教讀者如何製作外科手術刀、顱骨鑽、固定斷肢的支架、鉗子，甚至蒸餾器。《傷口治療筆記》對於未受過學院正規訓練的行醫者而言，一樣非常重要，因為它廣納拉丁文的醫學術語以及對應的德文翻譯，並將病症、身體部位、療法等按字母順序製作成索引。

解釋法蘭茲何以能在醫界闖出名號，必須正視他聽得懂病患說話這門功夫。[14]醫者必須讓病患放心、安心，必須有十足的自信。再者，高明的人際溝通能力也對行醫大有幫助。在近代初期，醫師與病患之間的對話在醫療諮詢過程中，重要性其實高於生理檢查。一本暢銷的醫療手冊寫道：「取得一份紀錄詳實的病歷，就已完成一半的診斷。」[15]瞭解病患的職業、家庭成員、飲食、睡眠習慣，均有助於正確診斷。劊子手和民俗療法專家既無官方認證，也不像理髮師外科醫

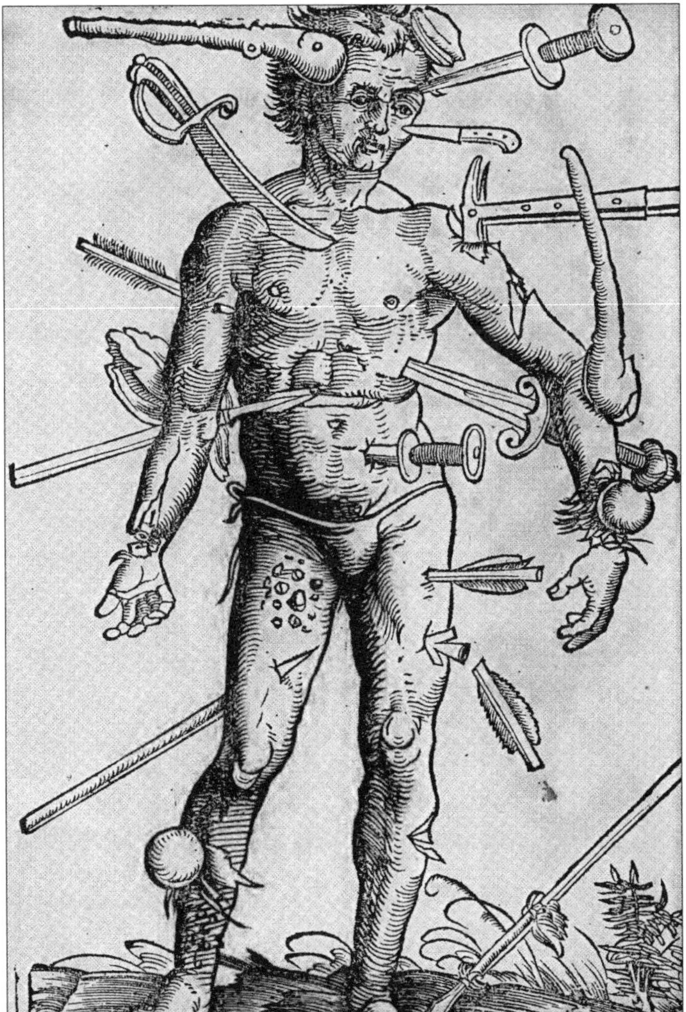

複印甚廣的插圖〈傷痕累累的男人〉（wound man），出自葛斯多夫的著作《傷口治療筆記》，這些各式各樣人為造成的外傷多半找劊子手和理髮師外科醫師治療（一五一七年）。

師獲得同業行會的背書，更不像雲遊四海的江湖術士會唱歌演戲逗顧客開心，法蘭茲唯有費心累積一大群忠實病患，才能在這行出人頭地，方法是讓病患覺得他感同身受，瞭解病患也掌握病情。所謂「劊子手的碰觸」（executioner's touch）也許能成功吸引一些病患上門，但考量到還有其他替代療法，若是法蘭茲的療法無效，病患也不會再三登門求助。

劊子手必須靠真本事、真功夫才能跨界進入醫學領域，說穿了就是善於「外傷治療」，譬如接上斷骨、治療嚴重燒灼傷、電灼截肢止血、治癒潰瘍或槍傷。傷口大夫和劊子手處理的傷口，多達三分之一是刀、劍、槍枝所致。[16] 對法蘭茲而言，處理這類傷口輕而易舉，而且本事過人，畢竟他在訊問嫌犯的刑求室工作多年，清楚知道逼供時該怎麼避免重傷嫌犯，也知道怎麼治療嫌犯的傷口，以免他們在公開出庭時或公開處決前掛點。法蘭茲顯然未靠治療囚犯賺取外快，其他同仁卻會，而且索費不貲，替一名甫被他刑求逼供的囚犯療傷，費用足足是刑求費的三到四倍。[17]

法蘭茲的帳本已佚失，不過據他估計，近五十年的行醫經驗中，他大約治療了紐倫堡和鄰近區域一萬五千多名病患。[18] 就算考量到誇大不實和重複計算的情況（法蘭茲對數字非常不在行），仍是相當了不起且厲害的紀錄，代表法蘭茲每年平均得看三百多名病患，至少是他刑求或處罰囚犯人數的十倍。讓人承受巨大痛苦是身為劊子手的職責，他是否靠治療這麼多受苦之人得到一些慰藉？這樣幾乎天天忙於處理傷口，是否讓他對無辜受害人承受的煎熬又多了一層同理心？毫無疑問，他高明的行醫本事確實軟化了大家對劊子手遍存的不屑與鄙夷，不過仍不足以將他本人及整個家族提升到高尚、得眾望的層次。

順著這個脈絡可知，當時民眾看待「劊子手的碰觸」是有選擇性與分別心的。以現代觀感

傷口大夫正在為一名酒醉、但意識仍清楚的病患截肢。傷口大夫和理髮師外科醫師是法蘭茲跨界行醫的主要競爭對手（約一五五〇年）。

而言，這種行為著實令人不解，民眾反覆無常、說變就變的態度也讓今人覺得殘酷。民眾平時會與劊子手保持距離，拒絕與劊子手同桌吃飯、喝酒，遑論邀請劊子手入家門作客。不過這些人進入「劊子手之家」（Hangman's House）求診時，卻一點也不介意或擔心法蘭茲觸碰他們的身體。[19]之所以出現雙重標準，部分原因是求診屬於私人會面。由此可見，為了看病而去找法蘭茲，無須偷偷摸摸，也不用覺得見不得人。無可否認，法蘭茲善於治療外傷，病患以軍人、勞工、農夫為主，但常客當中也包括社會敬重的技匠；此外，顯貴也固定來訪，更不乏一些貴族，包括三位帝國特使、班堡的天主大教堂總鐸、條頓騎士團一名騎士、好幾位貴族市議員暨其家人。[20]下至販夫走卒，上至高高在上的貴族，絡繹不絕地拜訪「劊子手之家」，顯見法蘭茲與他的家人絕非被社會孤立。但從另一方面來看，這些私下定期向他求診的人，公開場合卻刻意保持距離，一定讓法蘭茲形同「混沌不明」的社會地位更難禁得起打擊。

治療外傷同樣是理髮師外科醫師的領域，可想而知，免不了與劊子手頻繁摩擦，這時多半得仰賴政府介入仲裁。所幸法蘭茲靠著成功打造的個人口碑與專業形象，輕鬆化解競爭對手的不滿與市議會的刁難。有關這類紛爭，法蘭茲從未受到上級的苛責或關切，甚至在一六〇一年轉介了一名病患給他。該病患一開始求助當地的理髮師外科醫師，治療七歲兒子的右膝，但成效不佳，便向當局申訴，當局並未推薦市府認證的醫生，而是法蘭茲。[21]八年後，理髮師外科醫師漢斯・杜貝留斯（Hans Duebelius）聲稱，法蘭茲之前治療過一位受傷的客棧老闆，所以他不能治療同一人，否則他將被理髮師行會列為黑名單。市議員再三向杜貝留斯保證，儘管放手去做，不用擔心蒙上汙名，只是市議員也沒有為此而訓斥法蘭茲之前的醫療行為。[22]紐倫堡當地的理髮師外科醫師不太可能接納法蘭茲，視其為自己人；但也不敢公開質疑他的醫術，或是挑戰他足以左右地方執法官的實力。

法蘭茲在世期間，學院派出身的醫師地位快速攀升，成了另一個不利他跨界行醫的威脅。這些專業大夫不論是地位或收入，長期以來一直高居社會金字塔頂端，可惜人數少之又少。不過自十六世紀末以來，這群專業大夫重新確立在行醫領域的優勢地位。首先，他們成立類政府組織，藉此鞏固在日耳曼城市的影響力，例如一五九二年在紐倫堡成立「醫學協會」（Collegium Medicum）的半政府組織，由醫師約阿西姆・卡梅拉里烏斯醫師（Dr. Joachim Camerarius）擔任領導人。其次，學院派醫師說服俗世領導人，「執壺郎中」五花八門、「不學無術」的療法，理應受到進一步規範與監督。就連藥師、產婆、行會認證的理髮師外科醫師，也被納入「執壺郎中」的類別。在紐倫堡，這意味取得行醫證照的條件更為嚴苛，違者將被處以鉅額罰款，甚至被流放外地。受影響的對象包括業餘「拔牙人」（tooth breaker）、煉金術士、巫婆、猶太人、法師及各種庸醫。[23]

所幸，對法蘭茲及其接班人而言，「醫學協會」並未監督或監視其醫療行為，但看在他們「知道一些這方面知識」的分上，限制他們只能治療外傷。[24]法蘭茲似乎也成功避免與醫師公開衝突。劊子手同行與醫師之間扞格不合，在帝國各地頻繁可見，連法蘭茲的繼任劊子手也無法免俗被捲入。[25]出人意料的是，法蘭茲靠著劊子手的工作，更頻繁也更直接地和這些貴族（高高在上）專業醫師打交道，反而較少和技匠級的理髮師外科醫師往來，但後者不論是受訓或技能，都更接近劊子手。也許受到上層圈子的賞識與敬重，讓法蘭茲大膽作起白日夢，想像兒子有朝一日也許能加入醫師這個高尚、但仍遙不可及的行列。打破社會階級牢不可破的藩籬，不僅不無可能，甚至比法蘭茲預期的還早到來。

死人之軀

法蘭茲的工作主要是和活人打交道，包括囚犯、官員、病患等對象，不過他也花大量時間和死人為伍。更精確地說，這些人都是他親自處決送入冥府的死屍。部分死囚安葬於神聖的土地上，和一般死者無異。[26]但絕大多數人的下場可就沒那麼幸運。被絞死的盜賊、屍體遭輪刑凌遲肢解的殺人犯，殘骸就曝屍在野外，任大自然的力量摧殘，最後掉入絞刑台下的坑洞。其他死囚的屍體則交給劊子手，用於解剖或其他用途，絕不容任何屍體有絲毫浪費。一具具的屍體不僅凸顯法庭的仁慈，也具有警世作用，更能用以精進醫術。

在歐洲進入近代之前，學院出身的醫師及民俗療者咸信，屍體擁有巨大的療癒力，因此有些作法看在現代人眼裡顯得離奇且不可思議，甚至反胃。但在法蘭茲時代，將人體殘骸拿來食用、穿戴、作為醫療用途，卻是家常便飯。相信人屍可醫病的觀念最早可溯及到古羅馬學者老普林尼（Pliny the Elder, A.D. 23-79），一直流行至十八世紀。[27]儘管這種作法明顯牽涉到巫術與法術，當時幾乎所有專業醫師都堅稱，死屍可治病的立論基礎建立在自然哲學（natural philosophy）和人類解剖學（human anatomy）。追隨帕拉賽瑟斯醫師的信徒（又名化學大夫，chemical doctor）主張，人體的皮膚、血液、骨骼類似某些礦物質與植物，能將靈力傳給病患，進而治癒病患。受古典正規醫學訓練的內科醫師譏諷這種沾染巫術與法術的醫療行為，堅稱屍體之所以能用來治病，在於平衡了病患體內的四種體液（血液、黏液、黑膽液、黃膽液）。不管受過正規訓練與否，幾乎所有行醫者一致認為，剛死不久的屍體可提供一系列的醫病之效。

血液是「最高貴的體液」，當時咸認為飲血具有強效，用途不勝枚舉，包括疏通血栓、預防脾臟疼痛、止咳、降低痙攣抽搐、疏通經血，甚至緩解腸胃脹氣。[28]醫界主流派認為肝臟會持續造血，所以理論上無缺血之虞，大可放心地頻繁放血（phlebotomy）讓體液恢復平衡。由於年齡和精力決定了血液的療效，年輕罪犯伏法後瞬間冒出的鮮血格外珍貴，因其鮮血尚保存旺盛的生命力。癲癇症患者急於飲下死囚溫熱的鮮血，常在絞刑台旁邊排隊，等著劊子手砍下死囚腦袋。這場景光用想的就夠讓我們駭然，但在法蘭茲那個年代並不足為奇。

十七世紀中葉以前，法蘭茲和同行劊子手幾乎壟斷了醫療用人體臟器的買賣市場。許多劊子手兼營副業，將人體器官與部位賣給藥師或其他行醫的顧客。紐倫堡編纂的官方藥典（pharmacopoeia）不乏死囚屍體，包括完整或加工處理過的頭骨、「人骨粉」（human grains）、「醃漬人肉」、人油、「人骨粉」鹽粒、人骨酒（人骨熬煮後提煉的藥水）。懷孕婦女、關節發炎的男女、抽筋的病患，可穿戴人皮製成的長條帶——又稱人皮或死囚的油脂。木乃伊（通稱防腐過的人肉乾）具備的療效成為一個新興神祕主義教派的重心，該教派創始人是凱西烏斯（Jesuit Bernard Caesius, 1599-1630）。我們無從得知法蘭茲靠買賣人體臟器賺了多少外快，也不清楚他涉入的程度。今人聽到這類買賣也許覺得恐怖如鬼，在那個年代卻是一門暴利生意。[29]

當時許多行醫者赤裸裸地鼓吹人體各部位的神奇療效。一名劊子手教人如何調配粉末、治療被下蠱的馬：將藥草、牛油、醋、燒焦的人肉和一根日落前在河邊找到的去皮枝條攪拌在一起。[30]學院訓練出身的新教內科醫生急於揭穿天主教認為聖髑有法力的迷思，高分貝否認人體或骨骸具有超自然的法力。民間也有令人不安的類似迷思，同樣被這些新教醫師斥為迷信，諸如被絞死小偷的手與手指有助於增強賭運，拿來餵牛，可讓牛遠離巫術、防止被下蠱。巴伐利亞的天主教會驚訝地發現，「許多人竟斗膽偷走伏法死囚的東西，竊走絞刑台上絞死罪犯的鐵鏈……和繩套……作施法之用。」因此下令禁止「因迷信某物擁有自然力以外的特殊效果」而使用該物。[31]不論新教或舊教的教會領袖，眼看一些劊子手利用與法力沾上邊的「名氣」坐收漁利，感到非常不安。一六一一年，巴伐利亞邦帕紹市（Passau）一名劊子手開始販賣附法力的小符紙，稱為「帕紹符紙」（Passauer Zettel），據說可幫攜帶者擋子彈。這門生意長期下來，讓這位劊子手財源廣進。

法蘭茲可支配的屍體主要用於解剖研究，這也是今人較熟悉（目前也沿用）的作法。[32]早在文藝復興時代，達文西、米開朗基羅等藝術家便提出要求，希望善用死囚屍體作解剖之用。教宗西斯篤四世（Pope Sixtus IV）一四八二年頒令允許此作法。但以醫學為目的的解剖學研究直到安德烈斯・維薩里亞斯（Andreas Vesalius）一五四三年出版《人體的構造》（*De Humani Corporis Fabrica*）之後，才快速起飛。這位二十八歲的醫生在書中提供了不起的繪圖，並附上詳細解說。涵蓋骨骼、神經、肌肉、內臟系統的精湛插圖，震驚醫界。歐洲各地的醫療機構幾乎立刻動了起來，舉辦講座、延攬研究人體解剖學的專家。他們發現，維薩里亞斯以及解剖學領域的其他

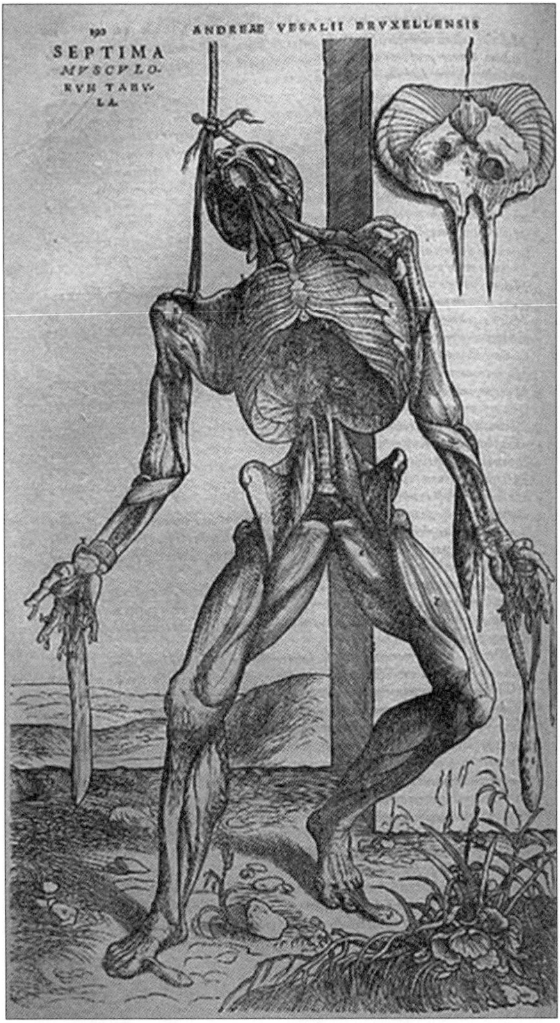

此圖詳細繪出人體的肌肉系統，是維薩里亞斯著作《人體的構造》中的兩百幅插圖之一。值得注意的是，就連這位聲名遠播的專家，也拿剛被絞死的犯人屍體作為研究對象。

先驅提出的各種觀察結果，印證他們之前傳授的大部分知識（亦即第二世紀古希臘醫師蓋倫〔Galen〕提出的醫學理論）不僅不足，甚至大錯特錯。過了約一個世紀（一六四三年），日耳曼地區共十一所大學，包括紐倫堡附近的阿爾特多夫大學（University of Altdorf）在內，陸續開設解剖學講堂，醫學用途的人體解剖成了普及各地的作法。[33]

影響所及，法蘭茲在世期間，外界對死囚屍體的需求有增無減，因此全屍以及人體各部位的買賣與交易，約在十七世紀初達到了高點。法蘭茲過世後不久，慕尼黑的公民和議員震驚地發現，慕尼黑劊子手馬丁・賴赫南（Martin Leichnam，外號屍體，果然人如其名），理應把弒嬰女囚的屍體交還她的父母，以基督教儀式埋葬，他竟在這之前賣掉她的器官，包括心臟（後來被磨成藥粉）。[34]而阿爾特多夫大學的醫學系學生，顯然會先詢問法蘭茲以及接班的劊子手，徵得他們首肯後，才搬走被處決的囚犯屍體。其他城市的學生就沒有這麼細心了，常在半夜擅闖墓地與刑場偷走屍體。整個帝國，惡名遠播的竊屍賊首推維納・羅芬克教授（Professor Werner Rolfinck, 1599-1673），他偏好從絞刑台竊走囚屍。耶納大學（University of Jena）醫學系學生還為此創了新詞，將「羅芬克」（rolfincking）和竊屍劃上等號，以此向他表達敬意。[35]

不同於其他劊子手，法蘭茲對人體解剖極感興趣，進一步證明，相較於執刑，他對醫學有更遠大的抱負。自一五四八年之後，紐倫堡市議會規定，除了少數醫師，其他人不得將「伏法死囚肢解切塊」，之後又鬆綁成「只需幾人在場」即可。在法蘭茲・施密特到紐倫堡任職之前三年，醫師佛克・寇伊特（Dr. Volker Coiter）獲准解剖兩名小偷，然後將人油交給劊子手充當醫材。[36]一個負責出力處決（劊子手），一個負責善用死屍（行醫者），這種傳統的分工也許正是

佛克・寇伊特（1534-1576），紐倫堡的市雇醫師。寇伊特和他的繼任者約西阿姆・卡梅拉里烏斯二世（Joachim Camerarius the Younger, 1534-1598）均熱中於解剖，寇伊特甚至曾因盜墓而短暫被市府流放外地（一五六九年）。

紐倫堡地方官當時的想法，因而在一五七八年七月同意法蘭茲的訴求，允許他「肢解斬首囚犯的屍體，拿走對他有用的部分，作醫療之用」。[37]參考日記裡有關他善後被斬首的強盜海因茲·格森（Heinz Gorssn，綽號懶人漢克）屍體的紀錄，這名二十四歲的劊子手認真而清楚地寫下：「我接著解剖了〔這個屍體〕。」[38]法蘭茲鮮少在日記裡使用第一人稱代名詞，所以這句話意圖明顯，似乎有意證明這是他個人的一大成就，值得留文紀念。類似這樣清楚明白的紀錄只再出現三次——分別是一五八一年、一五八四年、一五九〇年。同時，他也用了「解剖（dissect）或肢解（cut up）」等詞，用以澄清他的意圖。我們可以據此推測，法蘭茲想用更貼切、更嚴肅的字詞形容他對屍體的所作所為。只不過，一五九四年他將小偷米歇爾·克努特爾（Michel Knüttel）的屍體交付紐倫堡醫師佩斯勒（Dr. Pessler）驗屍時，使用了相同的辭彙。換句話說，他不僅對屍體堪用的部分感興趣，也有意探索人體的解剖學，一如其他醫師。[39]

法蘭茲畢竟只是業餘人體解剖學家，所學與發現非常有限，儘管他手邊可參考的資源頗多，包括維薩里亞斯的著作《人體的構造》、自己的行醫經驗，更別說永不斷炊的屍首。法蘭茲如此熱中於研究人體解剖，係受其時代影響。他所處的社會，許多門外漢與俗人十分著迷於古怪或異常現象，可惜他們無心（或沒意識到），未能把觀察結果整理成有系統的理論，反而留給自然哲學家和神學家代勞。法蘭茲按部就班、有條不紊地觀察死囚屍體，一如以銳眼剖析死囚的人格特質，但直到職涯後半期，這些觀察心得才慢慢浮現於日記裡。舉例來說，法蘭茲早年可能會在日記裡記下一對兄弟檔與一位共謀是「三名強壯的少年賊」，或是順手寫下一名被處決的強盜「只有一隻手」。[40]我們從日記中得知，理髮師巴爾特薩·雪爾（Balthasar Scherl）「體型矮小，前胸和後背都有隆起」；乞丐伊莉莎白・羅森林「脖子歪斜」。[41]數年後，他的書寫風格變了，慢慢顯現熱忱業餘者對一絲不差的要求。例如，被斬首的竊賊喬格・普朗（綽號大頭針喬治）的「脖子長約兩個指距、厚約兩個掌幅（大約十九英寸乘八英寸）」。勞倫茲・戴梅（Laurenz Demer，綽號長爺農）的「身高僅比三個艾爾少了兩指（約二二六公分）」。受鞭刑的賽門・史塔克「有九十二顆麻子」——在在顯示他驗屍時一絲不苟的認真態度。[42]法蘭茲唯一一次不符科學家冷靜客觀的精神，出現於竊賊喬格・普朗人頭落地時，「他的頭（在石頭上）轉了好幾圈，彷彿想看看四周，舌頭動來動去，嘴巴張開好像有話要說，就這樣持續了半刻鐘。我從來沒見過這種情況。」[43]一如近代早期的大部分史官，受到驚嚇的法蘭茲並未對此提供任何解釋，只留下值得記錄的奇觀。

黑色法術

劊子手具備治療的本事，加上精通地下黑社會種種非法勾當，讓劊子手這行儼然成了精通特異能力（dark arts）的權威。民間傳說認為，劊子手以及手中那把有魔法的斬首劍（沾浸了甫被斬首的年輕男子之血）可以打敗吸血鬼和狼人。此外，他們還能召喚亡魂、幫家裡驅魔趕鬼。當時民間流行這麼一個驅魔傳說：某個老是趕不走、讓人傷透腦筋的家鬼，最後逼得耶穌會一名驅魔師和一名劊子手對陣、一較高下，結果後者技高一籌——他設陷阱把惡鬼困在麻布袋裡，帶到森林野放。在十六世紀的紐倫堡史，這類戲劇性驅魔儀式僅在一五八三年出現過一次，當時法蘭茲僅是旁觀者，驅魔者是路德教派的一位牧師。[44]

一五五〇至一六五〇年間，全歐如火如荼進行獵巫，只要與魔法（甚至醫學）沾上邊，都可能陷入險境。許多人認為劊子手無疑就是「神祕魔法師」和「巫術高手」，尤其在十七世紀初獵巫潮達到高峰之際，任何施法或行巫都被懷疑與魔鬼打交道。法蘭茲有個在慕尼黑的同業，雖然最後被證明無罪，但一六一二年一場牢獄之災，讓他再也回不到過去。當時一名耶穌會教士具狀向法院指控他非法行巫。就連法蘭茲的繼任劊子手也不例外，因為涉入「魔法生意」而遭市議會警告。再者，市議會揚言，若發現他與「惡靈」接觸，將把他驅逐出城，「甚或比這更糟」。其他人就沒這麼幸運了。一位寡婦（丈夫生前是紐倫堡劊子手的助理），因為行巫作法被定罪，被活活燒死，這是紐倫堡唯一因涉嫌和魔鬼立約、和魔鬼有染而伏法的例子。[45]

不過整體而言，法蘭茲年代的專業劊子手往往和「獵巫者」（witch finders）合作無間，是後者少不得的幫手。約翰・喬格・阿比利爾（Johann Georg Abriel）是法蘭茲的同業，在熊高（Schongau）擔任劊子手。在比伯拉赫（Biberach）的劊子手克里斯多福・希爾特（Christoph Hiert）也是炙手可熱。兩人都善於發現所謂的女巫標記（witch's mark），成為大家爭相諮詢的對象，影響所及，一五九〇年代，屬於舊教區的巴伐利亞和上施瓦比亞（Upper Swabia）追捕女巫的行動有增無減。其他劊子手也扮演類似的關鍵角色，負責刑求逼供以及引爆恐慌心理。事實上，日耳曼南部處決女巫的次數高於歐洲任何一個地區，大約占了四成（總伏法人數是六萬），其中法蘭科尼亞堪稱獵巫潮的大本營，尤以班堡和烏茲堡兩地「最負盛名」，在一六二六至三一年聞巫色變期間，處決了逾兩千人。[46]

在獵巫的風氣下，法蘭茲和紐倫堡（屬於新教區）如同沙漠的綠洲，力抗鋪天蓋地而來的狂潮。直到十六世紀末之前，紐倫堡只處決了一件與法術有關的刑案，更正確地說，被害人應該是喝了標榜為「愛情靈藥」的東西才意外中毒，與法術並無直接關聯。此案發生於法蘭茲轉任紐倫堡劊子手之前約六十年。[47]不過來到一五九〇年七月，連紐倫堡也愈來愈難抵禦橫掃歐洲的狂暴。市議會行動迅速，作法卻與其他侯國的統治者背道而馳，逮捕誣告者而非涉嫌施法的女子。被補入獄的嫌犯是費德里希・史提格勒（Friedrich Stigler），此人曾是紐倫堡居民，後來被流放外地，在艾希斯塔特（Eichstätt）擔任劊子手的助手。入獄是因為「誣陷紐倫堡一些公民的妻子是女巫，因為他認得她們的記號……還透露她們對人下蠱施咒」。[48]

史提格勒吹噓自己在艾希斯塔特擔任劊子手助理期間，學到不少專業技能，並在他居住的街上指認了十一名女巫，其中五名是老婦，六名是「實習女孩」。在他受審的過程中，法蘭茲甚至動用吊刑逼供這位回到紐倫堡不久的獵巫老手。史提格勒聲稱，一開始當地市民請他指認紐倫堡的女巫時，一律被他回絕，推托紐倫堡「已有自己的劊子手」可處理此事。若他這番說詞意在暗控法蘭茲對女巫過於心軟，那麼結果是適得其反，因為法蘭茲的雇主（市議會）也對巫術相關的指控深疑不已。史提格勒並不氣餒，再接再厲道，他最後被鍥而不捨的請託者說服，同意分享他抗巫的一技之長，包括販售小包裝的護身鹽、御守麵包或驅魔蠟，每包售價一歐特（ort，相當於〇・二五佛羅林）。史提格勒稱，這些護身品是阿本斯堡（Abensberg）劊子手傳授給他的妙方，不僅可讓民眾遠離女巫，還可循線找出女巫身上的魔鬼印痕。誠如大家所料，市議會不為所動。[49]

紐倫堡的主審裁判官完全不信史提格勒「厚顏又放肆的不實指控」，而且相較於不實的指控，裁判官更在意他精通法術，甚至娶了三名妻子。法官認為首要之務莫過於嚴防本地出現恐慌，因此最後判決「不信主」的史提格勒死刑，因為他「煽動社會不安、造成市民疑神疑鬼、彼此衝突不合。此外，他傳播各種迷信、沒有宗教根據的符咒、邪惡陰謀、被禁的特異功能」。[50] 一五九〇年七月二十八日，法官出於「慈悲」，讓法蘭茲以斬首劍送他進入冥府。[51]

紐倫堡政府首次正經嚴肅地面對社會反巫的偏執情緒，反應果決，並得到法蘭茲全力支持。由於民間普遍認為劊子手和奇門法術脫不了關係，法蘭茲樂見這個拖累同業名譽的害群之馬受到懲罰。史提格勒「處心積慮讓〔被告女性〕蒙上不白之冤」，使得受不了造謠中傷的法蘭茲更加不齒其作為。總而言之，法蘭茲似乎和主管有志一同，面對女巫指控，心存警覺，避免驟下結論。他們也非常擔心，若放任獵巫潮不管，社會免不了動盪、目無法紀。擔任巡境實習生期間，他目睹法蘭科尼亞鄉間大規模審判、燒死女巫，既驚訝也反感。一如史提格勒，法蘭茲在班堡工作期間，學會獵巫的方法與手段，也明白高明刑求者逼供而得的自白有多危險。專業劊子手在這類「莫須有」織人入罪的過程中扮演要角，勢必讓法蘭茲感到不安、甚至不齒。

此後二十年，紐倫堡的地方官持續力抗席捲周遭地區的獵巫潮。史提格勒伏法後不到十八個月，鄰近的安斯巴赫侯國，一名疑似女巫的嫌犯遭到刑求而寫下自白，導致兩名住在紐倫堡司法管轄區的村婦被捕。紐倫堡法學專家仔細調查之後，認為刑求逼供的正當性不足，建議撤銷對被告的指控。此外，法蘭茲也奉命進一步評估，事後稱這兩位女性年齡皆長，身體禁不起酷刑伺候，市議會一收到他的報告，立刻下令釋放她們。隔年，安斯巴赫的官員發現富特（Fürth，屬

三名被告女巫在巴登被活活燒死。擴及全歐的獵巫狂潮和法蘭茲生平多所重疊（一五七四年）。

於安斯巴赫的司法管轄區）一名疑為女巫的女子自殺身亡後，不僅要求挖出屍體燒成灰，還下令將她家族的財產悉數充公。再一次，紐倫堡法官極力避免引發社會恐慌，稱沒有任何證據可佐證她受到的指控，也無法證明她真正的死因。此外，安斯巴赫當局與她的家人興訟時，紐倫堡也力挺她的丈夫和兒子。接下來幾年，紐倫堡市議會在沒收三名阿爾特多夫男子的「魔法書和紙牌」後，將之釋放，並立刻飭回兩名被個別控以法術治療病患的老婦。只有一名作偽證者——漢斯・羅斯納（Hans Rössner）被定罪，他犯了和史提格勒一樣的錯——到處散播不實謠言，並誣告他人行巫。只不過不同於史提格勒，他逃過了斬首刑，被判終身流放外地（當局威脅他，若敢偷偷潛回，只有死路一條）。[52]

無論是法蘭茲還是他的雇主都不曾否認法術的功效，但他們更重視法術是否被用於傷天害理的惡行（*maleficia*）。法蘭茲在日記裡不帶感情地寫道，他處死的最後一名死囚喬格・卡爾・蘭布雷希特（Georg Karl Lambrecht）「也從事巫術和下咒等行為」，但並未涉及任何不法的惡行，所以正式判決書裡並不包括這項罪狀。[53]不過法蘭茲認為昆拉德・茨維克斯伯格求助於巫術則有罪。茨維克斯伯格與已婚的芭芭拉・華格納林「有染，給了一位老女巫兩佛羅林，要她詛咒〔華格納林的丈夫〕遇刺、遇襲或溺斃」。不過茨維克斯伯格最後被判死刑，並非因為找女巫下咒，而是唆使情婦一而再、再而三對她的丈夫下毒（並染指她的母親和三個姊妹）。[54]法蘭茲提到「下蠱」，往往用以佐證之後暴行的本質與動機：某位年輕屠夫，公然向背信的前同夥「下咒」，希望他「立即下地獄」；一名鄉村惡霸威脅鄰居，將「燒了他們的房子、〔之後〕砍下他們的雙手，藏在胸前」。[55]法蘭茲發現，這些下咒和威脅往往只是無權無勢者虛張聲勢罷了，一如數世紀之後歷史人類學家所做的結論。當竊賊安娜・佩格曼寧落網時，「她威脅要乘著音叉飛到隔壁找一位製作掃帚的女巫」，法蘭茲語帶諷刺補充道：「但什麼都沒發生。」[56]法蘭茲對法術或下咒持開放心態，認為不無可能改變現狀，反觀我們今人則是充滿懷疑。不過面對社會的恐巫現象，他顯得無動於衷，這點倒是古今皆同。

法蘭茲對巫術的看法類似於同時代的醫師約翰・維爾，顯見他熟悉後者的著作《論妖術》（*De Praestigiis Daemonarum*，德文版首見於一五六七年），可能間接聽他人敘述，或自己讀過。維爾是最早站出來公開反對獵巫的名人，也最常被人誹謗。他和法蘭茲一樣，不排除巫術的效力，不過同時也力主，絕大部分自稱女巫者，若不是自欺就是欺人，剩下的就只會刻意下毒（足以判死的重罪）。一如蒙田，維爾和法蘭茲非常明白恐懼等情緒大幅左右人類的想像力，無論是對受害人或加害者皆然。

法蘭茲理解死囚心理承受的煎熬，這些人因為被判死刑來到他面前，深信他們被魔鬼糾纏，永不得脫身。「小偷喬格・普魯克納在地洞服刑的時候承認，他從克萊恩堡（Kreinberg）的巡夜守衛那邊拿到一些東西，他必須吃下肚才能治療傷口——不過代價是他得發誓絕不再相信上帝，也不再向祂禱告——他照做了，從此把自己交給魔鬼。他嘗試逃出地洞，行為的確失常，彷彿被惡靈折磨。」法蘭茲斟酌而審慎的字眼「的確……彷彿」，簡單扼要地表達出他相信惡魔的力量，同時也深信普魯克納有妄想症。法蘭茲與監獄牧師穆勒都不相信靈魂受盡折磨的普魯克納是撒旦的信徒，反而一致認為他（死前）的確「表現得像個基督徒」。穆勒住在兩條街之外聖塞巴德教堂的牧師公館，常抱怨三更半夜被吵醒，聽普魯克納大聲胡言亂語。[57]換言之，法蘭茲相信，惡魔的誘惑會吞噬懦弱的心靈，儘管他認為巫魔會（witches' sabbaths）和撞邪（physical encounter）都只是憑空想像。另一個被惡靈所擾的受刑人是小偷連哈特．施瓦茲，他在獄中自殺未遂，第一次用刀子，後來撕了襯衫上吊，稱「有個聲音對他說話，但他沒看到任何人，那個聲音說，只要服從於它，會立刻幫助他」。法蘭茲語帶強調地補充道：「他這時後悔不已，但若那個聲音再次召喚他，可能會有〔不同〕的結果。」[58]至於那個聲音的來源與真實性，法蘭茲並未加以著墨。

法蘭茲年輕時可能對黑色魔法還有一些敬畏，不過在刑求室工作多年後，已完全不會大驚小怪。他非常熟悉職業慣犯堅信不疑的各種迷信與招數，儘管沒有一種達到功效。許多罪犯為了隱蹤匿跡，或是保護自己刀槍不入，將屍體某個部位、絞架的繩索、各式各樣的護身符帶在身上，這些都記載在法蘭茲的日記裡，證明人迷信又容易上當。為非作歹的共謀與被查扣的行竊工具，可用於佐證犯意與犯行，護身的靈符亦然。屢犯不改的蜂蜜賊彼得．霍夫曼（Peter Hoffman）接受審訊時稱，他落網時身上的人頭骨和其他骨頭並不是為了惡毒的目的，而是用於治療癲癇。（他否認曾作法把已分居的女伴送到極遠的地方，不過他最後坦承偷了她的內衣，用以施法挽救愛情，讓她回到身邊，可惜失敗。）法蘭茲在日記裡拒用「咒語和魔法」等用詞，以免進一步醜化霍夫曼，反而只著墨偷竊和通姦等罪行。[59]即使是惡名昭彰的蘭布雷希特，最後被逼到承認「他本人是道地的魔法師與道士……著迷於魔鬼的害人法術」，但追根究底發現，他只不過買了一個符咒和幾張加持過的紙片，保護自己不受槍擊。此外，他曾把一個「受魔法保護」的頭骨放在狗身上測試（該狗很快就因身中數彈而死）。經過這次測試，他認為「這些浪跡江湖術士的事蹟與大話都是裝神弄鬼、憑空想像，他不想再與他們有任何瓜葛」。而法蘭茲顯然早就有此定論。[60]

法蘭茲・施密特職涯期間遇到許多自以為是的法術專家，但大部分都是騙子。被鞭笞流放到外地的孔茲・霍夫曼（Cunz Hoffmann）「稱自己會讀星球〔亦即占星〕也會讀掌紋」。此外，四名被鞭刑流放、會占卜的吉普賽人，以及既會算命又會獵寶的安娜・多米里林也都稱自己善於法術。多米里林「一天內掙了六十佛羅林和五枚金戒指，都是米凱拉・施密丁太太（Frau Michaela Schmiedin）給的」。一如許多旅人，竊賊／詐賭犯漢斯・梅勒（Hans Meller）偶爾會販賣法器、護身符賺些外快。其中一個勾當讓他被定罪：他將黃蘿蔔浸漬在油裡，裹上一層毛髮，冒稱是可治病的曼陀羅草。[61]老鴇烏蘇拉・葛林敏（Ursula Grimin，綽號藍）「稱自己是女巫，知道哪個男人身上帶著孩子」，她告訴一位顧客，若不想讓女人意外懷孕，「唯有立刻將陽具插入她女僕的私處，否則他和情婦兩人不得合體，必須等到〔葛林敏〕說：『讓我們來看看我的細妹與小寶貝正在做什麼。』接著，當著他們的面寬衣解帶，全身赤裸地說：『萬歲啊陰戶，吞掉這個男人吧！』」法蘭茲認為此事十分有趣，竟然會有人上當，掉進葛林敏的騙局。娛樂性高於上述插曲的，莫過於另一起較單純的騙局。維埃爾（Weyer）一個年輕牧羊人「在一棟屋子裡裝神弄鬼了兩年，趁人們睡覺時拉扯他們的頭、頭髮、腳，好讓他偷偷與農莊主人的女兒同床」。[62]

法蘭茲生平遇到最無恥也最成功的魔法騙子，就是菲爾賽克（Vilseck）自稱挖寶人的獨腳女裁縫伊莉莎白・奧霍丁。她稱自己「生於金色星期日」，靠著舌粲蓮花聚斂了四千佛羅林，受害人遍及社會各行各業。她說服他們，她可以找到深藏在暗處的寶藏，打敗看守寶藏的龍、蛇、狗，讓寶藏恢復自由。[63]根據法蘭茲的看法，她成功的祕訣並非〔她用了〕咒語和儀式，那些盡是毫無作用的胡言亂語，而是擁有天花亂墜的本事，把牽強附會的故事說得頭頭是道。她稱有座城堡沉在水底，裡面有一個裝滿寶藏的鐵箱。聽了她的故事後，三名男子一開始半信半疑，後來還是信了，花了一整天挖土找白蛇，因為「她會用白蛇向寶藏下咒，好讓寶藏浮出水面」。有些人則跟著她以及她的尋寶杖在鄉間東尋西覓了數天，顯然並未因遲遲沒收穫而氣餒，也願意掏出更多的錢，拜託她指點迷津。

法蘭茲毫不掩飾他的驚訝反應，不僅因為這位神棍老千膽大囂張，也因為受害人貪婪又易上當。他鉅細靡遺地描述她最成功的一場騙局：

> 以下是她行騙的過程。當她進入屋內、想要騙人的時候，常會先跌倒，彷彿她病了或突然抽搐。事後她稱腿部有條智慧血管，可以靠它預知並揭露未來，也可以挖到藏在暗處的寶藏。她說，剛進到屋內時，血管不讓她好過，直到她一吐為快。此外，地底世界如地圖攤在她眼前，讓她看到裡面的金銀珠寶，閃亮如火焰。若有人起疑，她請大家允許她在屋裡住一晚，好讓她與寶藏的精靈對話。入夜後，她輕聲細語、自問、自答，彷彿跟某人對話，然後告訴大家，屋裡有個走失的可憐靈魂，無法去極樂世界，除非把寶藏挖出來。大家對她的說法深信不疑，因為她下了可怕的咒語，也信誓旦旦保證寶藏確有其事，地面遂被挖了一個大洞。挖著挖著，她悄悄將一個裝滿煤炭的罐子放入洞裡，宣稱是她挖到的。接著，她命令大家把罐子鎖在箱子裡三週，嚴禁任何人碰觸，等她拿出

罐子，裡面煤炭將變成黃金。〔只不過，〕最後煤炭還是煤炭。

可以想見，最讓法蘭茲驚異的是，奧霍丁竟敢無視根深柢固、層級分明的社會結構，行騙對象包括許多有頭有臉的人物。她說服一名貴族，讓她和女兒住在他家。另外兩名貴族出錢出力資助她女兒受洗。她還厚臉皮地將紐倫堡某位貴族大老當她事業的活廣告，聲稱「她在領主恩德列斯・伊姆霍夫（Master Endres Imhoff）的庭院挖出一道黃金噴泉，至少有好幾個純金的聖像」。法蘭茲不相信她擁有超自然的神祕法力，但十分佩服她編造故事的功力。

一個劊子手的遺教

年屆六十歲之前，法蘭茲鮮少顯露體力已不堪負荷的跡象。此時，他已不太為工作在外奔波，一六一一年之後，則完全不為工作遠行。不過他仍親自出馬，負責幾乎所有鞭刑和各式各樣的體刑。反觀其他同仁，到了這把年紀，早將這吃力的工作交棒給年輕的一輩。[64] 一六一一年二月，他首次出現體力大不如前的徵兆，在斬首因亂倫與通姦被判死刑的伊莉莎白・梅希林時，他揮劍斬了三次才讓人頭落地，堪稱職涯最戲劇性的敗筆。圍觀群眾對這位五十七歲資深劊子手竟出現「丟人現眼又殘酷不仁」的執法，感到不可置信。[65] 對於這次丟臉之至的執刑，法蘭茲僅在日記結尾一語帶過：「搞砸了（botched）。」次年，一名惡名累累的皮條客且專向政府告密的小人被判鞭刑並流放外地，結果他在受罰時，竟從法蘭茲手中掙脫，最後遭憤怒的圍觀暴民亂石砸死。這事導致市議會介入調查，並首次重話譴責法蘭茲這位資深劊子手。[66]之後法蘭茲又兩次失手，一次是一六一三年十二月十七日，另一次在一六一四年二月八日，但均未被法蘭茲註記為失誤。儘管體力不濟，市府並未逼迫年紀已大的法蘭茲退休，所以接下來的三十四個月，他又斬首處決了十八名死囚。

法蘭茲在任內最後一年的表現，一開始風平浪靜，順利斬首了兩名死囚，也操刀好幾次鞭刑。不過，五月三十一日晚間，某人（更可能是好幾人）在紐倫堡的絞刑台失足跌倒。[67]法蘭茲在日記裡隻字未提此事，也不認為事關重大，心想不過是一些人酒後鬧事罷了。之後不到一個月，他倒是記錄了一件讓人心有餘悸的插曲。此事發生在一六一七年七月二十九日，偷牛賊連哈特·柯曾德佛（Lienhard Kertzenderfer，綽號母牛雷尼）伏法之日。根據紐倫堡一位編年史家記載，法蘭茲第一次試著登上絞刑台時，「忽然颳起一陣強風」，吹倒了雙排梯，因此工作人員必須扶起梯子，將梯子靠著絞架牢牢固定。「強風肆虐下，人被吹得東倒西歪」，法蘭茲與「醉得不省人事的死囚」幾乎寸步難行。不過當這位拒絕在死前禱告求主赦免的死囚終於伏法，懸掛在半空時，「強風戛然而止，空氣完全靜止。」此時一隻野兔不知打哪兒冒出，飛快穿過絞刑台下方，並穿過圍觀的人群，後頭跟著一隻窮追不捨的狗（沒人知道是誰家的狗）。群眾認為，牠是惡魔化身，正追趕死囚的靈魂。法蘭茲雖驚愕，仍比眾人來得冷靜與謹慎，寫道：「野兔的來歷以及死囚的下場，唯有主最清楚。」[68]

法蘭茲似乎不受惡兆與上了年紀等因素影響，接下來的五個月，又絞死了三名小偷，負責三次鞭刑，直到一六一七年十一月十三日最後一次上場。根據法院諭令，鑄造偽幣的喬格·卡爾・蘭布雷希特將在這天以火刑伏法。在紐倫堡，火刑相當少見，在法蘭茲四十多年的劊子手生涯中，也僅親自操刀兩次。紐倫堡市議會對這次火刑戲碼充滿焦慮，要求法蘭茲「瞞著眾人」，在死囚頸部掛一袋火藥或者先勒斃他，讓他在火刑前提早向冥王報到。[69]法蘭茲表示他會先勒斃他，因為火藥可能無法點燃，也可能爆炸、傷及圍觀群眾。市議員一如往常接受法蘭茲的意見，不過也再次提醒他，一定得偷偷勒斃囚犯，「不可讓群眾發現。」當局做此要求是出於效率而非仁慈；畢竟火刑就是要讓群眾害怕，以達殺雞儆猴之效，因此務必保留這元素。

照理，處決蘭布雷希特應該是法蘭茲生涯裡最得心應手的一次，可惜事與願違。監獄牧師表示，蘭布雷希特在伏法前五週「和上帝交談的時間超過和人說話」，而且不斷哭泣、禱告。[70]伏法前五天，蘭布雷希特在牢房裡徹底告解，吃了最後的聖餐，自此滴水不進，不讓「糧食或飲水玷汙他的身體」。前往刑場途中的表現彷若模範市民，大聲禱告、尋求沿路的人群原諒。他也做了法蘭茲最看重的舉動，向上帝告解並祈求原諒，然後跪地念出主禱文與其他禱告文。

法蘭茲最後推翻了之前對上司的建議，改以火藥袋與祕密勒斃雙管齊下。或許他有預感，擔心祕密勒斃失敗，但他絕未料到雙管齊下竟也會一敗塗地，因而出現了本書開頭描述的不忍卒睹的折磨以及難以收拾的敗筆。不論面對他的長官或在私人日記裡，法蘭茲一如往例，並未將勒斃不成的責任嫁禍給助理克勞斯・柯勒。透過高明的改寫，他形容這是一次活活燒死囚犯的成功行刑，順利迴避表現失常的批評。不同於日後出版的手稿版，法蘭茲在原版日記裡並未點出這次是他最後一次行刑，反而頑強地堅持下去，三週後親自執杖鞭笞囚犯，另一次（最後一次）上陣則是在一六一八年一月八日。

一件絕對稱不上有看頭或有張力的事件，竟成了法蘭茲四十五年劊子手生涯的句點。一六一八年七月十三日，教會的資深司事（尤指法器與聖器的保管人）連哈特・鮑麥斯特（Lienhard Paumaister）向市議會呈報，稱可敬的法蘭茲因年邁體衰，無法執行下週登場的兩場處決。鮑麥斯特並未點明病因，但法蘭茲本人以謹慎的措辭回道，他九天前開始生病。市議會請他推薦一位「能幹人選」代班，「直到他恢復健康為止」，但法蘭茲一味敷衍，稱他沒有任何推薦人選，不過他建議「長官大人們」就近詢問附近的安斯巴赫或雷根斯堡（Regensburg）。法蘭茲原本有意替自己留一條後路，可惜事情發展出乎他意料。一週後，法蘭茲的長官們收到安堡劊子手伯恩哈特・施雷格（Bernhard Schlegel）毛遂自薦的應徵履歷。由於長官們急於按計畫處決一名小偷和一名弒童犯，也就照著便宜行事的習慣，草草審核施雷格的資歷，同意支付他一週二・五佛羅林的薪資，並提供免費住宿。但施雷格毫不拐彎抹角地要求必須和法蘭茲同酬（一週三佛羅林），外加一年份的柴木，同時立刻搬進「劊子手之家」。（紐倫堡的議員們後來逐漸看清施雷格直來直往的鹵莽個性。）由於雷根斯堡仍無回音，市議會同意施雷格開出的條件，讓他以終身雇用劊子手的身分宣誓就職，整個過程在法蘭茲自稱生病後短短兩週內搞定。一週後，新任劊子手在紐倫堡的烏鴉石初試啼聲，斬首兩名死囚。[71] 執筆近半個世紀，法蘭茲在日記的最後一筆記錄一如往例地簡短：「一六一八年七月四日我病了，在聖勞倫斯日（八月十日）卸下職務，我在這崗位盡職了四十年。」

法蘭茲的退休過程看似輕鬆順利，台面下卻開啟了老劊子手與接班人之間的權力鬥爭，兩人你來我往纏鬥了好幾年。法蘭茲的長官與上司對於他四十年來模範生的表現，似乎無動於衷，也不覺得重要，卻明顯偏袒他的接班人，這種厚此薄彼的作法，讓人摸不清紐倫堡的執法官是否還對法蘭茲心存敬意。針對施雷格所提的諸多條件，紐倫堡執法官只有一項要求：給予法蘭茲和他的家人充分的時間另覓住處，顯見長官對法蘭茲仍有情有義，但這個看似合理且不傷感情的折衷方案，卻讓兩位劊子手及雙方家庭長期為敵，直到兩人都告別人世為止。

施雷格在紐倫堡首次處決囚犯後不到兩天，便向長官抱怨，他仍（！）無法搬進由傳染病院改建而成的臨時住所，目前下榻在客棧有諸多不便，還增加額外開銷。市議會立刻撥了等同一個月薪水的十二佛羅林給他，作為補貼之用，同時不著痕跡地向法蘭茲「打探」，他預計何時搬出劊子手之家。法蘭茲與施雷格的官舍之爭拖了好一陣子，法蘭茲在第一波「攻勢」裡回覆，他的確打算買間房子，只是礙於現在身體羸弱，無法進行此事。長官不願催促這位受人尊敬的老劊子手搬家，遂下令工人加快腳步，完成新任已婚劊子手的新居。這間寬敞的官舍位在公寓的三樓，整棟公寓還租給另外二十名單身漢，偶爾也收容鏈鎖囚犯。為了進一步平息施雷格的怒火，市議會批准他未來幾個月放更多長假，「處理私事」，同時又給了他十二佛羅林作為搬家費。[72]

接下來的一年，市議員對這位新任劊子手怨言漸增，反倒愈來愈懷念前任劊子手的優點，從中逐漸看清伯恩哈德・施雷格與法蘭茲・施密特是截然不同的兩個人。光就薪水來看，施雷格貪得無厭。法蘭茲在四十年的職涯中，只開口要求加薪兩次（最後一次是一五八四年），施雷格卻老是抱怨薪水不夠花用，有時一年內就數次開口加薪。市議會偶爾給他一次性的津貼約二十五佛羅林，但多數時候毫不留情地回絕他。

施雷格有次向市議會求情，希望借貸六十佛羅林，同樣被回絕。借錢之舉顯示他不僅貪得無厭，也可能被鉅額負債所累，而一屁股債可能是因為好賭、酗酒或其他「輕浮的生活方式」。這些無疑與受人敬重、潔身自愛的法蘭茲，有著天壤之別。施雷格在紐倫堡擔任劊子手不到一年，就被市議會召見，原因是在劍擊學校的酒吧打群架。一群人之所以起口角是因為施雷格的酒友遭其他技匠同仁挑釁騷擾，稱該技匠不該和施雷格同桌而坐。紐倫堡的議員駁斥和劊子手同桌而坐會受汙染的傳統觀念，同時肯定上述陶藝技匠的地位，不過也告誡施雷格「自愛，不要再於酒館和其他人拚酒」。[73]

法蘭茲受人敬重、生活簡樸、信仰虔誠、個性冷靜自重，因此對任何繼任的劊子手而言，要能和他並駕齊驅絕非易事，更何況是一個在眾人心目中挑釁成性、不知節制的外地人。[74]施雷格抵達紐倫堡首日，便感受到法蘭茲揮之不去的魔咒與陰影。外人不客氣地拿他和法蘭茲比來比去，顯然讓他備受困擾。此外，經由比較，大眾也愈來愈不相信施雷格的專業技能。市議會譴責施雷格公開鬧事之後，過沒幾週，市議會「嚴正告誡」他，公開處決時應拿出專業維持現場秩序。又過了不到一年，他因為拖很久才絞死囚犯而被苛責。當時他撞倒了雙排梯，害自己得攀住絞架的橫木才不至於摔下來，而死囚只能痛苦地慢慢窒息而死，斷氣前幾分鐘，不斷呼喊耶穌之名。最後，經驗豐富的助理將笨手笨腳的劊子手救了下來，但兩人還是被憤怒群眾丟擲又冷又硬的泥球。[75]

一六二一年，市議會雖然憂心施雷格的工作表現，但已疲於和他周旋，同意讓他成為紐倫堡公民。法蘭茲工作了十五年才獲得公民身分，施雷格卻在三年前初抵紐倫堡後，便一再提出此要求。[76]但這位劊子手並未因此改善在行刑台上的表現，讓市議員更加心灰意冷。當施雷格再次把處決走樣怪罪於助理時，市議會不只訓斥他，還威脅他，若不馬上改善行刑表現並「斷除貪念」，將立刻要他走路。不過，施雷格明白，他的雇主其實懶得另覓新人，因此勉強忍受長官們三不五時的訓斥，包括在他行刑前，不給他面子地提醒他：「認真執刑，不准搞砸。」77

由於一再被拿來和出色的法蘭茲比較，處處不如人的施雷格遂找法蘭茲出氣，不斷以他遲遲不願搬出劊子手之家為由，找他麻煩。其實施雷格忿忿不平也算情有可原，畢竟和世故、交遊廣闊的法蘭茲相比，他處處居下風，很難不讓人同情。或許因為施雷格看很多事都不順眼，屢向市議會抱怨，久而久之市議會也懶得回應。例如，他不滿法蘭茲一家人遲遲不搬家，霸占理應屬於他的官舍。他抱怨了將近七年，市議會卻充耳不聞。可能地方官暗地裡希望，這場官舍之爭最後能因年邁的法蘭茲辭世和平落幕。

一六二五年夏，戰爭蹂躪、難民湧入、傳染病爆發，引爆嚴重的房市危機，市議員不得不對高齡七十一歲、但仍硬朗的法蘭茲採取行動。當時亟需收治急診病患的空間，於是議員下令所有人，包含施雷格夫婦在內，撤出傳染病院改建的房子，同時向法蘭茲催討劊子手之家，承諾替他支付搬家的開銷，希望他盡快空出房舍。不過法蘭茲再次找藉口推拖，稱當初上任時，當局允諾他可一輩子住在這裡，但這主張和他七年前想另覓新居的打算有所出入，因此啟人疑竇。只是沒想到這招竟然奏效，市議員轉而要施雷格自己想辦法找住處。之後刑事局職員告知議員，他們在官方文件中找不到法蘭茲聲稱的承諾。法蘭茲遂改口，稱他已在兩條街外的上沃德街（Obere Wöhrdstrasse）找到合適的新居，但他需要議會協助負擔每年七十五佛羅林的房貸。這棟房子（其實是兩間相連的房子打通）的原屋主是名氣響亮的金匠，在此住了六十載，售價高達三千佛羅林，頭期款為總價的十二・五％。由於市議會一心想盡快解決官舍風波，未因房價高而卻步，只核對了法蘭茲的財務狀況，證實他每年的利息收入僅十二佛羅林，便同意每年給他六十佛羅林的終身津貼。一六二六年五月一日（瓦爾普吉斯之夜，Walpurgis Day），法蘭茲終於遷出住了近五十年的家，讓施雷格喜不自勝地搬進去。[78]

施雷格打勝這一仗後，將戰火延伸到行醫領域，繼續和法蘭茲纏鬥。在此之前，施雷格的主要競爭對手是當地的理髮師外科醫師，後者曾向當局抱怨，這位新上任的劊子手以激進的手段搶走他們的病患。[79]市議會有次出面譴責施雷格，因為他針對一名受邪術與精神疾病所苦的病例提供意見；議會提醒他身為劊子手，僅能處理「外傷」。[80]再一次，施雷格顯然不如處事圓融的法蘭茲，他的專業聲譽跟著受挫。好幾次，他對病情的預測均被法蘭茲推翻，顏面掃地。[81]他搬進劊子手之家不到一年，向市議會抱怨法蘭茲搶走太多他的病患，要求市議會制裁法蘭茲，同時為他的病患另建一個入口，遠離骯髒又不體面的豬市。不過，這兩項要求皆遭駁回，議會還告誡施雷格：「既然法蘭茲曾協助他多年，他應該多包容、忍耐。」[82]提議再次被回絕後，施雷格惱怒歸惱怒，未再向上級投訴法蘭茲，不過可想而知，他期待這位受人敬重的前輩愈早離開人世愈好。

一位父親的遺教

有件事讓施雷格顏面盡失，丟臉到極點，那就是法蘭茲和他的孩子終於獲得平反，恢復名譽。一六二四年春末，法蘭茲仍住在劊子手之家，他上書當時的神聖羅馬帝國皇帝斐迪南二世（在位期間一六一八至三七年），要求恢復家族名譽。直接向皇帝上書陳情，在當時並非前所未聞，但法蘭茲為何選在這時要求「正名復譽」（restitution）？或許這位退休的劊子手需要這類文件背書，才買得到房子。或許是因為兒子開口拜託，希望他幫忙，好讓他們從事體面高尚的技匠工作。法蘭茲還可能是為了甫搬來與他們同住的十一歲孫女。但是讓人不解的是，他為何等到退休了六年才上書請願？重振家族名譽對法蘭茲既然這麼重要，理應早該動筆擬好稿子，甚至寄出請願書，但可能是種種不可抗拒的因素絆住他，諸如同情他的貴族遲遲沒有動作，或是紐倫堡政局出了一些問題，以致拖到這時才上書。

姑且不論挑這個時間點的原因，這份請願書著實了不起，不到十五頁的篇幅，不只涵蓋法蘭茲一生的事業簡歷，也具體生動地凸顯法蘭茲成功的關鍵——人脈網與說服本事。請願書的修辭技巧非常高明，足堪範本，不著痕跡地將他的諸多成就歸功於皇帝及大臣；同時打哀情牌，希望博得皇帝同情，憐憫他個人及家族不幸的遭遇。如同他參加歌唱比賽的作品，這封請願書無疑有人（可能是專業的公證人）幫忙捉刀，不過理由與情感絕對出自法蘭茲本人。在禮貌性的制式開頭後，他藉以下的文字表達訴求：「上帝本人強迫俗世權威者扛責，保護虔誠且守法的人民免於所有的暴力及恐懼，並對違法惡人處以適當的重罰。社會始能和平、平靜、團結。」接著，法蘭茲引用舊約聖經以色列人對囚犯丟石頭的儀式性行刑，並提及卡洛林那刑法典裡皇帝頒布的飭令，藉此證明劊子手的神聖起源。劊子手一職儘管不可或缺，也有其正當性，但他是因為一件不幸事件、被迫走入這一行，這事「我忍不住要再提一次」。

接下來法蘭茲寫下生平最內省也最赤裸的告白。他一直等到退休多年、終於遠離群眾的指指點點後，才毫不保留地道出他深以為恥、同時糾纏他家族多年的陰影。他直指，阿爾布雷希特侯爵多年前無情地強迫海因利希・施密特擔任劊子手，在霍夫的市集廣場處決犯人。法蘭茲覺得非常不公平，他寫道：「我非常希望擺脫這一切。」但是家族既已蒙羞，他也只能成為劊子手，冷酷而無情地牴觸他一心嚮往的行醫事業。接下來，法蘭茲以行醫為由，希望說服皇帝同意讓他以及家族正名復譽。他說，行醫是他這四十六年來勉力而為的副業，「在辛苦難熬的主業之外，賴至高永恆上帝的協助，醫治了紐倫堡與附近地區一萬五千多人。」醫術也是他傳承給孩子的一技之長，「儘管我和父親被迫走入辛苦且為世人唾棄的職業，但一如父親對我的教誨，為人父母必須負責並嚴守紀律⋯⋯」此外，法蘭茲善用醫療知識幫自己加分並提高地位，治療對象包括地位崇高的皇室成員（他將這些人的名字詳載於附錄裡），另外還有近五十位貴族病患，其中逾三分之二是女性。

寫到這裡，法蘭茲才回頭著墨四十年來的劊子手生涯，表示在為皇帝及紐倫堡官員服務期間，「我完全未顧及個人生命的安危，堅守崗位。這些年來，我個人或工作表現未招來任何抱怨。約莫在六年前，我因年紀大加上體力不堪負荷，志願退休，退休條件優渥。」請願書還附上紐倫堡市議會的推薦信，肯定法蘭茲「冷靜、低調的生活與行為，蒸蒸日上的行醫事業⋯⋯以及他執法的能力」。在請願書的結尾，法蘭茲希望帝國顧念他多年來在執法與行醫的表現，以及他當了三十一年紐倫堡公民的分上，謙卑地請求皇帝恢復他家族的名譽，經過正名復譽，才能洗刷他這一輩子背負的汙名，也才能讓兒子們從事光彩的事業。

一六二四年六月九日之後某天，法蘭茲雇了一名私人信差，將密封的請願書送到維也納的宮廷，也許是放進市議會註記的外交郵包裡，一起送到了宮廷。僅僅過了三個月，一封有著華麗刻紋與封蠟的回函由私人信差送達劊子手之家。法蘭茲請願書的原稿已經佚失，但這封官方回函則被保留在紐倫堡檔案局（所幸法蘭茲立刻在九月十日送交紐倫堡的高等法院歸檔）。[83]斐迪南本人或許從未親閱這封請願信，而是由位階低了好幾級的官員經手，就連皇帝的簽名也是由官員代勞。這封簡短的回函一開始重述了法蘭茲的請求，最後以他此生渴望聽到的句子結束：

> 茲收到可敬紐倫堡市長和市議會的陳情，法蘭茲．施密特一生承繼的恥辱阻礙了他及子孫，無法抬頭挺胸，阻礙重重。皇室基於威信與仁慈，宣布就此註銷廢除，恢復其榮譽地位，得和其他名望之士平起平坐。[84]

雖然最終的決定並非因為法蘭茲出自肺腑的懇求，也不是念在他多年的工作表現，而是因為「貴人」襄助，但法蘭茲不以為意，畢竟他很清楚，社會的階級與地位意識根深柢固。總之，他正名復譽的目的已達；將父親海因利希的汙名化為子嗣引以為傲之光。他傳給子嗣的不是劊子手的斬首劍，而是行醫人的手術刀。

兩年後，復名成功的法蘭茲．施密特搬進寬敞的新寓所，地點在劊子手之家附近的上沃德街。這位七十二歲的一家之父（paterfamilias）帶著仍在世的五個子嗣，加上一、兩名家僕搬進新屋。羅希娜三十九歲，年紀最長，也是唯一已婚者，因為丈夫過世，遂帶著十三歲的女兒搬回娘家。羅希娜十五年前成婚，嫁給法蘭克福一名頗受敬重的印刷商沃夫．雅各．皮克爾（Wolf Jacob Pickel）。法蘭茲為女兒的婚禮付了一筆不小的嫁妝，可能還包括其他金錢上的讓渡。婚後兩年，羅希娜生下法蘭茲的第一個孫女伊利莎白，離他建立開枝散葉、地位高尚的家族又邁進了一步。[85]但是，皮克爾雖有技匠地位及財力作後盾，卻因為是外來者，難以在紐倫堡這個新家立足，反而處處受打壓。女兒誕生後不久，他向岳父借貸的二十佛羅林，不是被他揮霍一空，就是被事業的準合夥人偷了。皮克爾和羅希娜因此背上詐欺罪名，被捕入獄，讓法蘭茲非常丟臉。後來法蘭茲直接介入才擺平此事，讓這對年輕夫妻入獄五天後釋放。[86]四年後，皮克爾仍為財務所苦，他向市議會抱怨，當地印刷業者排擠他，只因他娶了劊子手的女兒。官員聽取兩造說詞後，徵詢法律專家的意見，決定皮克爾是否算「可敬人士」。後來接到法蘭克福印刷業者對皮克爾的中肯評價後，官員諭令紐倫堡的印刷業者接納這位新人，但可先試用觀察。[87]不過這類行政命令往往徒具虛文，皮克爾是否被接納，我們不得而知，但市議會未再收到皮克爾的正式投訴。他約在一六二四年過世（或是畏罪潛逃）。同年，羅希娜再次入獄，理由是有人誣告她通姦。短暫入獄後，她再次獲釋，如同上一次，依舊靠父親出面擺平。[88]過沒多久，她帶著女兒搬回娘家與父親同住一個屋簷下。

法蘭茲兩個尚在世的兒子，老六法蘭茲．史泰芬（三十五歲）與么兒法蘭森漢斯（三十一歲）也繼續與父親同住在改建的新家，至於他們為何仍與父親同住，原因不明，只知道法蘭茲很早就下定決心，不讓兩個兒子繼承不光彩的衣缽。儘管劊子手收入頗佳，以他的人脈，兒子日後在紐倫堡或其他地方根本不怕找不到工作，之後的一份文獻稱法蘭茲．史泰芬是「正直、但無財產的巡境實習生」，但並未點明他從事哪一行，也未說明他受雇於誰。既然他能取得巡境實習生的頭銜，顯示他不太可能受制於生理或心理上的殘疾，非常可能是因為家世背景，找不到收入高的工作。[89]

法蘭茲的么兒法蘭森漢斯顯然仍受紐倫堡技匠排擠、歧視，儘管他父親已正名復譽，而且一五四八年的皇帝詔書賦予劊子手的子嗣優遇，同意他們進入光彩的行業。法蘭森漢斯選擇繼承父親衣缽，以醫療為業。大約在一個世代後，日耳曼若干地區幾位劊子手的兒子，確實獲准進入醫學院就讀。來到十八世紀，許多劊子手子嗣成為成功的內、外科醫師。[90]但是對法蘭茲的兒子來說，隨心所欲進入光彩行業的選項仍處處受限，所以法蘭森漢斯只能靠父親庇蔭，接收父親的專業與客戶群，醫治斷骨與外傷，治療生病與受傷的動物。

一六二六年，法蘭茲的女兒瑪麗亞三十八歲，至此她打理家務已逾十五年，亦即自姊姊嫁人後就沒停過。羅希娜帶著女兒搬回家裡，可能挑戰了她女主人的地位，畢竟羅希娜嫁人生女後，有了自己的家要打理主持。一山不容二虎，我們推測這可能是法蘭茲決定買下兩棟相連房屋的原因之一。

搬進上沃德街的新居，法蘭茲一定有莫大的成就感。多年的工作和犧牲，加上馬不停蹄的政治周旋，好不容易為家人爭取到堅不可摧的好名聲，搬進寬敞舒適的住家，享受新地位帶來的果實。可惜不到兩年，悲劇再次降臨，即使足智多謀、長袖善舞的法蘭茲也無計可施。一六二八年一月十日，法蘭茲的外孫女伊莉莎白在十六歲生日當天過世，死因並無紀錄。她和舅舅約格都在十六歲過世，不過相隔了三十年。我們可以想像這個噩耗對這家人打擊有多大。家中最年輕的生命被上天奪走之後，隔天早上，年邁的法蘭茲和其他四名成年子女跟著靈車，走向家族墓地，伊莉莎白小小的棺木由兩名教堂司事抬棺，後面跟著人數不詳的送葬隊伍。[91]

法蘭茲的風燭之年出現了最後一道亮點，其分量不輸皇帝同意讓他的家族正名復譽。一六三二年二月六日，四十四歲的瑪麗亞出嫁，與四十四歲的漢斯・亞蒙（Hans Ammon）在自家舉行私人婚禮，結為夫妻。儘管亞蒙家世不顯赫，以「彼得・豬肝香腸」（Peter Leberwurst）的藝名闖蕩演藝圈，在紐倫堡的藝術家及雕刻家圈子成功打響名號。對法蘭茲的女兒而言，能嫁到這樣的男人等於是社交上的一大成就，畢竟大眾沒料到已退休的法蘭茲能有這樣的際遇。法蘭茲家族終於被社會的高尚階級接納，這場婚禮形同為他一生的努力戴上了冠冕。對飽受汙名之苦達四世代的施密特家族而言，也是一大轉捩點。

然而，就連這樁喜事也悲劇性地短命。這場婚禮有其重大意義，但只能私下悄悄進行。兩位新人不在教堂舉行盛大婚禮，原因不在於新娘揮之不去的汙名，而是新郎羸弱的身體。也許新郎早就懷疑自己來日不多，甚至有意將遺產留給集私人醫生、可信賴的朋友與恩師於一身的法蘭茲。一個是退休演員，一個是退休劊子手，兩人都是被社會排擠的局外人，克服了種種棘手的障礙，最後在各自的領域發光發熱。無論亞蒙背後的動機為何，他沒有機會再踏出上沃德街寓所，於婚後十九天離開人世。[92]他將他的好名聲與財產留給了瑪麗亞，但沒有為年邁的法蘭茲留下任何子嗣。

隔月，瑞典國王古斯塔夫二世・阿道夫（Gustavus II Adolphus）率領士兵挺進紐倫堡的市集廣場，受到同為新教的居民夾道歡迎。一六一八年以來，日耳曼大部分地區因為捲入三十年戰

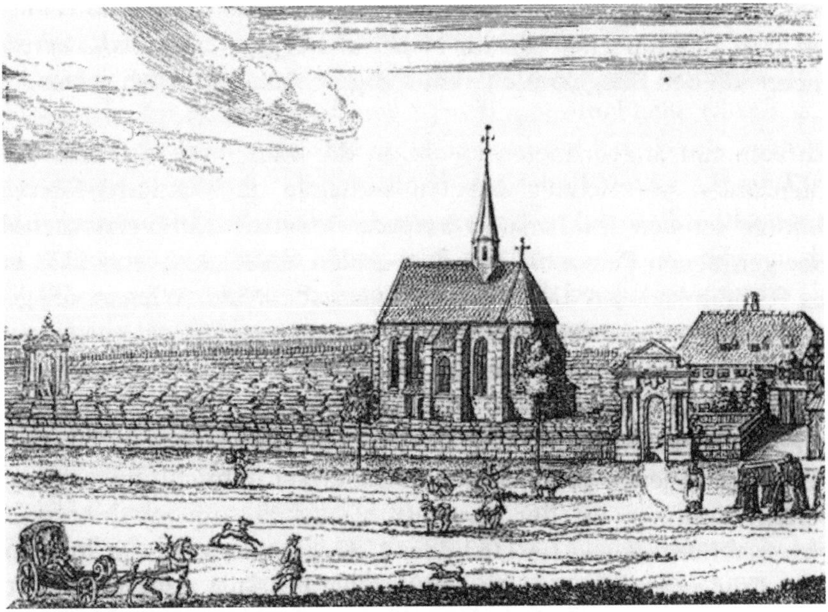

朝聖洛克墓園前進的送葬隊伍。這座墓園位於紐倫堡城外西南方，法蘭茲的墓地就在墓園教堂左方約五十英尺，也就是圖中前景處（約繪於一七〇〇年）。

爭陷入動盪。一系列的武裝衝突因為諸多因素糾結，愈演愈烈，包括宗教糾紛、各國想樹立霸權的野心，以及沒完沒了的暴力衝突。一六三〇年瑞典介入戰爭，一開始勢如破竹，代表天主教陣營的優勢將被逆轉，也預告十多年的戰爭和苦難將劃下句點，事實卻不然。古斯塔夫・阿道夫太早以勝利之姿進駐紐倫堡城，反而開啟紐倫堡史上破壞最劇的五年，也拖延了停戰時間表。接下來幾個月，兩萬名瑞典軍在紐倫堡城牆外紮營，要求高得離譜的「貢金」。更糟的是（以紐倫堡地方官的角度），一六三〇年尚未結束，古斯塔夫・阿道夫便在呂岑（Lützen）一役中戰死，讓新教陣營少了一名優秀將領，也讓戰爭陷入僵局，整個中歐淪陷，各國又打打殺殺了十六年。同一時期，紐倫堡遭遇第一波瘟疫肆虐（期間共爆發三波瘟疫），逾一萬五千名居民及難民喪生，包括四十一歲的法蘭茲・史泰芬・施密特。他在一六三三年一月十一日去世。[93]他終身未婚，一生都住在家裡，沒留下任何子嗣。

一如所有紐倫堡人，法蘭茲和三個仍在世的孩子——羅希娜、瑪麗亞、法蘭森漢斯，樂見疫情在一六三三年夏天趨緩，讓他們暫喘一口氣，遠離萬人坑和檢疫隔離的陰影。不過同年冬天，更致命的瘟疫和其他傳染病再度發威。紐倫堡人口密度高，傳染病一發不可收拾，至少兩萬名成人與孩童不敵病魔，因此一六三四年成了紐倫堡史上死傷最多的一年。法蘭茲一生親手處死的人數超過市內任何一人，甚至放眼整個帝國，也找不到可跟他匹敵的劊子手。最後，他也難逃浩劫，跟眾人一樣，被瘟疫奪去生命，於一六三四年六月十三日週五過世，享年八十歲。[94]

法蘭茲・施密特的葬禮若在承平時期應該會是地方上的大事，當時卻無人聞問，因為大家這一年忙於應付吞噬全城的苦難。關於這位可敬劊子手的葬禮，我們所知有限，只知道市議會無異議地宣布「有鑑於皇帝已同意恢復他出身高尚的名譽」，法蘭茲得以被視為「可敬人士」。他在去世後隔天入殮，葬於聖洛克的家族墓園，早在半世紀前，他就為自己與家族購下這塊地。他與過世已久的妻子瑪麗亞及四個孩子葬在一起。在所有官方文件裡，他的正式頭銜是「高尚的法蘭茲・施密特，職業是醫師，住在上沃德〔街〕」。完全沒提到他做了四十五年、最終助其恢復社會地位的劊子手工作。[95]當初看似遙不可及、激勵他一生奮發向上的夢想，終於在他死後成真，並刻在他的墓碑上，至今仍清晰可見，供後代緬懷。

質製品，也升高競爭的態勢。隨之而來的通貨膨脹和高失業率，儘管讓民眾苦不堪言，但遠不及「三十年戰爭」造成的重創與蹂躪。一六四八年西發里亞和約（Peace of Westphalia）簽訂生效前的十五年，紐倫堡逾五萬人死於傳染疫情和饑荒，市政府背債七百五十萬佛羅林。曾經馳名在外的紐倫堡，在十八世紀竟淪為落後的偏鄉。麥克・沃克（Mack Walker）寫道：「沒有人是三十年戰爭的贏家。」但紐倫堡顯然是最大輸家之一，之前長達兩世紀的榮景竟以悲劇收場。[2]

法蘭茲的個人家業也跟著沒落。他死後不到一年，女兒羅希娜過世，年僅四十七歲，可能和年邁的父親一樣，均感染同一種傳染病過世，這下家裡僅剩瑪麗亞和法蘭森漢斯兩個孩子。法蘭森漢斯繼承父親衣缽，擔任醫療顧問，接下養家活口的責任。不過法蘭茲過世後才幾個月，向來與他不睦的繼任劊子手施雷格再次捲土重來，只不過這次復仇對象並非生前廣受愛戴的劊子手，而是法蘭茲的兒子。他一狀告到市議會，抱怨法蘭茲的兒子害他「無病人可醫」，剝奪他兼差賺取「自己微薄生活費」的機會。根據施雷格的說法，皇帝同意恢復法蘭茲家族名譽的條件，並不及於他的子嗣，若市議會拒絕譴責他的對手法蘭森漢斯，至少該補償他損失的收入，「尤其在這段艱難又動亂的時期。」市議會迅速查核了復名文件的副本，並徵詢首席法官的意見，最後拒絕施雷格的請願，不過給了他一筆小額津貼。一年後，施雷格再接再厲，抱怨法蘭茲家族僅存的唯一男性斷他財路，害他「沒有病人」云云，要求官方介入斡旋，否則就幫他加薪，但再次被市議會打了回票。施雷格並不氣餒，這次他告訴雇主，雷根斯堡和林茲兩個城市正在徵聘全職劊子手，若市府願意每年幫他加薪五十二佛羅林，相當於調薪百分之三十五，他願意繼續留在紐倫堡。市議會難掩怒氣地指示刑事局，要嘛另覓劊子手，要嘛想辦法留住現任的這位，不過強調「不能禁止施密特的醫療行為」。由於刑事局找不到人取代施雷格，只好同意在「時機好轉之前」，先暫時調漲他的週薪。雖然當局讓步，調薪幅度遠低於施雷格的要求（這人老是入不敷出）。三年後，一六三九年五月，「一位外地來的劊子手」瓦倫汀・杜瑟獲准在紐倫堡行醫，並在年底前，暫幫為病所苦的施雷格行刑，又過了一陣子，他獲聘為紐倫堡終身劊子手。一六四○年八月二十九日，伯恩哈特・施雷格去世，葬於聖洛克墓園，咫尺之外就是宿敵法蘭茲的安息處。[3]

終於擺脫長期騷擾迫害他們的人之後，法蘭森漢斯和瑪麗亞在上沃德街繼續過著平靜的生活，直到過世前，名字未曾出現於官方文件。瑪麗亞死於一六六四年，享年七十五歲；法蘭森漢斯又獨活了十九年，直到八十六歲辭世，終於可以和過世已久的手足與雙親在另一個世界團聚。[4] 瑪麗亞終身未嫁，法蘭森漢斯也終身未娶。法蘭茲最後一個孩子過世時，他唯一的孫子早已長眠於地底半世紀了。家族已沒有任何子嗣。法蘭茲夢想後世子孫過著體面、不受社會排擠的生活，為了實踐這個夢想，他一輩子努力爭取可敬的地位與身分，可惜到頭來夢想終究是夢想。

法蘭茲的辭世也代表歐洲劊子手的黃金盛世走到了尾聲。法蘭茲職涯的後半段，公開處決次數已漸減，但三十年戰爭造成的破壞與其他衝擊，才是真正讓公開處決快速式微之因。包括紐倫堡在內，各地的死刑判決均已減少，就算罪犯被判死刑，多半可獲減刑。規訓之家（discipline house）和勞役所陸續出現，成為處罰非暴力慣犯的場所，因此竊賊伏法的人數從總處決人數的三分之一驟減為十分之一。到了一七○○年，日耳曼地區處決人數已降至前一個世紀的五分之一。若計入十七世紀伏法女巫的人數（當時已禁獵女巫），那麼減幅顯得更大。體刑人數（尤其是鞭刑和割除肢體）大幅減少，此外火刑、溺刑、輪刑等更殘酷的刑罰也同步減少。在十七世紀，紐倫堡只執行了六次輪刑，反觀光是法蘭茲任職期間，輪刑高達三十次。在十八世紀，輪刑只出現一次，而且是在斬首後執行。絞刑和斬首成了處決的兩大選項；拜活板門和斷頭台發明之賜，絞刑和斬首變得更有人性。[5]

為什麼會出現這麼顯著的社會轉型？現代歷史學家提出各式各樣的解釋論點。有人認為，受到「文明進程」（civilizing process，始於中世紀末）的薰陶，歐洲人普遍有了更強烈的同理心。有些人稱，歐陸新興國家只是調整了管控方式，淘汰死刑，改將非暴力犯關押在監獄或流放到海外殖民地。可惜從這些理論和其擁護者身上，無法證明大眾對人類受苦的心態有任何改變。此外，規訓之家與勞役所的出現（直到十八世紀或更晚才成為主流），也無法解釋何以處決會出現這麼徹底的改變，這些改變在一百多年前便已開始（尤其是紐倫堡，一六七〇年便成立了第一所規訓之家）。[6]要解釋公開處決為什麼變少，我們得先分析它為何這麼受歡迎。

十七世紀，紐倫堡市議員及歐洲其他俗世統治者，不但未軟化或鬆懈打擊犯罪的決心，反而有過之而無不及。但他們的確感覺到自己的法理權威（legal authority）有了足夠保障，因而敢放手展現仁慈寬厚的一面，取代精心編排的殘酷儀式。法蘭茲與其他執法同仁的表現功不可沒，因為他們，政府（state）與法官的權威成了牢不可破的實體，不同於一百年前無法次次服人或一言九鼎。專業、冷靜的劊子手已是常態而非特例，行刑台上公開贖罪（處決）的儀式現已深植人心，無須再像以前一樣，頻繁地向眾人灌輸。犯罪持續猖獗，戰爭奪走更多人命，但毫無疑問，政府已能掌控刑事司法體系。[7]

法蘭茲退休、辭世後，公開處決的次數陡降，這對他的劊子手同仁是好壞參半。短期而言，對劊子手的需求會下降，劊子手的薪資也會減少。不過長期而言，約束劊子手的諸多社會藩籬將逐漸瓦解，畢竟他們現在的身分是國家司法的合法（正統）執法者／執行者。十八世紀初左右，劊子手的兒子已可進醫學院就讀或加入其他職業。仍在職的劊子手也能自由自在不受阻礙地行醫。普魯士國王腓特列一世（Frederick I，一七一三年歿）不顧學術派醫界的強烈反對，延攬柏林的劊子手馬丁・科布蘭茲（Martin Koblentz）擔任宮廷醫師。之後，神聖羅馬帝國皇后瑪麗亞・特雷莎（Maria Teresa，一七八〇年歿）承認並保障劊子手不同於以往的全新社會地位，於一七三一年頒布詔令：劊子手功成身退後，子嗣與劊子手本人均可恢復名譽。

然而，直到十九世紀，社會對劊子手仍充滿偏見，其中技匠行會再度從中作梗。行會為了提振不斷萎縮的影響力（十六世紀也經歷類似困境），鎖定地位自古便低於他們的族群，設下諸多規定，打壓他們往上爬的機會。影響所及，許多劊子手家族被迫自成一個小圈子，維持近親通婚。其實，從十七世紀中到十九世紀初，紐倫堡劊子手一職一直由兩大家族把持。不過到了十九世紀初，法蘭茲・施密特背負一輩子的汙名，已漸漸被社會淡忘，終至徹底消失。[8]

一八〇一年紐倫堡一位法官出版了法蘭茲・施密特的日記，這時正好碰上市雇劊子手退出行刑台，成為民間想像中的要角。紐倫堡貴族約翰・馬丁・費德里希・馮・恩特（Johann Martin Friedrich von Endter），是高分貝呼籲改革紐倫堡「過時又殘酷不仁」法律體制的活躍人士之一。他曾發表一篇宣言〈有關紐倫堡刑法及執法的想法與建議〉（Thoughts and Recommendations on Nuremberg's Criminal Justice and Its Administration, 1801），提出諸多改革，均植基於一種精神——「用你希望被審判的方式審判他人」，這是他根據啟蒙時代「己所不欲，勿施於人」的黃金定律稍加改編而成。恩特在紐倫堡檔案室無意間發現了法蘭茲「久被遺忘日記」的手抄複本，發現它是即將發表宣言的最佳陪襯與對比。恩特印製出版了這份手抄本，希望「拯救〔施密特的書〕，讓它重見天日」，並藉此暴露「那些不幸人士在我們土包子法蘭茲的手中〔被懲罰〕」，有多麼殘忍無情。然而他主要攻擊的對象乃是舊體制殘酷冷血的一面，而非「年紀已大、受人尊敬的法蘭茲。他的所作所為並非依照個人的感覺或直覺，而是奉長官之命，是長官將劍交到他手上」。恩特擔心這本日記可能過不了市府審查，畢竟官員擔心日記出版可能傷及市府形象，因此這位熱血澎湃的編輯對日記內容做了若干更動，怎料過沒多久他竟驟然辭世，享年三十七歲，來不及看到自己提的法律改革開花結果，也看不到恩特版的法蘭茲日記付梓。[9]

高分貝擁護這份文件的支持者（當然是根據後見之明），既非法官也非恩特預設的對象——學術圈，反倒是文人作家很捧場，其中又以浪漫派作家為最。他們擁抱這個帶有通俗戲劇性的「中世紀劊子手」，對照於已改用機械式斷頭台及活板門絞刑台的時代，提供了娛樂性十足的時空錯置感（entertaining anachronism）。詩人路德維・阿西姆・馮・阿寧姆（Ludwig Achim von Arnim）一八一〇年寫了一封信給民俗文學專家暨學者雅各（Jacob）及威漢姆・格林（Wilhelm Grimm），興奮地指出：「有本大家熟悉的紀錄，由曾處決五百人的紐倫堡剝皮者（skinner）所著。」[10]顯而易見，這樣的題材對熱中蒐集民間恐怖故事的專家而言，的確深具吸引力。法蘭茲的日記付梓出版後，迅速在日耳曼知識分子匯聚的沙龍及文學圈廣泛傳閱。克雷蒙・布雷塔諾（Clemens Brentano）甚至在其名作《剽悍的卡斯伯和美麗的愛奈兒的故事》（*The Story of the*

點。拜當地民俗詩人約翰・康拉德・古律伯（Johann Konrad Grübel）和約翰・海因利希・維徹爾（Johann Heinrich Witschel）的努力推崇，加上杜勒和漢斯・薩克斯在此出生，紐倫堡成了傳統日耳曼文化的重要象徵。當地議員抓緊機會，善用這個原型民族主義看重的文化財，幫位於佩格尼茲河畔的城市塗脂抹粉。一八三〇與一八四〇年代，當局買下城內多處歷史古蹟加以整建，例如將杜勒的住所改建為博物館。一八五七年，日耳曼國家博物館（Germanisches Nationalmuseum）落腳於此，包括藝術品在內的收藏非常豐富，呈現「日耳曼」輝煌的文化與歷史。一八七〇年日耳曼統一，紐倫堡全城重新翻修，包括四周的城牆和所有城門。第二帝國（Second Empire）轄下的所有城市中，紐倫堡傲視群倫，象徵日耳曼引以為傲的往日輝煌。[12]

當然，輝煌的歷史背後有一段黑暗的過去。紐倫堡的文化古蹟產業善用這一點，設立新的旅遊景點，大賺觀光財。「刑求室」便是其一，由當地古文物專家喬格・費德里希・古德（Georg Friedrich Geuder）出資，將老舊的「青蛙塔監獄」改建而成。中世紀劊子手的故事持續發燒，古德也不能免俗，將收藏觸角擴及於刑具，其中以鐵處女（iron maiden）最為人津津樂道。據悉，鐵處女是古代刑求與處決罪犯的道具之一，曾被祕密法庭所用。不過鐵處女和祕密法庭其實並不存在，完全是捏造、虛構出來的，可能是有人誤讀了古文獻所致。不過，美麗的錯誤卻非常成功地將前啟蒙時期哥德式的「司法正義」，以及執行司法正義的人物形象化。戴著遮臉兜帽（hood）的劊子手——又一個十九世紀虛構的產物，監督主持「中世紀暴行」，這個十足浪漫的故事讓遊客和小說家難以抗拒。《吸血鬼德古拉》（*Dracula*, 1897）的作者布拉姆・斯托克（Bram Stoker）曾兩度造訪紐倫堡，甚至將鐵處女寫進一個短篇故事裡。紐倫堡收藏的刑具後

典型的浪漫派作品。描繪中世紀的刑事審判，過程中出現罩著蒙面兜帽的劊子手和助手、鐵處女及祕密庭訊（約繪於一八六〇年）。

來移師到更好的地點，意即皇帝堡內的「五角塔」（Five-Cornered Tower），之後更遠行至英國及北美地區展出，激發更多以劊子手為主題的暢銷文學作品。此外，一九一三年市面上又多了一個法蘭茲日記的版本。[13]總之，鐵處女以及各式各樣的刑具，諸如拇指夾、腳鐐手銬、斬首劍（其中不乏十九世紀複製的精品）最後都進了拍賣場，成為私人收藏品。

哥德式劊子手與近代文化似乎成了連體嬰，同進同出，永不拆夥。直到近幾十年，學術作品才完全擺脫這種刻板印象的「魔咒」，但即便是最傑出、最厲害的作品，在民間受歡迎的程度仍遠不及兩百年前浪漫主義作家與藝術家打造的劊子手，其形象已深植人心，難以撼動。[14] 一如海盜、女巫及其他跨越正、邪兩派的邊緣人（outcast），劊子手也一再被回收利用：浪漫與傳奇作家寫劊子手，求的是戲劇性；漫畫家是為了營造喜劇效果；流行文化工作者則看在商業收益的分上。[15] 十九世紀紐倫堡的觀光旅遊事業，相較於現代旅遊事業，溫和保守得多。今天全歐各大城市爭相以「重返罪與罰的歷史古蹟」噱頭招攬觀光客，路線包括參觀地牢等景點。以陶伯河畔的羅騰堡（Rothenburg ob der Tauber）為例，靠著重現當年歷史，成為德國觀光重地，其中一個景點是中世紀建築物改建的犯罪博物館。這些景點，我並未有系統地一一實地查訪，但包羅萬象、應有盡有，有的中規中舉地重現歷史；有的娛樂多於教育，但無傷大雅；有的純為商業利益而蓄意破壞歷史。但最惡劣的莫過於露骨地「以色情角度描繪受苦與死亡」，放眼現代文化，已然被這股「黃潮」吞噬。[16]

就連中規中舉、少了有色眼光的作法，仍免不了拉開法蘭茲這位前近代劊子手和我們的距離。法蘭茲位於紐倫堡的住所近來被改建為歷史博物館，陳列並展示紐倫堡當地的刑法文獻。而位於市政廳地下室的「地洞」也變成參觀景點，遊客每天在潮濕的囚室和刑求室來來去去。博物館與地洞兩處保存的物件與文獻非常完整，導覽解說員個個博學又善講解，娓娓道出民間穿鑿附會的恐怖酷刑及鬼故事，毫無畏色。儘管小心翼翼盡可能如實呈現史實，也無法完全力抗遊客偷窺的欲望。影響所及，過往人物的成敗難免被簡化成某種形式的娛樂與消遣，讓遊客暫別「真實的人生」，開心地在「劊子手之家」前擺出各種姿勢拍照，卻不願花一丁點的心思，認識屋主法蘭茲的感情與學識，著實是本末倒置。

法蘭茲・施密特過去受社會鄙視、唾棄，到了今天，仍飽受歧視與不屑。現代人看不起他，因為他代表野蠻無知的年代。此外，透過他，我們更能斷言，現代社會整體而言比過去更進步。今天，所謂學術或「科學」的作品，包括社會心理學家史蒂芬・平克（Steven Pinker）的著作《人性的天使面》（*The Better Angels of Our Nature*），一再深化哥德式奇幻作品裡舊體制下的殘忍暴行，無非想標榜或凸顯他們現代、俗世派（secularist）的主張。[17]在他們筆下，法蘭茲等劊子手與我們是兩個不同世界的人，遠遠地站在安全距離之外，有時是童話故事的主角，有時是無法碰觸我們一根寒毛的恐怖殺手。這樣的安排揭露的是我們的恐懼與夢想，卻無法掌握或瞭解當時社會的脈動。我們以高傲的眼光和興味，看著近代流行文化裡戴蒙面兜帽的劊子手，一如大人看著玩耍的小孩，對自己高人一等的理性和世故，總是信心十足。

然而，和法蘭茲維持情感與理智上的距離，是否站得住腳？這麼做肯定不是出於教化或教育的目的，因為強調你我之別，並未讓現代人切實理解過去的人物和社會。現代主義的論述認為，十八世紀後，文明逐漸進化，良心逐漸覺醒，不過事實正好相反。在法蘭茲的時代，人民並不會比二十一世紀的人類更殘酷。此外，迄無證據顯示，在法蘭茲的時代，人民的恐懼、仇恨或同理心與我們有任何差異。法蘭茲對受害者的苦與痛強烈感同身受，他若聽到我們竟認為他的時代以殘酷、冷血出名，可能會大吃一驚，畢竟相較於當今社會的種種暴行，諸如大屠殺、核子毀滅、全面開戰，他們可是望塵莫及。法蘭茲等人或許承認，當時的刑事司法是嚴苛了些，但若知道現代的審判和關押可能長達數年、甚至數十年，有時犯人還被迫長期單獨監禁，他們應該也會不以為然吧。傅柯（Michel Foucault）將前近代的公開處決儀式比喻為「品嘗人類苦難的嘉年華盛宴」，不過處決本身反而為今昔大眾心態出現質變，提出強而有力的反駁，因為執刑過程中，只有在劊子手失手、導致犯人深受折磨，才會引爆圍觀群眾群情激憤，甚至動粗報復。今天我們找不到任何理由，為輪刑或刑求等讓人反感之至的懲處方式辯護，但我們必須明白，不論輪刑或刑求都不是為了滿足公眾虐他的病態心理，也不是因為群眾對他人受苦受難漠不關心。

我們與法蘭茲屬於兩個不同的世界，並非因為我們對犯罪或折磨的感受不同於他，而是因為兩種具體的歷史發展：一個出於務實面，一個屬於認知面。中世紀和近代初期的司法機制，就我們今天的標準而言，真是無可救藥地缺乏效率。在以往，執法人員欠缺一流的辦案能力、沒有先進科技的輔助，也少了流放外地的其他選項（例如讓囚犯入獄服刑），因此執法機關面對形形色色的重犯與累犯，不得不依賴被告自白、刑求逼供及死刑。此外，執法當局也需要透過公開懲處少數幾個倒楣落網的嫌犯，才能殺雞儆猴鞏固自己的威信。因而讓「邊疆式正義」（frontier-style justice）有了立足之地，這種正義偏好以私刑對付暴徒行動，但易淪為高壓統治及草率結案（procedural shortcuts）。

另一個造成當今先進城市和十六世紀的紐倫堡涇渭分明的根本差異，在於「不可剝奪人權」（inalienable human rights）的概念。相較於其他概念，人權在公領域成形較晚，而且至今仍沒個定論，但它至少提供了限制國家高壓與暴力統治的理論與法律依據，甚至能擴及於追求正義。不論古今，專制獨裁體制皆不承認人權這種外力強加的種種約束，也不允許個人主權（individual sovereignty）與國家主權（state sovereignty）相提並論，遑論讓個人主權凌駕在國家主權之上。法蘭茲當年應該同意，被捕嫌犯亦有權接受正當的法律訴訟程序。不過，找到確鑿證據或是重犯被定罪之後，其身體仍受到保護，則是他們無法理解的概念。紐倫堡治安官與劊子手執法時，強調節制（避免過猶不及），也盡量做到立場一致，甚至允許死囚透過宗教得到救贖，這些在在面臨了壓力與反彈，畢竟民間希望以牙還牙，看到罪犯付出同樣的代價。徹底廢除國家暴力（而非節制與訂定規範），對當年法蘭茲的社會而言，仍是過大的一步智識躍進（intellectual jump）。

但他們「落伍」的作法並未維持太久，而且也不是那麼難以理解。這麼多年下來，審判程序的進步與執法科技的各種創新，逐漸縮小前近代與近代之間的司法差距，幅度超過我們所期（雖然我們不願承認）。不論是用輪刑將人凌遲致死、抑或把人釘在木樁上活活燒死，短期內應該不太可能「東山再起」（至少我們這麼希望），不過世界各地犯罪率持續上升（不論是實際發生還是大眾的感知），要求鬆綁約束（讓人員放手調查）以及加重對重犯懲處的呼聲，此起彼落。當今仍有不少國家動用酷刑逼供，過程不受任何法律約束（不像十六世紀的紐倫堡），另外還有一些政府（包括我的祖國美國在內），刻意模糊高壓審訊囚犯時容許與不容許的界線。至今仍有五十八個國家執行死刑，多數集中在中國及伊朗（兩國加起來，二〇一一年共處決數千人）。但自稱為自由民主國家的美國和日本，也同樣未廢除死刑。[18]人民害怕暴力攻擊，也對執法不見成效感到無奈，兩者皆是合情合理的反應，不僅常見於人類歷史，而今更升高到沸騰的邊緣。反觀基本人權這個抽象的法律概念，不僅新穎且超乎想像地脆弱，一如奢侈品，只要碰到非常時期，隨時可被拋棄、犧牲，輕易地被較古老卻根深柢固的原始衝動所取代。

我們是否該慶幸，自法蘭茲的時代以來，國家暴力已受到更多的約束？還是為這成就異常脆弱而感到沮喪？法蘭茲・施密特的人生紀錄裡，很少出現自我吹捧或沾沾自喜，不同於我們閱讀這類主題時抱持的預期心理。其實他的人生無法給我們這個時代一個直截了當的道德教訓，最多只能與他一同分享他在那個社會架構下所經歷的歡喜與沮喪。那時的人們認為法蘭茲善盡職責，灌輸紐倫堡公民法紀與正義的觀念。法蘭茲本人則認為，他靠著虔誠的信仰，以及自認在行醫一職上成就非凡，實現了對父親、對孩子、對自己的承諾，也挺過各種看似難以克服的考驗。我們對法蘭茲的個人生活與遭遇所知甚少，整體而言，無從論斷他是否過得開心幸福。不過在殘酷與善變無常的社會中，他力抗注定的命運，克服周遭的敵意，努力不懈克服一連串的個人悲劇，種種作為讓我們看到了希望。劊子手名師法蘭茲顯然也作此想人生無須絕望，只要憑藉信念就能走出困境，因此值得立傳，緬懷、紀念。

註釋

註釋中的縮寫列表

Angstmann: Else Angstmann, *Der Henker in der Volksmeinung: Seine Namen und sein Vorkommen in der mundlichen Volksüberlieferung* (Bonn: Fritz Klopp, 1928).

ASB: Amts- und Standbücher; Staatsarchiv Nürnberg, Bestand 52b.

***CCC*:** *Die Peinliche Gerichtsordnung Kaiser Karl V: Constitutio Criminalis Carolina: Die Carolina und ihre Vorgängerinnen. Text, Erlauterung, Geschichte.* Edited by J. Kohler and Willy Scheel (Halle an der Saale: Verlag Buchhandlung des Waisenhauses, 1900).

***FSJ*:** Frantz Schmidt's journal; Stadtbibliothek Nürnberg, Amb 652.2° .

G&T: Johann Glenzdorf and Fritz Treichel, *Henker, Schinder, und arme Sünder*, 2 vols (Bad Münder am Deister: Wilhelm Rost, 1970).

GNM: Germanisches Nationalmuseum Nürnberg.

***JHJ*:** Journal of prison chaplain Johannes Hagendorn (1563– 1624). Germanisches Nationalmuseum Nürnberg, 3857 Hs.

Hampe: Theodor Hampe, *Die Nürnberger Malefizbücher als Quellen der reichsstädtischen Sittengeschichte vom 14. bis zum 18. Jahrhundert* (Bamberg: C. C. Buchner, 1927).

Keller: Albrecht Keller. *Der Scharfrichter in der deutschen Kulturgeschichte* (Bonn: K. Schroeder, 1921).

Knapp, *Kriminalrecht*: Hermann Knapp, *Das alte Nürnberger Kriminalrecht* (Berlin: J. Guttentag, 1896).

Knapp, *Loch*: Hermann Knapp. *Das Lochgefängnis, Tortur, und Richtung in Alt-Nürnberg* (Nuremberg:

Heerdengen- Barbeck, 1907).

LKAN: Landeskirchlichesarchiv Nürnberg.

***MVGN*:** *Mitteilungen des Vereins für die Geschichte der Stadt Nürnbergs.*

Nowosadtko: Jutta Nowosadtko, *Scharfrichter und Abdecker: Der Alltag zweier "unehrlicher Berufe" in der Frühen Neuzeit* (Paderborn: Ferdinand Schöningh, 1994).

***Restitution*:** Haus-, Hof-, Staatsarchiv Wien. *Restitutionen*. Fasz. 6/S, Franz Schmidt, 1624.

***RV*:** *Ratsverlaß* (decree of Nuremberg city council). Staatsarchiv Nürnberg, Rep. 60a.

StaatsAB: Staatsarchiv Bamberg.

StaatsAN: Staatsarchiv Nürnberg.

StadtAB: Stadtarchiv Bamberg.

StadtAN: Stadtarchiv Nürnberg.

Stuart: Kathy Stuart, *Defiled Trades and Social Outcasts: Honor and Ritual Pollution in Early Modern Germany* (Cambridge, UK, and New York: Cambridge University Press, 1999).

Wilbertz: Gisela Wilbertz. *Scharfrichter und Abdecker im Hochstift Osnabrück: Un tersuchungen zur Sozialgeschichte zweier "unehrlichen" Berufe im nordwesten Raum vom 16. bis zum 19. Jahrhundert* (Osnabruck: Wenner, 1979).

序

1 Heinrich Sochaczewsky, *Der Scharfrichter von Berlin* (Berlin: A. Weichert, 1889), 297.

2 *JHJ* Nov 13 1617; see also Theodor Hampe, "Die lezte Amstverrichtung des Nürnberger Scharfrichters Franz Schmidt," in *MVGN* 26 (1926): 321ff.

3 二十世紀研究前近代劊子手的史學家，描繪的角色五花八門，諸如反社會者、冷漠無情者，乃至社會的受害人等：Nowosadtko, 352。

4 *Meister Frantzen Nachrichter alhier in Nürnberg, all sein Richten am Leben, so wohl seine Leibs Straffen, so Er verRicht, alles hierin Ordentlich beschrieben, aus seinem selbst eigenen Buch abschrieben worden*, ed. J.M.F.

von Endter (Nuremberg: J.L.S. Lechner, 1801), reprinted with a commentary（附評論再版）by Jürgen C. Jacobs and Heinz Rölleke (Dortmund: Harenberg, 1980). *Maister Franntzn Schmidts Nachrichters inn Nurmberg all sein Richten*, ed. Albrecht Keller (Leipzig: Heims, 1913), reprinted with an introduction（附導論再版）by Wolfgang Leiser (Neustadt an der Aisch, P.C.W. Schmidt, 1979). The English translation of the latter（英文譯本）is *A Hangman's Diary, Being the Journal of Master Franz Schmidt, Public Executioner of Nuremberg, 1573–1617*, trans. C. V. Calvert and A. W. Gruner (New York: D. Appleton, 1928), reprinted (Montclair, NJ: Patterson Smith, 1973).

5 參見以下不同地點的劊子手的「日記」：Ansbach's executioners from 1575 to1603 (StaatsAN Rep 132, Nr. 57); in Reutlingen from 1563- 68 (*Württembergische Vierteljahrshefte für Landesgeschichte*, 1 [1878], 85–86); Andreas Tinel of Ohlau, c. 1600 (cited in Keller, 257); Jacob Steinmayer in Haigerloch, 1764–81 (*Württembergische Vierteljahrshefte für Landesgeschichte*, 4 [1881]: 159ff.); Franz Joseph Wohlmuth in Salzburg (*Das Salzburger Scharfrichtertagebuch*, ed. Peter Putzer [Vienna: Österreichischer Kunst- und Kultu*RV*erlag, 1985]); Johann Christian Zippel in Stade (Gisela Wilbertz, "Das Notizbuch des Scharfrichters Johann Christian Zippel in Stade [1766–1782]," in *Stader Jahrbuch*, n.s. 65 [1975]: 59–78). 欲總覽前近代劊子手的名錄，參見Keller, 248–60。

樂觀估計，三個日耳曼男子中約一人或多或少識字。Hans Jörg Künast, "Getruckt zu Augspurg": *Buchdruck und Buchhandel in Augsburg zwischen 1468 und 1555* (Tübingen: Max Niemeyer, 1997), 11–13; R. A. Houston, *Literacy in Early Modern Eu rope: Culture and Education, 1500–1800* (Harlow, UK: Pearson Education, 2002), 125ff.

6 當中以巴黎桑松劊子手世家的回憶錄最為有名，由Henri Sanson彙整成*Sept générations d'exécuteurs, 1688–1847*, 6 vols. (Paris: Décembre- Alonnier, 1862–63)；簡化的英譯本（London: Chatto and Windus, 1876）。這類回憶錄在英國的範例，參見John Evelyn, *Diary of John Evelyn* (London: Bickers and Bush, 1879); and Stewart P. Evans, *Executioner: The Chronicles of James Berry, Victorian Hangman* (Stroud, UK: Sutton, 2004)。

7 除了法蘭茲日記的開頭與結尾，加上法蘭茲在紐倫堡擔任劊子手的頭幾年：1573 (2x); 1576 (3x); 1577

(2x); Mar 6 1578; Apr 10 1578; Jul 21 1578; Mar 19 1579; Jan 26 1580; Feb 20 1583; Oct 16 1584; Aug 4 1586; Jul 4 1588; Apr 19 1591; Mar 11 1598; Sep 14 1602; Jun 7 1603; Mar 4 1606; Dec 23 1606。

8 費德里希・偉納（Friedrich Werner）於一五八五年二月十一日伏法。唯一的例外是略提了：「漢斯・史畢斯（Hans Spiss）：我的親戚，（因教唆殺人犯逃走）被劊子手助理以棍棒鞭打流放出城。」

9 Keller的結論是「他從未成功組織他的思緒。」（252）。

10 一八〇一年版的恩特是根據十八世紀的手稿編寫，該手稿存放於StaatsAN Rep 25: S II. L 25, no. 12。Albecht Keller一九一三年編輯的版本主要根據十七世紀末期GNM Bibliothek 2° HS Merkel 32。由我執筆的*FSJ*英譯本（即將出版）根據一六三四年Hans Rigel的文獻。該文獻存放於StadtBN, 652 2°。顯然其他複本與零碎的片段皆出於十七與十八世紀，其中至少兩本被班堡國家圖書館保存（SH MSC Hsist. 70 and MSC Hist. 83），另外有兩本在GNM(Bibliothek 4° HS 187 514; Archiv, Rst Nürnberg, Gerichtswesen Nr.V1/3)。

11 Keller (*Maister Franntzn Schmidts Nachrichters*,Introduction, x–xi)與Nowosadtko (" Und nun alter, ehrlicher Franz': Die Transformation des Scharfrichtermotivs am Beispiel einer Nürnberger Malefizchronik," *Internationales Archiv für Sozialgeschichte der deutschen Literatur* 31, no. 1 [2006]: 223–45). 兩人皆認為這動機不無可能，但均未闡明此動機對法蘭茲一生的意義。

12 保存於LKAN的婚姻、出生、死亡登記等，讓我能夠重建法蘭茲的出身背景與家庭生活。問訊規章與其他刑事法庭紀錄主要藏於紐倫堡國家圖書館，填補了法蘭茲專業工作上許多不為人知的細節。紐倫堡市議會的判決書，又稱為Ratsverläße，資料最為齊全與多樣，對於法蘭茲的個人或工作經歷都提供了最寫實的參考。判決裁定書助我瞭解法蘭茲兼差擔任醫療顧問的脈絡，特別是他卸下紐倫堡劊子手之後那幾年的退休生活（這些在日記裡只略為提及）。最後，我由衷感謝歷來學者整理出法蘭茲珍貴的個人生平資料。

13 欲進一步探究，參見Julius R. Ruff, *Violence in Early Modern Europe, 1500–1800* (Cambridge, UK: Cambridge University Press, 2001)。

第一章 學徒

1 *Collected Works of Erasmus,* vol. *25*, *Literary and Educational Writings*, ed. J. K. Sowards (Toronto: University of Toronto Press, 1985), 305.

2 *Essays*, trans. J. M. Cohen (Harmondsworth, UK, and Baltimore: Penguin, 1958), 116.

3 有關前近代不在乎動物受苦的現象，參見Robert Darnton's *The Great Cat Massacre and Other Episodes in French Cultural History*（New York: Vintage，1985）。

4 這段描述是根據Wilbertz（120–31）的內容，當時劊子手世家的兒子普遍是這麼受訓。法蘭茲・施密特僅在一五七三年六月剛成為巡境實習生時，在日記中提及相關內容，除此之外並未透露受教於父親的相關經驗。

5 這段內容得感謝Arthur E. Imhof的貢獻，*Lost Worlds: How Our Europe an Ancestors Coped with Everyday Life and Why Life Is So Hard Today*, trans. Thomas Robisheaux（Charlottesville: University of Virginia Press，1996），68–105。

6 有關近期的評析，參見C. Pfister, "Population of Late Medieval Germany" in *Germany: A New Social and Economic History*, vol. 1, *1450–1630*, ed. Bob Scribner, 213ff。

7 Imhof, *Lost Worlds*, 72.

8 Imhof, *Lost Worlds*, 87–88. See also John D. Post, *The Last Great Subsistence Crisis in the Western World* Baltimore: Johns Hopkins University Press, 1977). On the Little Ice Age, see Wolfgang Behringer, *Kulturgeschichte des Klimas: Von der Eiszeit bis zur globalen Erwärmung* (Munich: C. H. Beck, 2007), esp. 120–95.

9 Thomas A. Brady, Jr., *German Histories in the Age of Reformations* (Cambridge, UK: Cambridge University Press, 2009), 96–97.

10 Brady, *German Histories*, 97. See also Knapp, *Kriminalrecht*, 155–60.

11 Hillay Zmora, *The Feud in Early Modern Germany* (Cambridge, UK: Cambridge University Press, 2011)的觀點說服了我。另參見他的姊妹篇，*State and Nobility in Early Modern Franconia, 1440–1567*（Cambridge，UK: Cambridge University Press, 1997）。

12 Decree of August 12, 1522, cited in Monika Spicker- Beck, *Räuber, Mordbrenner, umschweifendes Gesind: Zur Kriminalitat im 16 Jahrhundert* (Freiburg im Breisgau: Rombach, 1995), 25.

13 Hans Jakob Christoffel von Grimmelshausen, *An Unabridged Translation of Simplicius Simplicissimus*, trans. Monte Adair (Lanham, MD: University Press of America, 1986), 9–10.

14 *FSJ* Feb 14 1596. 十六世紀的一個案例中，三名強盜中不只一名是傭兵。Spicker-Beck, *Rauber*, 68。

15 See Bob Scribner, "The Mordbrenner Panic in Sixteenth Century Germany,"in *The German Underworld: Deviants and Outcasts in German History*, ed. Richard J. Evans (London and New York: Routledge, 1988), 29–56; Gerhard Fritz, *Eine Rotte von allerhandt rauberischem Gesindt: Öffentliche Sicherheit in Südwestdeutschland vom Ende des Dreissigjährigen Krieges bis zum Ende des Alten Reiches* (Ostfi ldern J. Thorbecke, 2004), 469–500; and Spicker- Beck, *Räuber*, esp. 25ff.

16 Imhof, *Lost Worlds*, 4.

17 Angstmann, 85.

18 其他聲名狼藉的職業包括理髮師、乞丐、清道夫、製革工人、法庭僕役和弓箭手、牧羊人、牝豬閹割工人、廁所清潔工、碾磨工、守夜人、演員、煙囪清掃工和道路收費員。參見Nowosadtko, 12–13 and 24–28。

19 "Der Hurenson der Hencker," in 1276 Augsburg Stadtrecht, Keller, 108. 無法自由選擇行業的說法，立基於常見劊子手姓氏多半與職業和技藝相關，例如施密特（鐵匠）、施奈特（Schneider，裁縫師）和施瑞納（Schreiner，木匠），但這說法並非牢不可破。此外，一些劊子手雖曾是罪犯，這同樣是特例而非常規。Angstmann (74–113)受二十世紀初當代人類學相關研究的影響，而她自己的研究結果亦然。一些歷史學家甚至根據榮格（Jung）對宗教法術的見解（毫無歷史證據），稱中世紀劊子手就是日耳曼異教牧師（專門主持宗教獻祭儀式）的繼承者。他們也主張，劊子手遭抹黑是基督教改教運動的一部分。Karl von Amira, *Die germanischen Todesstrafen*（Munich: Verlag der Bayerischen Akademie der Wissenschaften, 1922）；另參見相關內容討論，Nowosadtko, 21–36, and G&T, 14, 38–39。

20 前近代日耳曼赫赫有名的劊子手世家包括Brand、Döring、Fahner、Fuchs、Gebhardt、Gutschlag、Hellriegel、Hennings、Kaufmann、Konrad、Kühn、Rathmann、Schwanhardt及Schwarz, G&T, 46; Stuart,

69。

21 法蘭茲對於父親蒙上汙名的相關記載，參見*Restitution*, 201r–v，並在*Enoch Widmans Chronik der Stadt Hof*, ed. Christian Meyer (Hof: Lion, 1893), 430獲得佐證。後者並未提到海因利希・施密特的姓名，不過明白點出，侯爵下令絞死兩名僕人和一名製槍者。霍夫遭圍城的相關描述出現於Friedrich Ebert, *Kleine Geschichte der Stadt Hof* (Hof: Hoermann, 1961), 34ff.; E. Dietlein, *Chronik der Stadt Hof*, vol. 1: *Allgemeine Stadtgeschichte bis zum Jahre 1603* (Hof: Hoermann, 1937), 329–94; Kurt Stierstorfer, *Die Belagerung Hofs, 1553* (Hof: Nordoberfränkischen Vereins für Natur, Geschichts-, und Landeskunde, 2003)。

22 霍夫這段時期的施洗紀錄並未被保存下來，我係根據哈根朵恩（Johannes Hagendorn）牧師的日記推算出這個日期。一六一八年八月初法蘭茲退休，哈根朵恩記載法蘭茲那時剛過六十四歲生日（*JHJ* 68r）。因為法蘭茲一六二四年正名復譽的文件未提及他是在父親名聲被玷汙期間出生，所以經過估算，日期應該落在一五五三年十一月至一五五四年七月間。

23 Ebert, *Kleine Geschichte der Stadt Hof*, 25–27.

24 *Widmans Chronik*, 180, 188.

25 Dietlein, *Chronik*, 434–35.

26 Ilse Schumann, "Der Bamberger Nachrichter Heinrich Schmidt: Eine Ergänzung zu seinem berühmten Sohn Franz," in *Genealogie* 3 (2001): 596–608.

27 Johannes Looshorn, *Die Geschichte des Bisthums Bamberg*, vol 5: *1556–1622* (Bamberg: Handels- Dr., 1903), 106, 148, 217.

28 StaatsAB A231/a, Nr. 1797, 1–Nr. 1809, 1 (Ämterrechnungen, 1573–1584).

29 StadtAB Rep B5, Nr. 80 (1572/73).

30 Stuart, 54–63; G&T, 23; Keller, 120; Wilbertz, 323–24.

31 霍夫居民幾乎全是路德教派信徒，反觀一五七〇年的班堡，僅百分之十四的居民是新教徒。Karin Dengler-Schrieber, *Kleine Bamberger Stadtgeschichte*（Regensburg: Friedrich Puslet, 2006）, 78。

32 Wilbertz, 319–21.

33 Werner Danckert, *Unehrliche Leute. Die verfemten Berufe*, 2nd ed. (Bern: Francke, 1979), 39ff. 關於行會倫理

主義，參見Mack Walker, *German Home Towns: Community, State, and General Estate, 1648–1871* (Ithaca, NY: Cornell University Press, 1971), 90–107.

34 這位柏林劊子手的註冊商標是頭戴灰色紅邊帽。十四世紀，一些劊子手會戴頭罩蓋住雙耳，但一定露出臉部。一五四三年，法蘭克福（Frankfürt am Main）要求劊子手身著「袖子上方飾有紅、白、綠條紋的背心」，違者處以二十佛羅林。Keller, 79ff., 121–22; G&T, 26–28, Nowosadtko, 239–48。

35 Wilbertz, 333; Nowosadtko, 266; also Stuart, 3.

36 卡洛林王朝統治者持續以羅馬名稱稱呼執法人員，諸如carnifices（字面意思是肉身工作者）及apparitores，或直接稱僕役（Knechte）與法庭法官（lords of the court, Gerichtsherren）。十三世紀左右，首席執法人員由Fronbote或教區執事（Büttel）擔任，薩克森法典（Sachenspiegel, 1224）稱他們為「神聖的密使」或「上帝之僕」，職責因而多了神聖地位。薩克森法典和史瓦本寶鑑（Schwabenspiegel, 1275）中皆未提及全職的劊子手，G&T, 14。另參見Keller, 79–91。

37 *Bambergensis Constitutio Criminalis,* published as *Johann von Schwarzenberg: Bambergische halsgericht und rechtliche Ordnung, Nachdruck der Ausgabe Mainz 1510* (Nuremberg: Verlag Medien & Kultur, 1979), 258b.

38 Stuart, 23–26; Nowosadtko, 50–51, 62; G&T, 9, 15; Keller, 46–47.

39 Stuart, 29ff.

40 *Bambergensis; CCC.*

41 *CCC*, preamble.

42 *Nachrichter*一字早在十三世紀就出現在紐倫堡，但直到十六世紀才在其他地區廣為流行(cf. articles 86, 96, and 97 of the *CCC*)，至十七世紀左右，再傳到北部地區。反觀*Scharfrichter*，早在十六世紀左右已遍及日耳曼所有地區。劊子手的德文名稱因區域而異，參見Angstmann, 4–75，特別是28–31、36–43及45–50;Keller, 106ff.;Jacob and Wilhelm Grimm, *Deutsches Wörterbuch* (Leipzig: S. Hirzel, 1877), 4, pt. 2: 990–93; 7:103–4; and 8:2196–97。

43 *CCC*, art. 258b.

44 Gerd Schwerhoff, *Köln im Kreuzverhör: Kriminalitat, Herrschaft, und Gesellschaft in einer fruhneuzeitlichen Stadt* (Bonn: Bouvier, 1991), 155; Schumann, "Heinrich Schmidt Nachrichter," 605; Angstmann, 105.

45 科隆一份十六世紀末的文件囊括這期間四分之三的死刑，一百九十三件處決案中，偷竊案占了八十五件，搶劫案占了六十二件。Schwerhoff, *Köln im Kreuzverhör*, 154。

46 *FSJ* Apr 5 1589.

47 將罪犯流放至外國殖民地的方式，較常見於十八世紀的英國及十九世紀的法國。參見André Zysberg, "Galley and Hard Labor Convicts in France (1550–1850): From the Galleys to Hard Labor Camps: Essay on a Long Lasting Penal Institution," in *The Emergence of Carceral Institutions: Prisons, Galleys, and Lunatic Asylums, 1550–1900*, ed. Pieter Spierenburg (Rotterdam: Erasmus Universiteit, 1984), esp. 78–85; also Knapp, *Kriminalrecht*, 79–81。

48 關於紐倫堡懲戒和勞役所的起源，參見Joel F. Harrington，"Escape from the Great Confinement: The Genealogy of a German Work house"in *Journal of Modern History* 71 (1999): 308–45。

49 *FSJ* Dec 15 1593; Sep 5 1594; Mar 29 1595; May 19 1601; May 28 1595; Nov 22 1603; Aug 17 1599; May 2 1605; Jan 25 1614 (2x); Jul 19 1614; Jan 11 1615; Jan 12 1615 See also Harrington, "Escape from the Great Confinement," 330–32.

50 "Ob Kriegsleute auch in seligem Stande sein können" (1526), in *D. Martin Luthers Werke: Kritische Gesamtausgabe* (Weimar: Herman Bohlau, 1883ff.; reprint, 1964–68), 19:624–26; "Kirchenpostille zum Evangelium am 4. Sonntag nach Trinitatis," ibid., 6:36–42; "Von weltlicher Obrigkeit, wie weit man ihr Gehorsam schuldig sei," ibid., 11:265.

51 *Praxis rerum criminalium, durch den Herrn J. Damhouder, in hoch Teutsche Sprach verwandelt durch M. Beuther von Carlstat* (Frankfürt am Main, 1565), 264ff. Jacob Döpler, *Theatrum poenarum, suppliciorum, et executionum criminalium: oder, Schau- platz derer leibes und lebens- straffen* (Sondershausen, 1693), 1:540.

52 G&T, 23.

53 In Bayreuth on Sep 2 1560; G&T, 5398.

54 *RV* 1313: 14v (Mar 4 1570).

55 Nowosadtko, 196; Wilbertz, 117–20.

56 Keller, 114–15.

57 Keller, 245–46. *Rotwelsch*結合了希伯來語、意第緒語（Yiddish）、吉普賽語（Romany），再搭配行腳僧和學生慣用的拉丁文行話。如同倫敦的考克尼方言（Cockney），*Rotwelsch*改變原詞的意思，藉此創造更多的字詞，方法包括隱喻或「正規的創字法，諸如替代（substitution）、字綴（affixing），或是顛倒子音、母音、音節的順序。」Robert Jütte, *Poverty and Deviance in Early Modern Europe* (Cambridge, UK: Cambridge University Press, 1995), 182–83;另參見他的*Abbild und sosziale Wirklichkeit des Bettler- und Gaunertums zu Beginn der Neuzeit: Sozial-, mentalitäts-, und sprachgeschichtliche Studien zum* Liber vagatorum *(1510)* (Cologne and Vienna: Böhlau, 1988), 特別是26–106;及Siegmund A. Wolf, *Wörterbuch des Rotwelschen: Deutsche Gaunersprache* (Mannheim: Bibliographisches Institut, 1956); Ludwig Gunther, *Die deutsche Gaunersprache und verwandte Geheim und Berufssprachen* (Wiesbaden: Sändig, 1956)。

58 參見Angstmann的精彩概論，特別是2-73。

59 Jacob Grimm et al., *Weisthumer* (Göttingen: Dieterich, 1840), 1:818–19; Eduard Osenbrüggen, *Studien zur deutschen und schweizerischen Rechtsgeschichte* (Schaffhausen: Fr. Hurter, 1868), 392–403; Keller, 243.

60 Keller, 247–48; G&T, 68–70.

61 *FSJ* 1573; Aug 13 1577; Mar 19 1579.

62 Wilbertz, 123.

63 根據Johann Michael Edelhauser 1772年的*Meisterbrief*, G&T, 99）。Meisterbrief（1676）的全文參見Keller, 239，及Nowosadtko, 196-197。

64 *Restitution*, 201v–202r.

第二章　巡境實習生

1 *Essays*, 63.

2 霍費爾德：一五七三年執刑兩次，一五七五年執刑一次。福希海姆：一五七七年四次，一五七八年一次。班堡：一五七四年一次，一五七七年兩次。

3 Harrington, *The Unwanted Child: The Fate of Foundlings, Orphans, and Juvenile Criminals in Early Modern Germany* (Chicago and London: University of Chicago Press, 2009), 78–79. Katherine A. Lynch (*Individuals,*

Families, and Communities in Europe, 1200–1800: The Urban Foundations of Western Society [Cambridge, UK: Cambridge University Press, 2003], 38) 在多數德國城市，移民估計占了百分之三至八。

4 Angstmann, especially 2–73.

5 有關符號與象徵，參見Spicker- Beck, *Räuber*, 100ff。另參見Florike Egmond, *Underworlds: Or ga nized Crime in the Netherlands, 1650–1800* (Cambridge, UK: Polity Press, 1993); and Carsten Küther, *Menschen auf der Strasse: Vagierende Unterschichten in Bayern, Franken, und Schwaben in der zweiten Hälfte des 18 Jahrhunderts* (Gottingen: Vandenhoeck and Ruprecht, 1983), especially 60–73。

6 前近代期間，三分之二的兇殺案都和刺傷有關，最常發生在酒館裡。Julius R. Ruff, *Violence in Early Modern Europe, 1500–1800* (Cambridge, UK: Cambridge University Press, 2001), 123。關於法蘭茲時代的飲酒文化，參見B. Ann Tlusty, *Bacchus and Civic Order: The Culture of Drink in Early Modern Germany* (Charlottesville and London: University Press of Virginia, 2001); B. Ann Tlusty and Beat Kümin, eds., *Public Drinking in the Early Modern World: Voices from the Tavern, 1500–1800*, vols. 1 and 2, *The Holy Roman Empire* (London: Pickering and Chatto, 2011); Marc Forster, "Taverns and Inns in the German Countryside: Male Honor and Public Space," in *Politics and Reformations: Communities, Polities, Nations, and Empires: Essays in Honor of Thomas A. Brady, Jr.*, ed. Christopher Ocker et al. (Leiden: Brill, 2007), 230–50。

7 有關法蘭茲「既不喝葡萄酒也不喝啤酒」，參見ASB 210: 248v。

8 *FSJ* Nov 18 1617; Dec 3 1612; Mar 15 1597; Nov 14 1598.

9 根據一五四九年紐倫堡一篇報導，當時在房舍公廁發現一具嬰兒屍體，一個涉嫌謀殺該童的女僕看著這個屍體接受對質。「當房屋主人說：『唉！天真無辜的孩子，若凶手就在我們之中，請顯靈吧！』結果嬰兒似乎舉起了左手。」被指控的女僕隨即昏厥。ASB 226a: 32v; *FSJ* May 3 1597; StaatsAN 52a, 447: 1155;Ulinka Rublack在十七世紀犯罪紀錄中找到遺體試煉相關文獻（*The Crimes of Women in Early Modern Germany* [Oxford, UK: Clarendon Press, 1999], 58）。Robert Zagolla稱這種習俗在某些地區仍持續沿用（*Folter und Hexenprozess: Die strafrechtliche Spruchpraxis der Juristenfakultät Rostock im 17 Jahrhundert* [Bielefeld: Verlag für Regionalgeschichte, 2007], 220）。

10 *FSJ* Jul 6 1592;Jan 16 1616; Johann Christian Siebenkees, ed. (*Materialien zur nürnbergischen Geschichte*

[Nuremberg, 1792], 2:593–98)，記錄了兩則十六世紀紐倫堡「以屍揪兇」的例子，分別發生在一五七六年和一五九九年。

11 E.g., *RV* 1419: 26v. See also Knapp, *Loch*, 25ff.; Zagolla, *Folter und Hexenprozess*, 327–28.

12 Christian Ulrich Grupen, *Observationes Juris Criminalis* (1754), quoted in Keller, 200.

13 在十六世紀晚期的科隆，僅百分之一至二的嫌疑犯遭刑求拷問，其中大多是職業強盜和竊賊。Schwerhoff, *Köln im Kreuzverhör*, 109–15; Stuart, 141–42。

14 G&T, 86–88; Zagolla, *Folter und Hexenprozess*, 399–400.

15 關於殺嬰案中嚴刑拷問的充分依據，參見*CCC*, art. 131, para. 36; Rublack, *Crimes of Women*, 54; Wilbertz, 80; Nowosadtko, 164。

16 *FSJ* May 10 1599; Knapp, *Loch*, 37.

17 *FSJ* Dec 4 1599; Dec 23 1605. See also *RV* 2551: 23r–v (Oct 10 1663).

18 *JHJ* 88v–89r（Feb 8 1614）。審訊Helena Nusslerin（*RV* 1309: 16v [Nov 12 1569]）和Barbara Schwenderin（*RV* 1142: 31v; 1143: 8r [May 8 1557]）兩名囚犯的官員奉命休息八天，才能進一步刑求。佛格林（Margaretha Voglin）在伏法前先調養了兩週（*RV* 2249: 24v [Feb 19 1641]）。

19 StadtAN F1- 2/VII (1586).

20 ASB 215: 18.

21 Magistrates指責Kreuzmayer「惡咒了數百次聖禮」。ASB 212: 121r–122v, 125v–126r; *FSJ* Sep 5 1594。

22 有關Mary犯案的詳細分析，參見Harrington, *Unwanted Child*, p. 177–227.

23 ASB 215: 332r.

24 施密特每年參與的酷刑次數難以計算，而當時（1575–1600）安斯巴赫（Ansbach）的劊子手平均每週刑求囚犯一次，Angstmann, 105。

25 *FSJ* Apr 21 1602.

26 參見例子，*FSJ* May 25 1581; Feb 20 1582; Aug 4 1586 (2x); Jul 11 1598。

27 *FSJ* Jul 6 1592。有關當代法學家對於嚴刑拷打可靠性提出的質疑，參見Zagolla, *Folter und Hexenprozess*, 34ff。

28 *Loch*引述的是一五八八年和一五九一年（Knapp, 33）。關於劊子手在這方面的自由度，參見Zagolla, *Folter und Hexenprozess*, 367–73;Joel F. Harrington, "Tortured Truths: The Self- Expositions of a Career Juvenile Criminal in Early Modern Nuremberg" in *German History* 23, no. 2 (2005): 143–71。

29 取樣了科隆在一五四九年至一六七五年間約一百一十四件酷刑，Schwerhoff, *Köln im Kreuzverhör*, 114–17。以科隆和羅斯托克（Rostock）為例，十分之六的強盜遭嚴刑拷打，但僅十分之一的殺人犯遭到相同待遇，Zagolla，*Folter und Hexenprozess*, 48, 61–63。

30 Jacob Grimm, "Von der Poesie im Recht"一八一五年首次出版。

31 Knapp, *Kriminalrecht*, 60.

32 *FSJ* Aug 13 1578; Oct 9 1578; Nov 9 1579; Feb 7 1581; May 6 1581; Apr 22, 1585; Jun 25 1586; Aug 23 1593; Sep 25 1595; Oct 24 1597; Feb 23 1609; Nov 25 1612;Jan 30 1614. 惡徒會遭烙印，參見See Jütte, *Poverty and Deviance*, 164ff。割耳發生於Jan 29 1583; Sep 4 1583; Jan 22 1600; Aug 4 1601; and Dec 9 1600。割舌刑僅發生一次，在Apr 19 1591。法蘭茲這位年輕的實習生並未記錄早年動用體刑的次數或種類，但他見證或協助父親完成至少六次的割耳和剁指，還烙印囚犯兩次。在一五七六年，他記錄了對Hans Peyhel的施刑過程，「兩年前在黑指根奧拉赫（Herzogenaurach）我割下他的雙耳並用藤條鞭打他。」一五七二年至一五八五年間，海因利希（一五七八年前偶爾是法蘭茲代勞）共施行了八十五次鞭刑、十一次割耳、三次剁指、兩次烙印，Schumann, "Heinrich Schmidt Nachrichter," 605。

33 StaatsAB A231/a, Nr. 1797, 1–Nr. 1803,1.

34 Jason P. Coy, *Strangers and Misfits: Banishment, Social Control, and Authority in Early Modern Germany* (Leiden: Brill, 2008), 2–3; Schwerhoff, *Köln im Kreuzverhör*, 148–53。十六世紀後半葉，日耳曼境內鞭刑流放囚犯的頻率達到高峰。除了一五七八年前未記載的鞭刑紀錄，法蘭茲日記中提及的鞭刑出現在*FSJ* Feb 29 1580; Jun 7 1603; and Aug 4 1586。

35 *FSJ* Oct 24 1597.

36 *FSJ* Jan 10 1583.

37 一五七三年，法蘭茲前任劊子手負責的一次鞭刑導致犯人隔天死亡，Knapp, *Kriminalrecht*, 63。

38 Stuart, 143.

39 Keller, 100.

40 Siebenkees, *Materialien,* 1:543ff; Keller, 189–96; Knapp, *Kriminalrecht*, 52–53。這兩種傳統習俗一直到十八世紀都還被德意志某些地區沿用。

41 Keller, 7.

42 Siebenkees, *Materialien*, 2:599–600. 一五一三年的一起案例出自Keller, 160。另參見G&T, 55–56; Richard van Dülmen, *Theatre of Horror*: *Crime and Punishment in Early Modern Germany*, trans. Elisabeth Neu (Cambridge, UK: Polity Press, 1990), 88–89; *CCC,* arts. 124, 130, and 133。

43 Keller, 185; Knapp, *Kriminalrecht*, 58.

44 *FSJ* Mar 6 1578。關於Apollonia Vöglin的詳細折磨過程，見Harrington, *Unwanted Child*, 21–71。

45 *FSJ* Jan 26 1580;法官的意見出自Knapp, *Kriminalrecht*, 58。

46 *FSJ* Jul 17 1582; Aug 11 1582; Jul 11 1598; Mar 5 1611; Jul 19 1595; Aug 10 1581; Oct 26 1581; Jun 8 1587; Oct 11 1593.

47 *FSJ* Jan 18 1588.

48 *FSJ* 1573; 1576; Aug 6 1579; Jan 26 1580; Mar 3 1580; Aug 16 1580; Jul 27 1582; Aug 11 1582; Aug 14 1582; Nov 9 1586; Jan 2 1588; May 28 1588; May 5 1590; Jul 7 1590; May 25 1591; Jun 30 1593; Jan 2 1595; Mar 15 1597; Oct 26 1602; Aug 13 1604; Dec 7 1615.

49 *RV* 1551: 5v (Jan 2 1588).

50 *FSJ* Jul 27 1582; Nov 9 1586; Jan 2 1595; Feb 10 1597; Mar 15 1597; Dec 7 1615.

51 *FSJ* Mar 29 1595。法蘭茲・施密特僅四次在日記中透露動用鉗刑烙燙的次數：一五八五年二月十一日兩次、一五八〇年八月十六日和一五八九年十月二十三日各三次、一六一二年三月五日四次。叛國罪會受車裂刑，因傅柯及其他社會學家之故，車裂刑惡名遠播。不過在近代初期，因叛國罪而受車裂刑的例子非常罕見，不論古今中外，太過異常或罕見的處罰，效果都有限。

52 *FSJ* May 10 1599; *JHJ* Aug 4 1612.

53 *FSJ* Feb 11 1584; Feb 12 1584; Oct 21 1585; Dec 19 1615。另參照上文，173–79。一六一九年，漢堡才出現第一位受絞刑的女人，Aachen和Breslau分別在一六六二年和一七五〇年才出現。Keller, 171; G&T,

55。

54 引自Keller, 170。參見*CCC*, arts. 159 and 162; Wilbertz, 86–87。

55 *FSJ* Sep 23 1590; Jul 10 1593; also Knapp, *Kriminalrecht*, 136.

56 *FSJ*：一百八十七件斬首；一百七十二件絞刑。海因利希在班堡任職期間（一五七二年末至一五八五年初），一〇六件死刑中有一〇五件不是絞刑（六十七件），就是斬首（三十八件）。Schumann, "Heinrich Schmidt Nachrichter", 605。

57 整體來說，法蘭茲・施密特經手的死刑（三百九十四件）中，斬首占了四七・五%（一百八十七件）。

58 *FSJ* Jun 5 1573;1573;1576。關於法蘭茲以執刑師（Nachrichter）自稱而非劊子手（Henker），參見*Restitution*, 201v–202v。

59 Knapp, *Kriminalrecht*, 52–53; Wilbertz, 87–88.

60 *FSJ* Mar 19 1579; Aug 16 1580; Jul 17 1582; Aug 11 1582; Jul 7 1584.

61 Keller, 157, 160–65.

62 Dülmen, *Theatre of Horror*, especially 5–42.

63 *JHJ* Mar 5 1612, quoted in Hampe, 73.

64 *JHJ* 97r–v (Mar 7 1615); *FSJ* Mar 7 1615.關於行刑台上好死的重要性，參見Stuart, 175ff.。

65 Hampe, 73.

66 Hampe, 69, 75.

67 Hampe, 19; also Richard J. Evans, *Rituals of Retribution: Capital Punishment in Germany, 1600–1987* (Oxford, UK, and New York: Oxford University Press, 1996), 69–70.

68 *FSJ* Feb 9 1598.

69 ASB 226a: 58v; *FSJ* Sep 23 1590.

70 *FSJ* Feb 18 1585;Sep 16 1580; Dec 19 1615。"Wenn mein Stundlein vorhanden ist" (1562) and "Was mein Gott will" (1554), Jürgen C. Jacobs and Heinz Rölleke，評論施密特日記一八〇一年的版本，230。

71 *JHJ* Mar 5 1611.

72 *FSJ* Mar 11 1597; *JHJ* Mar 11 1597. See also Dec 18 1600; Mar 18 1616.

73 *FSJ* Nov 6 1595; Jan 10 1581; 1576; Jul 1 1616; *JHJ* Jul 1 1616.
74 *FSJ* Mar 9 1609; Dec 23 1600; Jul 8 1613.
75 *FSJ* Jul 11 1598.
76 *FSJ* Jan 28 1613; *JHJ* Jan 28 1613; ASB 226: 56r–57v.
77 *FSJ* Aug 16 1580.
78 *JHJ* Feb 28 1611; *FSJ* Feb 28 1611.
79 1506, 1509, 1540, and Jul 20 1587. *FSJ* Feb 12 1596; Sep 2 1600; Jan 19 1602; Feb 28 1611. 兩個附加的註解只出現在班堡的手稿中（Dec 17 1612; Feb 8 1614），顯然遭之後的編輯根據史官的記載而添加，因為法蘭茲以第三人稱出現（Hampe, 31; and G&T, 73–74）。
80 Angstmann, 109–10; Wilbertz, 127–28; Dülmen, *Theatre of Horror*, 231–40; Keller, 230.
81 StaatsAN 52b, 226a: 176; Hampe, 79; *RV* 2250:13r–v, 15r–v (Mar 16 1641), 29r–v (Mar 30 1641), 59r (Apr 1 1641); StadtAN FI- 14/IV: 2106–7.
82 *Restitution*，202v。法蘭茲在日記某處寫道：「我冒著風險執刑。」（*FSJ* Jan 12 1591）。賽蒙・席勒和妻子一六一二年六月七日遭亂石打死。
83 G&T, 68; also Angstmann, 109.
84 *RV* 1222: 5r (Apr 14 1563); *RV* 1224: 5r (Jun 28 1563); *RV* 1230: 29v (Dec 9 1563), 38r (Dec 16 1563); *RV* 1250: 31v (Jun 19 1565); *RV* 1263: 20r (Jun 4 1566).
85 *RV* 1264: 17v (Jun 28 1566);*RV* 1268: 8v (Oct 10 1566);*RV* 1274: 2r (Apr 14 1567);*RV* 1275: 14r (Apr 14 1567);*RV* 1280: 24r (Sep 10 1567); *RV* 1280: 25v (Sep 12 1567)。連哈特和康妮根達・李伯特的七個孩子分別是Michael（受洗於一五六八年十月二十五日）、Lorentz（一五六九年十一月八日）、Jobst（一五七〇年十二月二十七日）、Conrad（一五七二年七月十七日）、Barbara（一五七三年七月十日）、Margarethe（一五七五年二月十三日）及Magdalena（一五七七年十二月六日）。LKAN Taufungen St. Sebaldus。
86 *RV* 1310: 24r–v (Dec 3 1569), 29r–v (Dec 7 1569); *RV* 1402: 22r (Oct 24 1576); *RV* 1404: 1r (Dec 6 1576), 39v (Dec 28 1576).

87 *RV* 1405: 24v (Jan 14 1577).

88 ASB 222: 75v (23 Oct 1577).

89 *RV* 1421: 14v (Mar 21 1578); *RV* 1422: 24v (Apr 5 1578), 58r–v (Apr 25 1578), 68r (Apr 29 1578).

90 *RV* 1423: 33v (May 16 1578).

第三章　名師

1 *Essays*, 76.

2 Baltasar Gracián, *The Art of Worldly Wisdom: A Pocket Oracle*, trans. Christopher Maurer (New York：Doubleday, 1991), 73.

3 *FSJ* Oct 11 1593.

4 StaatsAB A245/I, Nr. 146, 124–125r。有關其他令人憤慨的詐騙案例，參見*FSJ* Feb 9 1598; Dec 3 1605; Jul 12 1614; Knapp, *Kriminalrecht*, 247ff。

5 Stuart Carroll, *Blood and Violence in Early Modern France* (Oxford, UK: Oxford University Press, 2006), 49.

6 *Brevis Germaniae Descriptio*, 74; cited in Klaus Leder, *Kirche und Jugend in Nürnberg und seinem Landgebiet: 1400–1800* (Neustadt an der Aisch: Degener, 1973), 1. 我對於紐倫堡面貌的簡短描述，得歸功於Gerald Strauss在*Nuremberg in the Sixteenth Century*中抒情又充滿感染力的描繪（New York: John Wiley, 1966, 9–35）。那段文字仍稱得上是描寫前近代紐倫堡日常生活的最佳英文版本。以下文本也特別有幫助：Emil Reicke, *Geschichte der Reichsstadt Nürnberg*（Nuremberg: Joh. Phil. Rawschen, 1896; reprint, Neustadt an der Aisch: P.C.W. Schmidt, 1983）; Werner Schultheiß, *Kleine Geschichte Nürnbergs*, 3rd ed. (Nuremberg: Lorenz Spindler, 1997）; *Nürnberg: Eine europäische Stadt in Mittelalter und Neuzeit*, ed. Helmut Neuhaus（Nuremberg: Selbstverlag des Vereins für Geschichte der Stadt Nürnberg, 2000）和其他不可或缺的參考文獻*Stadtlexikon Nürnberg*, ed. Michael Diefenbacher及Rudolf Endres（Nuremberg: W. Tümmels Verlag, 2000）。

7 Reicke, *Geschichte der Reichsstadt Nürnberg*, 998.

8 Andrea Bendlage, *Henkers Hertzbruder. Das Strafverfolgungspersonal der Reichsstadt Nürnberg im 15 und 16 Jahrhundert* (Constance: UVK, 2003), 28–31.

9 William Smith, "A Description of the Cittie of Nuremberg" (1590), *MVGN* 48 (1958), 222. 關於政府雇用的線民，參見Bendlage, *Henkers Hertzbruder*, 127–37。

10 海因利希在班堡十三年期間，薪資是以行刑次數計酬，而非領週薪。平均年收入為五十佛羅林，最高紀錄是一五七四年和七五年，約八十七佛羅林，最低則是隔年的二十九佛羅林。StaatsAB A231/1, Nr. 1797/1. 關於法蘭茲聘雇合約的細節，參見*RV* 1422: 68r (Apr 29 1578); Knapp, *Loch*, 61–62。Bregenz的劊子手年收入除了底薪的五十二佛羅林之外，每執刑一次另收一至二佛羅林；慕尼黑的劊子手在一六九七年前的年收入是八十三佛羅林；而Osnabrück的劊子手每執刑一次進帳二塔勒銀幣（thaler，相當於一．七佛羅林）。Nowosadtko, 65–67; Wilbertz，101。

11 *RV* 1119: 9v, 11v, 12r, 17r–v, 18r, 20r (Nov 13–15 1554);Knapp, *Loch*, 56–57.

12 StaatsAN 62, 54–79; LKAN Beerdigungen St. Lorenz, 57v: "Jorg Peck Pallenpinder bey dem [sh]onnetbadt Sep 16 1560."Jorg和Margareta Peck的九個孩子中，至少有兩個死於孩提時期。LKAN Taufung en, St. Sebaldus: 93v (Magdalena; Jul 24 1544), 95r (Maria;Sep 20 1545), 96r (Jorg; May 26 1546), 97r (Gertraud; Mar 14 1547), 99r (Sebastian;Aug 10 1549), 104v (Georgius; Dec 1 1551), 105v (Barbara; Oct 6 1552), 107v (Magdalena; Aug 30 1554), 110v (Philipus; Nov 29 1555).

13 LKAN Trauungen, St. Sebaldus 1579, 70;*RV* 1430 ‥ 34r (Dec 7 1579).

14 *Stadtlexikon Nürnberg*, 437.

15 Ernst Mummenhoff, "Die offentliche Gesundheits- und Krankenpfl ege im alten Nürnberg: Das Spital zum Heilige Geist," in *Festschrift zur Eröffnung des Neuen Krankenhauses der Stadt Nürnberg* (Nuremberg, 1898), 6–8; Stuart, 103.

16 G&T, 92. 十六世紀晚期，這位「紐倫堡獅子」一年的底薪是五十二佛羅林（Bendlage, *Henkers Hertzbruder*, 36–37, 89）。

17 *RV* 1576 ‥ 6v, 10v (Nov 11 and 18 1589); StaatsAN 62, 82–145.

18 *FSJ* Aug 16 1597.

19 Knapp, *Loch*, 67.

20 Schwerhoff, *Köln im Kreuzverhör*, 103.

21 Knapp, *Kriminalrecht*, 64–81。德國歷史上這段期間對精神病患的監禁，參見H. C. Erik Midelfort, *A History of Madness in Sixteenth- Century Germany* (Stanford, CA: Stanford University Press, 1999), 322–84。

22 舉例來說，Christoph Greisdorffer在一五八八年關了十一週又三天，花了十三佛羅林，2 d. 8 H；獲釋時全額付清，StaatsAN 54a, II: 340。

23 Öhler一五五七年十月二十六日被指派為鎖匠，週薪二佛羅林，幾乎和法蘭茲・施密特不相上下，*RV* 1148L: 24v–25r（Oct 26 1557）。關於紐倫堡典獄長的職責，參見Bendlage, *Henkers Hertzbruder*, 37–42。

24 StaatsAN 52a, 447: 1002 (Jun 23 1578); Knapp, *Loch*, 145–47.

25 Knapp, *Loch*, 20–21.

26 Knapp, *Loch*, 20. *FSJ* Jul 3 1593; Nov 22 1603, Sep 15 1604. 參見獄中有關自殺的紀錄（一五八〇、一六〇四、一六一一、一六一五年）及法蘭茲・施密特日記所載的自殺未遂紀錄，StadtAN F1, 47:8314, 876r; *FSJ* Jul 11 1598; May 10 1599。一六〇四年，一位遭判刑的殺人犯在獄中刺死一名偷竊牲畜的嫌犯（ASB 226: 17r–v）。

27 StaatsAN 52a, 447:1009–10; ASB 226:23v; *RV* 1775:13r–v（March 1605）。集體重建行刑台一事參見*CCC*, art. 215。另參見Keller, 209ff.; Knapp, *Loch*, 69–70; Dülmen, *Theatre of Horror*, 70–73。

28 *FSJ* Sep 3 1588; Nov 5 1588; Dec 22 1586.

29 *FSJ* Jun 15 1591。Jacobs對一八〇一年版日記的評論，212。

30 William Ian Miller, *Humiliation: And Other Essays on Honor, Social Discomfort, and Violence* (Ithaca, NY: Cornell University Press, 1993), 16.

31 *FSJ* Dec 16 1594; Jun 21 1593.

32 *FSJ* Nov 10 1596; Jan 12 1583.

33 *FSJ* Aug 16 1580.

34 *FSJ* Jan 4 1582; Jul 24 1585;Oct 5 1597.

35 *FSJ* Jul 10 1593; and see, e.g., Dec 23 1605.

36 *FSJ* Oct 11 1593; Feb 9 1598;Jul 12 1614.

37 *FSJ* May 12 1584.

38 Knapp, *Kriminalrecht*, 100。詳見Wilhelm Fürst, "Der Prozess gegen Nikolaus von Gülchen, Ratskonsulenten und Advokaten zu Nürnberg, 1605" *MVGN* 20（1913）: 139ff。

39 *FSJ* Dec 23 1605.

40 *FSJ* Apr 10 1578; Aug 12 1578; 1576.

41 *FSJ* Apr 15 1578; 1576; Dec 22 1586; Jun 1 1587; Feb 18 1585; May 29 1582. See also Nov 17 1582; Sep 12 1583.

42 *FSJ* Mar 6 1578; Jan 26 1580; Aug 10 1581; Jul 17 1582, Jun 8 1587; Jul 20 1587; Mar 5 1612.

43 ASB 210: 74vff., 112 r; ASB 210: 106r–v。另參見Norbert Schindler, "The World of Nicknames: On the Logic of Popular Nomenclature" in *Rebellion, Community, and Custom in Early Modern Germany*, trans. Pamela E. Selwyn (Cambridge, UK: Cambridge University Press, 2002），特別是57–62; F. Bock, "Nürnberger Spitzname von 1200 bis 1800," *MVGN* 45 (1954): 1–147，及Bock，"Nürnberger Spitzname von 1200 bis 1800 — Nachlese," *MVGN* 49 (1959): 1–33。同樣的命名趨勢在當代倫敦顯而易見，詳見Paul Griffiths, *Lost Londons: Change, Crime, and Control in the Capital City, 1550–1660*（Cambridge, UK: Cambridge University Press, 2008）, 179–92. SB 210: 74vff., 112 r; ASB 210: 106r–v。

44 *JHJ* 39v.

45 *FSJ* Jul 19 1614; Jun 22 1616; Sep 16 1580; Aug 4 1612; Aug 23 1594; Nov 21 1589; Aug 16 1587; Apr 30 1596; Jul 4 and Jul 7 1584.

46 施密特時常提及法蘭科尼亞其他地區的刑罰，這些不僅是大家的街談巷議。例如，他提到一位出身Neuenstadt的竊賊漢斯・韋伯（Hans Weber），寫道：「十年前我在Neuenkirchen目睹他接受鞭刑。」（*FSJ* Aug 4 1586）另參見Jan 29 1583; Feb 9 1585; Jun 20 1588; Nov 6 1588; Jan 15 1594; Mar 6 1604。

47 *FSJ* May 29 1582; Nov 17 1582; Sep 12 1583; Dec 4 1583; Jan 9 1581; Jul 23 1583。另參見名叫約格・邁爾（Georg Mayr）的弓箭手在城外因竊盜遭鞭刑的記載（Aug 11 1586）；以及Nov 18 1589; Mar 3 1597; Aug 16 1597; May 2 1605; Feb 10 1609; Dec 15 161。管教員工的類似例子屢見不鮮，詳見Bendlage, *Henkers Hertzbruder*, 165–201, 226–33。

48 *FSJ* Mar 3 1597; Aug 16 1597; May 25 1591.

49 *FSJ* Feb 10 1596; Mar 24 1590.

50 Griffiths, *Lost Londons*, 138‥另參見196ff. 關於當代對聲名狼藉之人的英文稱呼用語。

51 *FSJ* May 21 1611; Nov 24 1585.

52 *FSJ* May 24 1580; Apr 15 1581; Dec 20 1582; Nov 19 1584; Aug 14 1584; Mar 16 1585; Nov 17 1586; Nov 21 1586; Jul 14 1593; Jul 26 1593; Oct 9 1593; Nov 10 1597; Dec 14 1601; Mar 3 1604; Feb 12 1605; Nov 11 1615; Dec 8 1615。另參見體刑，Sep 8 1590; Jan 18 1588; Dec 9 1600; Apr 21 1601; Jan 27 1586。

53 *FSJ* Oct 9 1578; Oct 15 1579; Oct 31 1579; Oct 20 1580; Jan 9 1581; Jan 31 1581; Feb 7 1581; Feb 21 1581; May 6 1581; Sep 26 1581; Nov 25 1581; Dec 20 1582; Jan 10 1583; Jan 11 1583; Jul 15 1583; Aug 29 1583; Sep 4 1583; Nov 26 1583。

54 *FSJ* Oct 20 1580; Jan 10 1583; Jan 31 1581; Apr 2 1589; Jan 2 1588; Jan 18 1588。另參見May 5 1590; Jun 11 1594; Jan 3 1595; Jun 8 1596。

55 關於女性犯罪的模式和伏法方式，參見Rublack, *Crimes of Women*; Otto Ulbricht, ed., *Von Huren und Rabenmüttern: Weibliche Kriminalität in der frühen Neuzeit* (Vienna, Cologne, and Weimar: Böhlau, 1995); Joel F. Harrington *Reordering Marriage and Society in Reformation Germany* (Cambridge, UK, and New York: Cambridge University Press, 1995) 228–40; 及Schwerhoff, *Köln im Kreuzverhör*, 178–79。

56 *FSJ* Feb 9 1581; Mar 27 1587; Jan 29 1599。

57 *FSJ* Jul 7 1584.

58 *FSJ* Nov 6 1610;Jul 19 1588. 另參見Laura Gowing，*Domestic Dangers: Women, Words, and Sex in Early Modern London* (Oxford, UK: Oxford University Press, 1996)。

59 *FSJ* Jul 3 1593; Dec 4 1599; May 7 1603; Mar 9 1609.

60 *FSJ* Jul 20 1587;Sep 15 1604.

61 參照霍夫猶太人每年得上繳的貢金，以及竊賊硬闖猶太人住宅行竊（竊賊常留下一些豬肉）。Dietlein, *Chronik der Stadt Hof*, 267–68; *FSJ* Sep 23 1590; Aug 3 1598; Oct 26 1602.

62 *FSJ* Sep 23 1590; Aug 25 1592; Jul 10 1592; and Jul 10 1593.

63 關於前近代身分流動的問題，參見Natalie Zemon Davis, *The Return of Martin Guerre* （Cambridge,

MA: Harvard University Press, 1983），and Valentin Groebner, *Who Are You? Identification, Deception, and Surveillance in Early Modern Europe*, trans. Mark Kyburz and John Peck（Cambridge, MA: Zone, 2007）。

64 *FSJ* Dec 2 1613、另參見Jul 3 1593; Jul 12 1614。

65 *FSJ* Jan 23 1610.

66 *FSJ* Feb 23 1593; May 3 1596; Jul 27 1594; Sep 8 1590.

67 *FSJ* Aug 12 1579; Jul 28 1590; Apr 21 1601. 另參見Apr 18 1598; Feb 9 1581; Feb 12 1600。

68 *FSJ* Jan 29 1588.

69 *FSJ* Jul 4 1588; Jul 30 1588; Dec 16 1594; Jul 4 1588; Feb 10 1597.

70 *FSJ* May 28 1588.

71 *FSJ* Feb 12 1596; Jul 11 1598; Nov 18 1617; Nov 13 1617.

72 *FSJ* Jan 16 1616. 另參見Jul 17 1582。

73 *FSJ* Jan 23 1595; Mar 4 1606; May 23 1615; Jun 25 1617; Jan 23 1610; Nov 14 1598.

74 *FSJ* Oct 16 1584; Oct 23 1589; Mar 8 1614. 另參見Oct 27 1584。

75 *FSJ* Mar 3 1580; Nov 17 1580; Jul 3 1593; Mar 30 1598; Jan 18 1603; Nov 20 1611; Nov 2 1615。另參見Apr 29 1600。

76 *FSJ* May 27 1603.

77 *FSJ* Jul 2 1606.

78 *FSJ* Jul 23 1578; Jun 23 1612. 另參見May 2 1579; Apr 10 1582; Jun 4 1599。

79 *FSJ* Apr 28 1579; Jun 21 1593. 另參見Feb 28 1615。

80 *FSJ* Nov 18 1589. 另參見Apr 10 1582; Nov 1 1578; Sep 2 1598。

81 *FSJ* Jul 12 1614; Jan 22 1611.

82 *FSJ* Mar 6 1578; Jul 13 1579; Jan 26 1580; Feb 29 1580; Aug 14 1582; May 5 1590; Jul 7 1590; Mar 15 1597; May 20 1600; Apr 21 1601; Aug 4 1607; Mar 5 1616.

83 *FSJ* Jan 26 1580; May 5 1590; Jul 7 1590; Jun 26 1606; Feb 8 1614.

84 *FSJ* May 17 1606; Aug 4 1607; Dec 6 1580; Nov 17 1584.

85 *FSJ* Jun 11 1585. 另參見Jun 21 1593; Dec 23 1601; Sep 15 1604; Jul 9 1605; Nov 20 1611; Mar 5 1612; Nov 19 1613。

86 *FSJ* Oct 15 1585; Oct 21 1585; Apr 14 1586; Apr 25 1587; Jul 15 1589.

87 *FSJ* Nov 11 1585.

88 *FSJ* Jun 1 1581; Jul 27 1582; Oct 3 1587.

89 前近代日耳曼對於配偶謀殺罪存在刻板印象，常將暴力又暴躁的丈夫對照冷靜算計的妻子。參見Silke Göttsch,“ ‘Vielmahls aber hätte sie gewünscht einen anderen Mann zu haben’ Gattenmord im 18. Jahrhundert” in Ulbricht, *Von Huren und Rabenmüttern*, 313–34。

90 兩位妻子：*FSJ* Feb 15 1580; Apr 27 1583; Jul 9 1583; Mar 26 1584; Oct 29 1584; Jun 6 1586;Jul 14 1590。三位妻子：Dec 1 1580; Apr 3 1585. 四名妻子：Apr 3 1585; May 29 1588. 五位妻子：Nov 5 1595。

91 *FSJ* Jul 28 1590. 另參見Feb 20 1582; Oct 16 1582; Apr 27 1583; Jul 9 1583; Mar 16 1585; Sep 20 1586; Oct 4 1587; Jul 10 1592; Jul 23 1605; Dec 6 1609.

92 *FSJ* Jul 28 1590。另參見Feb 20 1582; Oct 16 1582; Apr 27 1583; Jul 9 1583; Mar 16 1585; Sep 20 1586; Oct 4 1587; Jul 10 1592; Jul 23 1605; Dec 6 1609。

93 *FSJ* Feb 28 1611; Jun 7 1612.

94 *RV* 1431: 37v (Dec 29 1579); *RV* 1456: 46r (Nov 8 1580); *RV* 1458: 25v (Dec 28 1580).

95 StaatsAN 44a, Rst Nbg Losungamt, 35 neue Laden, Nr. 1979;StaatsAN 60c, Nr. 1, 181r; also *RV* 1507: 9v–10r (Aug 19 1584); *RV* 1508: 32r (Sep 25 1584).

96 一五八二年復活節過後不久，法蘭茲獲准返回班堡探視臥病在床的父親。*RV* 1475: 23v (Apr 10 1582).

97 ASB 210: 154; and *RV* 1523: 8r–v, 23r, 25r, 31r (Feb 1, 8, 9, 10, 1585). StaatsAN 52a, 447: 1076.

98 *FSJ* Feb 11 1585. 另參見Jul 23 1584。

99 StaatsAB A245/I, Nr. 146, 106v–107v; StaatsAN 52a, 447: 1076–77. 在另一段中，法蘭茲不僅寫明某位罪犯是自己的親屬，還將鞭刑的工作交給助手處理。

100 StaatsAB A231/1, Nr. 1809, 1.

101 StadtsAB B7, Nr. 84 (May 1 1585); StadtsAB B4, Nr. 35, 102r–v (1586); *RV* 1517: 21v–22r (May 25 1585).

102 StadtAN F1–2/VII: 682.

103 St. Rochus Planquadrat H5, #654;Ilse Schumann, "Neues zum Nürnberger Nachrichter Franz Schmidt," in *Genealogie* 25, nos. 9–10 (Sep–Oct 2001): 686. 104. Hilpoltstein (*FSJ* Jul 20 1580; Aug 20 1584; Mar 6 1589; Sep 19 1593; Feb 28 1594); Lauf (*FSJ* Aug 4 1590; Jun 8 1596; Jun 4 1599); Sulzbach (*FSJ* Feb 23 1593; Mar 11 1597); Hersbruck (*FSJ* Jul 19 1595; Dec 18 1595; Feb 10 1596; Sep 2 1598); Lichtenau (*FSJ* Apr 18 1598). 另參見*RV* 1706: 38r (Jan 12 1600). 105. LKAN St. Sebaldus, 49v, 50v, 70v.

104 Hilpoltstein (*FSJ* Jul 20 1580; Aug 20 1584; Mar 6 1589; Sep 19 1593; Feb 28 1594); Lauf (*FSJ* Aug 4 1590; Jun 8 1596; Jun 4 1599); Sulzbach (*FSJ* Feb 23 1593; Mar 11 1597); Hersbruck (*FSJ* Jul 19 1595; Dec 18 1595; Feb 10 1596; Sep 2 1598); Lichtenau (*FSJ* Apr 18 1598). See also *RV* 1706: 38r (Jan 12 1600).

105 LKAN St. Sebaldus, 49v, 50v, 70v.

106 一個在地研究發現，僅六分之一的窮苦家庭有超過三個孩子居住在同一個城市，反觀中產階級和富裕家庭，近四分之三享有此優遇。此外，研究前近代七百八十二個劊子手家庭後發現，劊子手家庭平均有三男三女。Jürgen Schlumbohm, *Lebensläufe, Familien, Höfe: Die Bauern und Heuerleute des osnabrückischen Kirchspiels Belm in proto-industrieller Zeit, 1650–1850* (Göttingen: Vandenhoeck and Ruprecht, 1994), 201, 297; G&T, 45–50。

107 *RV* 1621: 3v, 10v (Jul 14 1593); ASB 308 (Burgerbuch 1534–1631): 128v.

第四章　潔身自愛的聖徒

1 *Essays*, 398.

2 *FSJ* Mar 15 1597.

3 *RV* 2122: 23r–v (May 19 1631). StaatsAN Rep 65 (Mikrofilm S 0735). 一六〇〇年的瘟疫與寒冬都記載於StaatsAN 52b, 226a: 1256–57。

4 參見Joy Wiltenburg的精彩概述，*Crime and Culture in Early Modern Germany*（Charlottesville: University of Virginia Press, 2012）。

5 *FSJ* 1573; Nov 9 1586; Nov 17 1580; Mar 3 1580; Aug 16 1580; Dec 14 1579.

6 *FSJ* Oct 11 1604; Apr 18 1598.

7 *FSJ* Mar 29 1595.

8 Knapp, *Kriminalrecht*, 179–80.

9 *FSJ* Apr 28 1579; Dec 6 1580; Jul 27 1582.

10 *FSJ* Oct 23 1589. See also Oct 16 1584; Mar 13 1602; Oct 11 1604.

11 *FSJ* Apr 28 1579; Mar 5 1612; Jan 16 1616; Jan 27 1586; Sep 23 1590; May 18 1591; Dec 17 1612。另參見1574; May 25 1581; Feb 20 1582; Aug 4 1586; Dec 22 1587; Jan 5 1587; May 30 1587; Apr 11 1592; Jun 21 1593。夜間容易遭受攻擊一事參見Craig Koslofsky, *Evening's Empire: A History of the Night in Early Modern Europe* (Cambridge, UK: Cambridge University Press, 2011)。

12 *FSJ* Aug 29 1587; Oct 16 1584.

13 *FSJ* Jun 30 1593.

14 *FSJ* Sep 18 1604; Aug 13 1604. See also Jan 2 1588; Jul 10 1593; Feb 28 1615.

15 *FSJ* Jan 16 1616.

16 *FSJ* Jun 4 1599.

17 其中四件包括暴力搶劫（Dülmen, *Theatre of Horror*，附件表格五），類似十六世紀的一些案件。三個案例中，強暴未成年孩童的犯人都遭處決（*FSJ* Jul 3 1578; Apr 10 1583; Jun 23, 1612）。

18 *FSJ* Mar 13 1602; Aug 22 1587. See also Nov 19 1612; Jun 2 1612; Dec 7 1615.

19 *FSJ* Jun 4 1596; Nov 28 1583; Nov 13 1599.

20 *FSJ* Jul 17 1582; Aug 11 1582; May 27 1603; May 8 1598; May 17 1611; Oct 11 1608.

21 *FSJ* Oct 13 1604.

22 *FSJ* Jul 15 1580.

23 *FSJ* 1578; Jul 15 1580; May 25 1581; Feb 20 1582; Mar 14 1584; Aug 4 1586; Jan 2 1588; Jul 4 1588; Jun 21 1593; Feb 10 1596; Jul 22 1596; Jul 11 1598; Jan 20 1601; Apr 21 1601.

24 *FSJ* May 25 1581.

25 *FSJ* Jul 21 1593. 亦參見另三件案子：1573; Jul 15 1580; May 25 1581; Feb 20 1582; Aug 4 1586; Dec 8 1587; Feb 10 1596; Jul 22 1596; Apr 21 1601.

26 *FSJ* 1574.

27 *FSJ* Oct 11 1603。其他褻瀆屍體的例子見1574; May 25 1591; Aug 28 1599; Jul 15 1580; Jan 2 1588; Mar 13 1602; Dec 2 1596; Mar 15 1597; Mar 5 1612。

28 *FSJ* May 2 1605; Jul 29 1600; Nov 12 1601; Dec 2 1596; Feb 18 1591; Jun 21 1593; Jul 11 1598. See also 1573; 1574; Feb 11 1585; May 4 1585; May 2 1605.

29 *FSJ* Mar 3 1597; Jul 29 1600; Feb 10 1596; Jan 17 1611; Feb 20 1582; Jul 27 1582.

30 *FSJ*：三百九十四件死刑裡，占了三百件；三百八十四件體刑裡，占了三〇一件。

31 有關Code of the West，特別參見Richard Maxwell Brown, "Violence"，出自*The Oxford History of the American West*, ed. Clyde A. Milner II et al. (Oxford, UK: Oxford University Press, 1994), 393–95。這段引述，我得感謝同事Dan Usner。

32 Knapp, *Kriminalrecht*, 170–77, 191–95.

33 *FSJ* Oct 26 1602; Mar 17 1609; May 4 1585. See also Apr 28 1586.

34 *FSJ* 1577; Apr 10 1578; Oct 6 1579; Nov 28 1583; Apr 28 1586; Feb 18 1591; Jun 1 1587; Oct 13 1588; Aug 11 1600; Aug 11 1606. Knapp, *Kriminalrecht*, 31–37. See also Schwerhoff, Köln im Kreuzverhör, 265–322.

35 *FSJ* Oct 13 1588.

36 *FSJ* Aug 7 1599.

37 *FSJ* Apr 20 1587.

38 *FSJ* Apr 11 1592.

39 *FSJ* Sep 20 1587; Mar 6 1604.

40 Harrington, *Unwanted Child*, 30–34.

41 *FSJ* Oct 5 1597; Jul 8 1609; also Jul 1 1609.

42 *FSJ* Jan 9 1583; Jul 18 1583; Sep 1 1586; Jul 4 1584; also Jun 16 1585.

43 *FSJ* Jun 28 1614.

44 *FSJ* Feb 22 1611.

45 *FSJ* Jul 20 1587.

46 See Ulinka Rublack "'Viehisch, frech vnd onverschämpt': Inzest in Südwestdeutschland, ca. 1530–1700," in Ulbricht, Von Huren und Rabenmüttern, 171–213; also David Warren Sabean, Simon Teuscher, and Jon Mathieu,

eds., Kinship in Europe: Approaches to the Long- Term Development (1300–1900) (New York: Berghahn, 2007).

47 *FSJ* Jul 23 1605; Jan 29 1599; Mar 5 1611; Feb 28 1611; Jul 7 1584. See also Mar 27 1587; Apr 23 1588; Apr 2 1589; Jun 26 1594; Jun 17 1609.

48 針對此主題寫的最好的作品是Helmut Puff, *Sodomy in Reformation Germany and Switzerland, 1400–1600* (London and Chicago: University of Chicago Press, 2003)。

49 *FSJ* Aug 13 1594.

50 *FSJ* Mar 11 1596.

51 *FSJ* Mar 11 1596; Aug 10 1581.

52 *FSJ* Jul 3 1596。有關對這方面出奇寬容的態度，參見Maria R. Boes, “On Trial for Sodomy in Early Modern Germany” in *Sodomy in Early Modern Europe*, ed. Tom Betteridge (Manchester, UK: Manchester University Press, 2002) 27–45。

53 *FSJ* Apr 19 1591。另參見Jul 15 1584; Oct 13 1587; May 17 1583; Jul 15 1585。有關褻瀆而遭天譴的恐懼，參見Knapp, *Kriminalrecht*, 277–79。

54 *FSJ* Jan 5 1587; Jun 25 1590; Jul 29 1600. See also Aug 12 1600; Jan 19 1602; Apr 21 1601.

55 *FSJ* Feb 10 1609; Mar 9 1609; Jan 23 1610; Jan 19 1602.

56 *FSJ* Oct 1 1605.

57 *FSJ* Jan 27 1586. See also Aug 4 1586; Jan 2 1588; Mar 4 1589; Sep 23 1590.

58 Knapp, *Kriminalrecht*, 119–22. 關於「diebliche Behalten」，參見233ff.。

59 *FSJ* Dec 29 1611; Jul 19 1588.

60 *FSJ* Jan 12 1615; Sep 12 1583; Jul 23 1584; Aug 3 1598; Aug 26 1609.

61 *FSJ* Nov 14 1598.

62 *FSJ* Nov 18 1617.

63 *FSJ* Dec 13 1588; Nov 18 1597; Oct 13 1601.

64 *FSJ* Sep 15 1604.

65 *FSJ* Apr 29 1600. See also Jul 1 1616.

66 *FSJ* Oct 25 1597. See also Jun 1 1587.
67 *FSJ* Mar 9 1609.
68 *FSJ* Nov 18 1617; Sep 2 1600. See also Jul 23 1594; Jul 13 1613.
69 *FSJ* Oct 17 1587; Sep 7 1611; Sep 14 1602; Sep 16 1595.
70 *FSJ* Oct 1 1612; Jul 8 1613.
71 *FSJ* Oct 11 1593; Feb 9 1598; Mar 20 1606; Feb 23 1609; Jul 12 1614.
72 *FSJ* May 4 1585; Nov 17 1584; Oct 5 1588; May 7 1603。「好死」（good deaths）包括Jan 10 1581; Nov 6 1595; Dec 23 1600; Sep 15 1605; Sep 18 1605; Jul 8 1613。
73 *JHJ*，引述於Hampe, 71; *FSJ* Jul 19 1614。另參見May 17 1611。
74 *JHJ* 39v.
75 *JHJ*, 引述於Hampe, 19。
76 *JHJ*, 引述於Hampe, 17–18。
77 *FSJ* Jan 11 1588.
78 *FSJ* Jan 28 1613; Jul 8 1613.
79 *FSJ* Feb 20 1582; Sep 18 1604. See also Aug 11 1582; Oct 9 1593.
80 *JHJ* Mar 10 1614.
81 Dülmen, *Theatre of Horror*, 28–32; Schwerhoff, Köln im Kreuzverhör, 166ff.
82 StaatsAN 226a, 40v, 77r.; *JHJ* 153r; *FSJ* Mar 15 1610.
83 Hampe, 14–16.
84 Ibid., 83.
85 *FSJ* Oct 3 1588. See also Jul 12 1614; Jun 15 1588; May 23 1597; Dec 18 1593.
86 *JHJ* Mar 10 1614，引述於Hampe, 16。
87 引述於Hampe, 83。
88 *FSJ* Feb 10 1609.
89 Keller, 144–45, 148.

90 *FSJ* Jan 10 1581; also Oct 16 1585.
91 *FSJ* Apr 11 1592; Mar 4 1606; Oct 11 1593; Aug 11 1606; Mar 5 1612. See also Mar 17 1609; Sep 5 1611.
92 See Harrington, *Unwanted Child*, 195–214.
93 *CCC*, art. 179 and art. 14.
94 Harrington, *Unwanted Child*, 221–25.
95 StadtAN F1–14/IV: 1634.
96 *FSJ* May 16 1594; Jul 22 1593; Jun 4 1600; Nov 29 1582.
97 *FSJ* Oct 1 1612.
98 Hampe, 84. 第一組的五個男孩在公開接受鞭刑及放逐前，被迫目睹十八歲的黑幫老大伏法。一群同齡的十三個男孩，「都不超過十二歲」，同樣在鞭刑後遭放逐。StadtAN F1–2/VII: 529; Knapp, *Kriminalrecht*, 9.
99 *FSJ* Jan 25 1614; StaatsAB A245/I Nr. 146, 82v; ASB 210: 86v.
100 *FSJ* Oct 7 1578; Mar 19 1579; Apr 28 1580; Aug 2 1580; Oct 4 1580; Feb 11 1584; Feb 12 1584; Jul 20 1587; May 15 1587; Sep 5 1594; May 3 1597; Jun 16 1604; Jan 12 1615; Dec 19 1615; also ASB 226a: 49r–52v.
101 ASB 226a: 48r; *FSJ* Jan 25 1614.
102 *FSJ* Feb 11 1584; Feb 12 1584.
103 *FSJ* Sep 5 1594; May 3 1597; Jun 16 1604; Feb 28 1615; Dec 14 1615.
104 *FSJ* Jan 12 1615 See also Dec 14 1615.
105 *FSJ* Dec 19 1615; ASB 218: 72vff.
106 *FSJ* Jan 29 1588; Jan 13 1592. See also Feb 11 1584; Feb 12 1584; Jun 5 1593; Jan 12 1615; Dec 14 1615; Dec 19 1615.
107 *FSJ* Oct 25 1615.
108 *FSJ* May 19 1601.
109 Joel F. Harrington, “Bad Parents, the State, and the Early Modern Civilizing Process,” in German History 16, no. 1 (1998): 16–28.

110 *FSJ* Jan 8 1582; 1574; Apr 15 1578; Mar 6 1606; Apr 2 1590; Jan 14 1584.

111 *FSJ* Dec 12 1598; Mar 6 1606; Jul 18 1583; Sep 1 1586; Jun 7 1612. *RV* 1800: 48v–49r (Mar 14 1607).

112 *FSJ* Jan 14 1584; also Jan 8 1582.

113 ASB 213: 214v.

114 *FSJ* May 2 1605.

115 *FSJ* Jun 16 1604.

116 ASB 210: 154r. *FSJ* Feb 11 1585.

117 Dieter Merzbacher, "Der Nürnberger Scharfrichter Frantz Schmidt— Autor eines Meisterliedes?," in *MVGN* 73 (1986): 63–75.

118 Stuart, 179–80.

119 *FSJ* Apr 2 1590.

120 *FSJ* Sep 15 1604。十五及十六世紀藝術作品裡好、壞竊賊的主題，參見Mitchell Merback, *The Thief, the Cross, and the Wheel: Pain and the Spectacle of Punishment in Medieval and Renaissance Europe* (Chicago: University of Chicago Press, 1999), 218–65。

第五章　治療者

1 *Essays*, 174.

2 *FSJ* Jan 2 1588; Jan 11 1588; Jan 18 1588.

3 Geoffrey Abbott, *Lords of the Scaffold: A History of the Executioner* (London: Eric Dobby, 1991), 104ff.

4 ASB 210: 289r–v, 292v–293v.

5 *Restitution*, 201v.

6 *RV* 1119: 13r (Jul 22 1555); G&T, 104–6.

7 Nowosadtko, 163。一五三三年，奧格斯堡（Augsburg）的劊子手退休後，單靠醫療顧問的工作無法維持生計，迫使他重回劊子手崗位。Stuart, 154.

8 Robert Jütte, Ärzte, *Heiler, und Patienten: Medizinischer Alltag in der frühen Neuzeit* (Munich: Artemis &

Winkler, 1991), 18–19.

9 Angstmann, 92; Keller, 226. Paracelsus, *Von dem Fleisch und Mumia*, cited in Stuart, 160.

10 Matthew Ramsey, *Professional and Popular Medicine in France, 1770–1830: The Social World of Medical Practice* (Cambridge, UK: Cambridge University Press, 1988), 27; Nowosadtko, 165.

11 關於劊子手家庭如何推廣一般醫學知識，參見Michael Hackenberg, "Books in Artisan Homes of Sixteenth-Century Germany" *Journal of Library History* 21（1986）：72–91。

12 Artzney Buch: *Von etlichen biß anher unbekandten unnd unbeschriebenen Kranckheiten/deren Verzeichnuß im folgenden Blat zu fi nden* (Frankfürt am Main, 1583).

13 我參考的版本是*Feldtbuch der Wundartzney, newlich getruckt und gebessert*（Strasbourg, 1528）。

14 Lorenz Fries在一五三二年所著的Spiegel der Artzney十分受歡迎，內容圍繞諮詢打轉。參見Claudia Stein, *Negotiating the French Pox in Early Modern Germany*（Farnham, UK: Ashgate, 2009）, 48–49。

15 Jütte, Ärzte, 108. See also David Gentilcore, *Medical Charlatanism in Early Modern Italy* (Oxford, UK: Oxford University Press, 2006).

16 兩千一百七十九件案例中，三六・六%的的傷患受到科隆十六世紀晚期外科醫師的照料。Jütte, Ärzte, table 6; G&T, 111。

17 Nowosadtko, 163–66.

18 *Restitution*, 202r.

19 Valentin Deuser在一六四一年獲得特權，讓他能「以理髮師外科醫師的身分到各地出診，不受任何阻撓」，G&T, 41。

20 *Restitution*, 203r–v.

21 *RV* 1726: 58r–v (Jul 7 1601).

22 *RV* 1835: 25r (Oct 14 1609).

23 Mummenhoff, "Die öffentliche Gesundheits," 15; L.W.B. Brockliss and Colin Jones, *The Medical World of Early Modern France* (Oxford, UK: Clarendon Press, 1997), 13–14.

24 一六六一年，一群奧格斯堡醫師對當地劊子手從事的大範圍醫療行為感到不滿，紐倫堡議會對此的回應是，此類醫療行為可被接受，Stuart, 163。

25 G&T, 41. 關於其他地區類似衝突，參見Wilbertz, 70ff.; Stuart, 164–72; G&T, 109ff。

26 在紐倫堡通常葬於聖彼得墓園，但有時候也葬於墓園中未捐獻的土地，Knapp, Loch, 77。

27 Karl H. Dannenfeldt, “Egyptian Mumia: The Sixteenth Century Experience and Debate,” in *Sixteenth Century Journal* 16, no. 2 (1985): 163–80.

28 Stuart, 158–59; Stuart 把血液分布和身體部位與基督教聖餐做了比較，180。

29 Markwart Herzog, “Scharfrichterliches Medizin. Zu den Beziehungen zwischen Henker und Arzt, Schafott und Medizin,” in *Medizinhistorisches Journal* 29 (1994), 330–31; Stuart, 155–60; Nowosadtko, 169–70.

30 Nowosadtko, 179.

31 Stuart, 162; Angstmann, 93.

32 藝術與解剖相結合的各種解讀，參見Andrea Carlino, *Books of the Body*: *Anatomical Ritual and Renaissance Learning*, trans. John Tedeschi and Anne C. Tedeschi (Chicago: University of Chicago Press, 2009)。

33 Roy Porter, Blood and Guts: *A Short History of Medicine* (London: Allen Lane, 2002), 53–58.

34 Nowosadtko, 168–69.

35 G&T, 67.

36 Hampe, 79–81.

37 Cited in Knapp, *Kriminalrecht*, 64.

38 *FSJ* Jul 21 1578; *RV* 1425: 48r (Jul 17 1578).

39 *FSJ* Jun 1 1581; Oct 16 1584; Dec 8 1590; Dec 18 1593. 佩斯勒直到一六四一年仍在解剖死刑犯。Knapp, *Kriminalrecht*, 100.

40 *FSJ* Jun 26 1578; Aug 22 1587.

41 *FSJ* Jan 20 1601; Aug 29 1587.

42 *FSJ* Jun 4 1596; Mar 21 1615; Oct 1 1605.

43 *FSJ* Sep 14 1602.

44 Angstmann, 99–101; StaatsAN 42a, 447: 1063 (Aug 7 1583).

45 Döpler, *Theatrum poenarum*, 1:596; Nowosadtko; 183–89; *RV* 2176: 56r (Jul 15 1635); Hartmut H. Kunstmann, *Zauberwahn und Hexenprozess in der Reichsstadt Nürnberg* (Nuremberg: Nürnberg Stadtarchiv, 1970), 94–97.

46 Nowosadtko, 98–117; Zagolla, *Folter und Hexenprozess*, 368; Wolfgang Behringer, *Witchcraft Persecutions in Bavaria: Popular Magic, Religious Zealotry, and Reason of State in Early Modern Europend Hexenprozess*, trans. by J. C. Grayson and David Lederer (Cambridge, UK, and New York: Cambridge University Press, 1997), 401, table 13. 有關法蘭克尼亞其他地區的獵殺女巫狂潮（witch craze），另參見Susanne Kleinöder-Strobel, *Die Verfolgung von Zauberei und Hexerei in den fränkischen Markgraftümern im 16. Jahrhundert* (Tübingen: J.C.B. Mohr Siebeck, 2002)。

47 Kunstmann, Zauberwahn, 39–44.

48 *FSJ* Jul 28 1590.

49 ASB 211: 111r–114r; see also Kunstmann, Zauberwahn, 69–78.

50 ASB 211: 111r.

51 *FSJ* Jul 28 1590.

52 Kunstmann，Zauberwahn，78–86。該世紀稍後，紐倫堡不敵壓力，處死行巫術的三名男性和一名女性（遠低於法蘭科尼亞周遭區域的四千五百名）。

53 *FSJ* Nov 13 1617; ASB 217: 326r–v.

54 *FSJ* Oct 13 1604.

55 *FSJ* May 2 1605; Dec 23 1600.

56 *FSJ* Dec 13 1588.

57 *FSJ* Jul 8 1613; *JHJ* Jul 8 1613.

58 *FSJ* May 10 1599.

59 *FSJ* Mar 6 1604; ASB 215, cited in Hampe, 59–60.

60 ASB 218: 324r–342r.

61 *FSJ* Mar 7 1604; Aug 17 1599; Mar 20 1606; Feb 18 1585.

62 *FSJ* Sep 25 1595; Nov 26 1586.

63 *FSJ* Feb 9 1598。關於這個主題，參見Johannes Dillinger的精彩著作，*Magical Treasure Hunting in Europe and North America: A History*（New York: Palgrave Macmillan, 2011）。

64 一六〇一年和一六〇六年間，法蘭茲為了到希爾波斯坦（Hilpoltstein）、阿爾特多夫（Altdorf）、勞夫（Lauf）、薩爾茲堡、里希騰瑙（Lichtenau）和葛拉芬堡（Gräfenberg）等地行刑，一年至少會旅行一次，更常是兩次（*FSJ* Jun 20 1601; Jul 8 1601; Mar 3 1602; May 7 1603; May 27 1603; Jun 16 1604; Aug 13 1604; May 6 1605; May 17 1606）。一六〇九年（二月十日和三月十七日）他旅行至赫洛茲堡（Heroldsberg）和赫斯布魯克（Hersbruck），一六一一年一月十七日到埃舍瑙（Eschenau）一次。法蘭茲接下來的七年中，儘管施行過其他類型的體刑，平均一年只執行兩次鞭刑。

65 ASB 226: 43r–v; *FSJ* Feb 28 1611.

66 StaatsAN 52a, 447: 1413–14; *RV* 1871: 7v, 22v–23v, 25v, 31v–32r.

67 StaatsAN 52a, 447: 1493.

68 Siebenkees, Materialen, 4:552; *FSJ* Jul 29 1617.

69 *RV* 1943: 12v, 18r–v, 24v (Nov 10, 12, 13 1617).

70 *JHJ* Nov 13 1617.

71 *RV* 1943: 37v, 58r, 80r, 85r–v (Jul 13, 17, 24, 27 1618); 1953: 10 v, 41r, 47r (Aug 1, 10, 12 1618).

72 *RV* 1953: 55v–56r, 72v, 80r (Aug 14, 20, 22 1618); 1954: 33v, 74r (Sep 7 and 21 1618); 1957: 42r (Dec 4 1618).

73 *RV* 1963: 4 v, 27r–v, 39r (Apr 29, May 8 and 13 1619).

74 *RV* 2005: 104r–v (Jul 17 1622); 2018: 45v (Jun 23 1623); 2037: 17r (Nov 16 1624); 2038: 32r (Dec 12 1624); 2068: 117r (Apr 17 1627); 2189: 30r–v (Jul 22 1636); 2194: 25r–v (Dec 7 1636); 2214: 36r (May 31 1638).

75 Keller, 174.

76 *RV* 1969: 29v (Oct 22 1619); 1977: 54v (Jun 7 1620); 1991: 35v (Jun 8 1621).

77 *RV* 2052: 92v (Feb 21 1626).

78 *RV* 2044: 29v–30r, 64r–v (Jun 23 and Jul 4 1625); 2045: 13r–v, 41r–v, 71v (Jul 18 and 26, Aug 3 1625); 2047: 16r (Sep 13 1625); 2048: 1v (Oct 6 1625); StadtAN B 14/1 138, 108v–110r：付了三百七十三佛羅林，二十七塊二角五分銀幣的押金：剩下的待房舍清乾淨後付清 (Sep 22 1625), StadtAN B1/II, no. 74 (c. 1626).

79 *RV* 1959: 37v–38r (Jan 23 1619); *RV* 1968: 9r (Sep 18 1619).
80 *RV* 2040: 29v–30r (Feb 10 1625).
81 *RV* 2002: 2r (Apr 4 1622); *RV* 2046: 7r–v (Aug 13 1625).
82 *RV* 2071: 25v (Jun 26 1627); StaatsAN B1/III, Nr. VIa/88.
83 StaatsAN 54a II: Nr. 728.
84 *Restitution*, 209r–211r.; *RV* 2039: 34v (Jan 17 1625).
85 LKAN St. Lorenz Taufungen 910 (Jan 4 1612); Schumann, "Franz Schmidt," 678–79.
86 *RV* 1877: 15r, 21r, 31v–32r (Dec 2, 4, and 7 1612).
87 *RV* 1929: 64r (Nov 13 1616); 1931: 49v–49r (Dec 30 1616); 1933: 8v–9r (Feb 8 1617).
88 *RV* 2025: 25v, 37r（Jan 8和14 1624）. 她原本以Rosina Schmidin之名記載於冊，後來改成Rosina Bückhlin；她的丈夫則未被提及。
89 StaatsAN Rep 65, Nr. 34: 42r, 56r.
90 一六八〇年和一七七〇年間，在因哥斯塔特大學（University of Ingolstadt）至少就有九位，G&T, 17–20, 111–12; Nowosadtko, 321ff。
91 *RV* 2122: 23r–v (May 19 1631).
92 *RV* 2131: 74v (Feb 3 1632); LKAN Lorenz 512. Nürnberger Kunstlerlexikon, ed. Manfred H. Grieb (Munich: Saur, 2007), 1:24; StaatsAN 65, 20 (Feb 24 1632).
93 LKAN Lorenz 109; StaatsAN Rep 65, Nr. 34: 56.
94 LKAN Lorenz L80, 129; *RV* 2162: 49v (Jun 13 1634).
95 StaatsAN 65, 32: 244.

後記

1 In *Resis tance, Rebellion, and Death*, trans. Justin O'Brien (New York: Vintage Books, 1974), 180
2 Walker, *German Home Towns*, 12.
3 StaatsAN 54a II: Nr. 728; also *RV* 2189: 30r–v (Jul 22 1636); 2194: 25r–v (Dec 7 1636); 2225: 97r (May 10

1639); 2232: 10v–11v (Nov 2 1639); 2243: 91v (Sep 23 1640). 根據施雷格自己的統計，他在紐倫堡只有九十七位客戶，相形之下，他在前一個職位有多達一千五百位客戶。

4 瑪麗亞於一六六四年四月十二日去世；法蘭森漢斯在一六八三年二月二十六日去世（LKAN Beerditgungen St. Lorenz, fol. 311, 328）。

5 Evans, *Rituals of Retribution*, 109-49.

6 我十分煩惱地擺盪於Richard Evans對目的論者的辛辣評論，以及傅柯和菲利浦・阿希耶（Philippe Ariès）不甚完美的論述之間，不過比較認同諾柏・伊利亞思（Nobert Elias），他的「文明化過程」（civilizing process）理論在其他文化框架下仍極為可貴（*Rituals of Retribution*, 880ff）。不幸的是，史蒂芬・平克（Steven Pinker）近來推廣後者的說法，正好點出了伊利亞思的理論中最弱的一個環節，意即十八世紀大眾有了慈悲的觀念。根據平克，「中世紀的基督教代表殘酷的文化」，直到啟蒙運動開始出現「人性主義」，「人們才開始關心其他人類。」Steven Pinker, *The Better Angels of OurNature: Why Violence Has Declined* (New York: Viking, 2011), 132–33.有關大眾對於公開處決的認知想法，Pieter Spierenburg有更精闢的分析，參見*The Spectacle of Suffering: Executions and the Evolution of Repression*, Cambridge: Cambridge University Press, 1984, Paul Friedland, *Seeing Justice Done: The Age of Spectacular, Punishment in France*, Oxford: Oxford University Press, 2012）, 119-91。感謝我的同事Lauren Clay讓我注意到第二本書。

7 類似結論請參考Dülmen, *Theater of Horror*, 133-37。

8 Keller, 262–79; Stuart, 75–82, 227–39; Nowosadtko, 305–16, 333–36; Knapp, *Loch*, 60–61.

9 這段尤其受惠於Nowosadtko的佳句：「Und nun alter, ehrlicher Franz」。

10 信件日期為一八一〇年九月三日; *Achim von Arnim und Jacob und Wilhelm Grimm*, ed. R. Steig (Stuttgart: J. G. Cotta, 1904), 69–70。

11 G&T, 49; Nowosadtko, " 'Und nun alter ehrlicher Franz,' " 238-41.

12 See especially Stephen Brockmann, *Nuremberg: The Imaginary Capital* (Rochester, NY: Camden House, 2006).

13 參見Wolfgang Schild精彩的歷史書*Die Eiserne Jungfrau: Dichtung und Wahrheit*, Schriftenreiche des Mittelalterlichen Kriminalmuseums Rothenburg ob der Tauber, 2001。感謝Dr. Hartmut Frommer告訴我這本

書。

14 有關前近代日耳曼劊子手的二十世紀史料編纂，詳見Wilbertz, 1ff.; Nowosadtko, 3–8; and Stuart, 2–5。

15 以「中世紀劊子手」為主角的大量文學作品中，最成功的莫過於Wilhelm Raabe的*Das letzte Recht* (1862)和*Zum wilden Mann*（寫於一八七三年，一八七四年出版）；Gerhart Hauptmann的劇本（*Magnus Garbe*, 1914；第二版：1942）、Ruth Schaumann的劇本（*Die Zwiebel*, 1943）。劊子手在晚近更成為羅曼史小說的主角，例如Oliver Pötzsch的《劊子手之女》（*The Hangman's Daughter*，英文版由Lee Chadeayne翻譯：Seatle: AmazonCrossing, 2011）或《紐倫堡的劊子手》（*Der Henker von Nürnberg*, Mannheim: Wellhöfer, 2010），這是由Anne Hassel和Ursula Schmid-Spreer編輯的短篇故事集，極富想像力。

16 這句話出自Evans, *Rituals of Retribution*, xiii。

17 Pinker, *Better Angels of Our Nature*, especially 129-88.

18 www.amnesty.org/en/death-penalty/numbers.

致謝辭

開始動筆撰寫本書，時值柏林「美國研究院」的第一學期，對於剛萌芽的寫書計畫，沒有比這兒更理想的孕育環境。研究院負責人蓋瑞・史密斯（Gary Smith）及其同仁清楚瞭解有益知識活力的理想條件，因此安排了位在萬湖（Wannsee）的絕美別墅，讓我們這些研究員遠離塵囂，靜思寫作；同時提供絕佳的支援與服務；也製造機會，讓知識分子充分交流。每晚由主廚萊諾特・克格爾（Reinold Kegel）準備的盛宴，更讓一切臻至完美。研究院眾多工作人員都為這靜謐的宜人環境貢獻了一份心力，其中，尤要感謝蓋瑞・史密斯、R・傑伊・馬吉爾（R. Jay Magill）、阿莉莎・柏麥斯特（Alissa Burmeister）、馬爾特・茂烏（Malte Mau）、優蘭德・柯普（Yolande Korb）。我和家人有幸能與多位友善又健談的人士為鄰，他們不吝與我們促膝交談、分享城市探險的所見所聞，甚至來場激烈的乒乓球賽（約亨・哈爾貝克〔Jochen Hellbeck〕還欠我一場）。我格外感激納森・英格蘭德（Nathan Englander）、瑞秋・希爾佛（Rachel Silver）、喬治・派克（George Packer）、蘿拉・席括爾（Laura Secor），感謝他們的友誼與激勵。本書能順利出書，要感謝瑞克・阿特金森（Rick Atkinson）慷慨相助，備受敬重的他不僅在敘事結構上給予我睿智建議，也樂意分享他的一些人脈，包括傑出的作家經紀人與美編（不過他倒是把普立茲獎章緊揣懷中）。

搜尋檔案文件的過程中，我受惠於多位專家的協助，包括班堡國家檔案館的史德方・諾特博士（Stefan Nöth）和克勞斯・盧普雷希特博士（Klaus Rupprecht）；霍夫檔案館的亞恩特・克魯格博士（Arnd Kluge）；紐倫堡國家檔案館的蓋爾哈特・雷希特博士（Gerhard Rechter）和古恩特・費德里希博士（Gunther Friedrich）；紐倫堡地區教會檔案館的安德列亞・史瓦茲博士（Andrea Schwarz）、紐倫堡國家圖書館的克莉絲汀・兆爾博士（Christine Sauer）、紐倫堡市立檔案館的霍斯特–迪特爾・貝爾史戴特博士（Horst-Dieter Beyerstedt）。紐倫堡日耳曼國家博物館的馬丁・鮑麥斯特博士（Martin Baumeister）大方貢獻一整個早上和我交換意見，並拿出各式各樣的斬首劍讓我端詳，甚至讓我就近觀察，並（在安全距離內）揮舞一把可能屬於法蘭茲的劍。米凱拉・歐特（Michaela Ott）縱容我延長私人導覽時間，在紐倫堡地牢（Lochgefängnis）參觀，她耐心十足地回答許多艱澀難解的提問，還允許我在冷至骨髓的地牢丈量、拍照。哈特穆特・弗羅莫博士（Hartmut Frommer）曾親自監督劊子手之家的改建工程，而今它已成為刑法史博物館的典範。他每次皆熱情歡迎我到他位於劊子手之家塔樓頂端的研究室，他精通紐倫堡法律史及法蘭科尼亞地理，大方和我分享，還為我分析遠近馳名的紐倫堡香腸的特色。

返回田納西州的納什維爾之後，多位朋友及同事亦幫了不少忙。史帝夫・普萊爾（Steve Pryor）率先閱讀完整的手稿。荷莉・塔克（Holly Tucker）之前發揮勇者精神，讀了大部分內容。法律學者兼傑出作家丹恩・沙夫史坦（Dan Scharfstein）發揮他編輯般的敏銳洞察力，幫我把關了數章。愛倫・芬寧（Ellen Fanning）則提供分子生物學家的想法與觀點。知識圈裡，我最要感謝的對象是我在范德堡大學歷史學系了不起的同仁，他們的博學與慷慨令我感激不盡。我理應列出所有人名，但顧及精簡，我僅選出麥可・貝斯（Michael Bess）、比爾・卡費羅（Bill Caferro）、馬歇爾・埃金（Marshall Eakin）、吉姆・艾普史坦（Jim Epstein）、彼得・雷克（Peter Lake）、珍・蘭德斯（Jane Landers）、凱瑟琳・莫里紐（Catherine Molineux）、麥特・萊姆西（Matt Ramsey）、哈爾穆特・史密斯（Helmut Smith）與法蘭克・希斯羅（Frank Wcislo）。克里斯多弗・梅普斯（Christopher Mapes）、法蘭希西・柯爾普（Frances Kolb）、尚恩・伯提（Sean Borty）三位研究所學生在各種編輯與圖片搜尋的工作上貢獻甚多。儘管我盡了全力，但怎麼刁難，都難不倒吉姆・塔普隆（Jim Toplon）和他高度分工的團隊，他們在范德堡大學圖書館跨館借閱服務上，給了我諸多幫忙，這絕非空洞的謬讚。感謝教務長理查・麥卡提（Richard McCarty）及文理學院院長卡洛琳・戴佛（Carolyn Dever）鼎力相助。對於我的著書計畫，兩人始終給予精神與財務上的支持。

其他多位朋友也給了我各種幫助，特別感謝沃夫岡・貝靈格（Wolfgang Behringer）、珍妮佛・貝芬頓（Jennifer Bevington）、湯姆・布雷迪（Tom Brady）、喬伊斯・卓伯林（Joyce Chaplin）、傑森・柯伊（Jason Coy）、海科・卓斯提（Heiko Droste）、席格蘭・霍德（Sigrun Haude）、科羅迪亞・賈茲波斯基（Claudia Jarzbowski）、馬克・克拉馬（Mark Kramer）、保羅・克拉馬（Paul Kramer）暨其歷史敘事工作坊、溫蒂・雷瑟（Wendy Lesser）、瑪麗・林德曼（Mary Lindemann）、蓋瑞・莫舍斯（Gary Morsches）、漢娜・莫菲（Hannah Murphy）、湯姆・羅比修（Tom Robisheaux）、烏林卡・魯布萊克（Ulinka Rublack）、湯瑪斯・許納克

（Thomas Schnalke）、葛德・許維爾霍夫（Gerd Schwerhoff）、湯姆・席曼（Tom Seeman）、理查・賽伯斯（Richard Sieburth）、菲爾・斯格爾（Phil Soergel）與傑夫・瓦特（Jeff Watt）。感謝凱西・史都華（Kathy Stuart），她的劊子手研究提供了我諸多線索與靈感。寫作期間，她大方分享了一六二四年法蘭茲正名復譽的官方文件複本，讓我省去一趟維也納之旅（雖然這也不算壞事）。在此感謝鑽研前近代日耳曼劊子手的前輩，他們提供的資料，可參見書中的註解，包括一世紀前的作者阿爾布雷希特・凱勒（Albrecht Keller）、希爾多・漢普（Theodor Hampe）、愛爾斯・安斯特曼（Else Angstmann）、赫曼・納普（Hermann Knapp）。以及當今的作者，特別感謝胡塔・諾沃薩托（Jutta Nowosadto）、理查・伊凡斯（Richard J. Evans）、沃夫岡・席爾特（Wolfgang Schild）、吉斯拉・威爾伯茲（Gisela Wilbertz）、伊爾斯・舒曼（Ilse Schumann）與已故的理查・范・杜爾門（Richard van Dülmen）。

感謝我的經紀人雷夫・薩加林（Rafe Sagalyn）的信任與鼓勵，也謝謝他一步步帶領我這位歷史學者進入出版的領域。感謝Hill and Wang出版社的編輯湯馬斯・勒邊（Thomas LeBien）一開始便肯定本書的潛力，並不吝給予鼓勵與建言。感謝亦友亦師的柯特妮・霍德（Courtney Hodell，儘管她力勸我拿掉一些外來術語），她見證了本書從無到有的過程，也感謝她與同仁的力挺及創意分享，我由衷感謝傑夫・塞洛伊（Jeff Seroy）、強納森・理品科特（Jonathan Lippincott）、黛伯拉・赫芬德（Debra Helfand）、尼克・柯瑞吉（Nick Courage）與馬克・克洛托夫（Mark Krotov）。能夠和ＦＳＧ出版社合作，是作者夢寐以求的機會。感謝史帝芬・瓦格利（Stephen Wagley），經他犀利的法眼與嚴謹審稿後，讓我這本書更上一層樓，脈絡也更清楚。索普（Gene

Thorp）製圖公司繪製的精美地圖，讓法蘭茲的世界栩栩如生躍於紙上。

這次寫書的過程中，我發現家人才是一切，這是我始料未及的。只希望法蘭茲家人給予他的愛與支持，至少及於我家人給我的幾分之一。寫作時我非常依賴家人，妻子貝絲向來是我忠實又嚴厲的編輯，她一再反對我使用被動式，這次終於有了驚人成效，雖然錯仍難免（愛之深責之切嘛，我由衷感激她）。我們的孩子，喬治與夏洛蒂已將法蘭茲視為家中成員之一，而且兩人儼然是全美是最瞭解前近代罪與罰歷史的中學生（他們的同學與朋友對此都覺得開心）。其他親友彷若溺愛的父母，縱容我對此書的執著與念茲在茲，每每提到相關話題時，他們依舊聽得津津有味，未露絲毫不耐。感謝雷伯能・費隆（Lebanon Filloons）、坦帕・哈靈頓（Tampa Harringtons）與莫寧（Monin）這幾家人對我的體諒與包容。最後要特別感謝我的父母傑克與瑪麗琳一輩子無私的愛護與鼓勵。僅將此書獻給父親，感謝他細心播種與栽培，讓身為長子的我能順利踏上寫作生涯。

圖片來源

Bayerisches Hauptstaatsarchiv München：第一九八頁（硬闖農舍行搶）

Germanisches Nationalmuseum Nürnberg：第七七頁（佐伊伯特伏法）；第一一五頁（行刑隊伍）；第一七一頁（殺父嫌犯）；第二三七頁（回頭浪子）；第二九五頁（鐵處女）

Kunsthistorisches Museum Wien：第三七頁（暗襲小販）

Luzern Zentralbibliothek：第八八頁（遺體試煉）；第九〇頁（吊刑）

Mary Evans Picture Collection：第一八七頁（被強盜暗襲）

Museen der Stadt Nürnberg：第三三頁（紐倫堡被森林環繞）

Staatliche Museen Nürnberg：第二八五頁（聖洛克墓園）

Staatliche Museen zu Berlin, Kunstbibliothek：第一九五頁（澡堂治療師）；第二〇三頁（清掃蜘蛛網的僕役）

Staatsarchiv Nürnberg：第二二頁（法蘭茲・施密特素描）；第六五頁（簽名）；第一三三頁（紐倫堡市景）；第一四三頁（行刑台素描）；第一四五頁（絞刑台的屍體與烏鴉）；第一六五頁（掛在絞架的殘肢）

Stadtarchiv Nürnberg：第五二頁（法蘭茲・施密特斬首派荷史泰寧）；第六一頁（鏈鎖囚犯）；第九九頁（鞭刑）；第一〇一頁（活埋）；第一三五頁（紐倫堡市政廳）；第一五一頁（斬首古爾辰）；第一七七頁（處死偉納）；第二三〇頁（絞死二女與五名年輕人）

Stadtbibliothek Nürnberg：第一九頁（日記其中一頁）；第二五九頁（寇伊特肖像）

Zentralbibliothek Zürich：第一〇三頁（溺刑）；第一〇七頁（絞刑）；第一二二頁（對劊子手丟石洩憤）；第二六五頁（火焚女巫）

國家圖書館出版品預行編目資料

忠實的劊子手：從一位職業行刑者的內心世界，探索亂世凶年的生與死 / Joel F. Harrington著；鍾玉玨譯. -- 初版. -- 臺北市：大塊文化, 2013.11
面； 公分. --（mark；99）
譯自：The Faithful Executioner : Life and Death, Honor and Shame in the Turbulent Sixteenth Century
ISBN 978-986-213-473-3（平裝）

1. 施密特（Schmidt, Franz, -1634） 2. 傳記 3. 德國

784.38 102021090